Silvia Hable

Augen zu gilt nicht

Silvia Hable

Augen zu gilt nicht

Auf der Suche nach einer gerechten Welt

Deutsche Verlags-Anstalt

FSC
Mix
Produktgruppe aus vorbildlich bewirtschafteten Wäldern und anderen kontrollierten Herkünften
Zert.-Nr. SGS-COC-1940
www.fsc.org

Verlagsgruppe Random House FSC-DEU-0100
Das für dieses Buch verwendete FSC-zertifizierte Papier *Munken Premium* liefert Arctic Paper Munkedals AB, Schweden.

1. Auflage

Typografie und Satz: DVA/Brigitte Müller
Gesetzt aus der Swift
Druck und Bindung: GGP Media GmbH, Pößneck
Printed in Germany
ISBN 978-3-421-04308-5

www.dva.de

Für Violetta

Nur mutig gestritten, the future is unwritten

Inhalt

Vorwort

Ein autobiografisches Buch veröffentlichen – mit 25 Jahren? Ist das nicht etwas unangemessen? Oder geradezu vermessen? Zu allem Überfluss bin ich weder Popstar noch Topmodel, noch habe ich einen Nobelpreis in Aussicht. Da könnte ja jeder kommen und die Welt mit seinen Anekdötchen langweilen. Immerhin – im Fernsehen war ich schon einmal. »Ich war das perfekte Kind« hieß die fünfundvierzigminütige Dokumentation über mich, die im Juni 2005 in der ARD ausgestrahlt wurde, ein Film über ein nettes Mädchen, das zur renitenten Punkerin wird, mit ausführlichen Einsichten in mein Innenleben. Der Film endet mit dem bedeutungsschweren Satz: »Ich will nicht mehr die Welt verändern, sondern nur noch mich.«

Das war eine Momentaufnahme aus den letzten Drehtagen, im Herbst 2004. Seitdem hat sich einiges getan – in der Welt und bei mir. Ich habe halb Europa bereist, bin zeitweise ins Ausland gezogen und habe eine kleine Familie gegründet. Die Welt ist sich ihrer Widersprüchlichkeit bewusster geworden, in tiefe Krisen gestürzt und wartet noch immer auf den- oder diejenige, der/die den ganzen Schlamassel erklären und bei Gelegenheit wieder alles in Ordnung bringen kann. Die Welt ist geduldig, ich bin es nicht.

Als ich das Angebot bekam, ein Buch über mein Leben als Aktivistin zu schreiben, habe ich sofort zugesagt, ohne recht zu wissen, was dabei herauskommen könnte. Gerne wollte ich noch ein paar Sachen erklären, die mir in dem

Film zu kurz angesprochen waren, vor allem die politische Dimension meines alternativen Lebens. Und dann wollte ich es auch einfach einmal ausprobieren, wie das so ist, einen großen Text zu schreiben. Ich vergrub mich in meinem Elternhaus und blätterte in alten Tagebüchern, linken Heftchen, recherchierte in Archiven, im Internet, trat mit längst in Vergessenheit geratenen Bekannten wieder in Kontakt und diskutierte das Projekt in internationalen Aktivistenkreisen. Und allmählich merkte ich, wie es mir immer wichtiger wurde, das Zeitgefühl meiner Jugend wieder einzufangen, diese Wut, dieses Unverständnis einer kalten Welt gegenüber und den unbremsbaren Aufbruchsgeist, und all das festgehalten und bewahrt zu wissen, was die Protestbewegung der Jahrtausendwende ausgemacht hat und weiterhin prägt.

Mehr als drei Jahre später hat das Buch seinen Abschluss gefunden.

Aber was ist das denn eigentlich für ein merkwürdiges Zeitgefühl, mag sich da so manch einer verwundert fragen. Sind Punks und Politisch-Sein nicht komplett aus der Mode? Die jungen Leute von heute wissen doch, wo es langgeht: Schnellstudium und danach der Karrieredurchstart. Protestieren, das war anno '68 in oder meinetwegen auch noch in den Achtzigern, diese Sache gegen Atomkraft und für mehr Frieden. Heutzutage schaut doch jeder für sich selbst, wo er bleibt, und nur noch ein paar Verwirrte kämpfen für eine in ihren Augen gerechtere Welt.

Ich kann das nicht bestätigen. Meine Erfahrung in den letzten Jahren sagt mir, dass die »Szene« Zuwachs bekommen hat, die Szene, die nicht mehr auf den- oder diejenige wartet, der/die uns die Welt erklärt und den Schlamassel beseitigt, die Szene, die nicht auf Scheinlösungen oder verkappte Reformen setzt, sondern klipp und klar sagt: »Es reicht! Haltet uns nicht mehr länger für dumm. Hört auf mit eurer Scheinheiligkeit, für Klimaschutz zu werben, und dann doch, bei jeder sich bietenden Möglichkeit, dem schnellen Profit den Vorrang zu geben.« Der Wahnsinn, auf Finanzkrise und Klimawandel mit Geldgeschenken für noch mehr Autos, Straßen und Parkplätze zu antworten, steht hier nur exemplarisch.

Allein beim G-8-Treffen 2007 in Heiligendamm waren über zehntausend, überwiegend junge Menschen auf den Beinen, um die Zufahrtsstraßen zum militärisch abgesicherten Tagungsort erfolgreich zu blockieren. Für viele war es der erste Berührungspunkt mit der sogenannten Antiglobalisierungsbewegung und der gepanzerten Polizei, und es war die erste Erfahrung von einem starken Gemeinschaftsgefühl unter den Demonstranten. Sie dürften ähnlich ergriffen von den Ereignissen gewesen sein wie ich, als ich mich ein paar Jahre früher auf meiner ersten antifaschistischen Demonstration wiederfand und mich nicht zuletzt wegen der starken Verbundenheit innerhalb der Szene trotz aller Enttäuschungen und Rückschläge im Laufe der Jahre immer wieder auf unterschiedliche Weise für sie engagierte.

Dennoch, diese Szene ist kein deutlich wahrnehmbarer Einheitsblock mehr, wie es in Zeiten des Kalten Krieges letztmalig möglich gewesen ist. Diese Szene ist ein bunter Mischmasch an Konzepten, Kampagnen und Lebensentwürfen, sie verstrickt sich selbst in Widersprüche und verbringt die Hälfte ihrer Wachzeit auf Plenen, um horizontale Konsensentscheidungen zu ermöglichen. Trotz allem oder gerade deshalb bringt sie die Verhältnisse noch immer und wieder immer mehr zum Tanzen.

Meine Eindrücke und Erfahrungen, die ich hier in dem Buch festgehalten habe, bilden nur eine Stimme von vielen

Hunderttausenden auf der ganzen Welt, die im globalisierten Kampf gegen die fatalen Auswirkungen der neoliberalen und egoistischen Politik einer kleinen selbstgefälligen Elite unterwegs sind. Ich erhebe keinen Anspruch auf Vollständigkeit oder Objektivität, rufe aber unverhohlen zur Nachahmung auf und natürlich zum Noch-besser-Machen.

Aus Gründen des Schutzes der Persönlichkeitsrechte der im Text vorkommenden Personen habe ich einzelne Namen und Orte geändert.

Ich danke all den Menschen, die mich in der Zeit des Schreibens begleitet und bei dem Projekt unterstützt haben, besonders Anton, ohne den ich gar nicht erst angefangen hätte, Korrekturleserin Natalie, allen, die mir bei der Titelsuche behilflich waren, Hanna für ihre Ausdauer, das Buch voranzubringen und mich (wenn auch nicht immer erfolgreich) von notwendigen Kürzungen zu überzeugen, meinen Eltern, die mit dem Text gewachsen sind, und Gualter für seine Engelsgeduld und Linuxfachkenntnisse. Und natürlich allen inspirierenden Menschen, Kollektiven und Gruppierungen, die sich ebenfalls auf die Suche gemacht haben und mal laut, mal leise dafür sorgen, dass nichts bleibt, wie es ist.

Silvia Hable
Lissabon, im Januar 2009

1
Vor dem Mobilfunkzeitalter

»Natürlich bringe ich Ihnen Ihre Tochter wieder wohlbehalten zurück.« Kai gibt sich wirklich Mühe, und seinen Irokesenschnitt hat er sogar unter einer Baskenmütze versteckt. Er trägt ein sauberes T-Shirt und eine Hose ohne Löcher. Wo er die wohl herhat? Für meine Mutter steht außer Frage, dass Kai draußen vor der Haustür stehen bleibt, sie bittet ihn herein. »Du willst uns doch nicht deinen neuen Freund vorenthalten?« Mir ist das alles oberpeinlich.

Wir sitzen im Wohnzimmer auf der beigefarbenen Couch vor dem Siebziger-Jahre-Wandschrank, der aussieht, als würde er bald unter der Last verschiedener Lexika und anderer Fachbücher – erworben von meinem Vater und so gut wie nie benutzt – zusammenstürzen. Ich hoffe inständig, dass es nicht gerade ausgerechnet an diesem Tag im Frühling 1999 passiert. Mein Vater stellt extra den Fernseher leise, meine Mutter serviert Mineralwasser. Kai und ich nippen einmal dran. Unsere Rücken sind durchgestreckt wie in den Anleitungen der AOK-Gesundheitsschule, die Fußspitzen berühren nur leicht den Boden, die Hände liegen auf den Knien, die Beine sind zusammengepresst – das personifizierte Unbehagen.

»Was machen Sie denn so, oder darf ich Sie duzen?« Ich überlege, ob meine Mutter vielleicht die versteckten Schulverweise unter dem Sofa gefunden haben könnte oder die Blätter, auf denen ich die schwierige Unterschrift meines Vaters jeden Tag geduldig übe, um selbst Abwesenheitsentschuldigungen für die Schule schreiben zu können. Oder gibt es noch einen anderen Grund für ihre seltsam gestelzte Inszenierung? Ich bin etwas ratlos, sonst redet sie nie so förmlich.

Kai räuspert sich. »Natürlich können Sie mich duzen, ich mache gerade mein Abitur. Leistungskurs Chemie und Französisch.« Ich halte die Luft an. Ob meine Eltern ihm auf den Leim gehen? In Wirklichkeit hat Kai nur einen Hauptschulabschluss, besucht die Berufsschule und lernt Kfz-Mechaniker. Möglich, dass er bald wegen seines aufmüpfigen Verhaltens rausgeschmissen wird. Glücklicherweise steckt in Kai ein mir bislang verborgen gebliebenes Schauspieltalent. Jedenfalls reicht es für die heutige Aufführung, die sich da nennt: »Vernünftiger Umgang mit Erwachsenen«.

Anscheinend kommt meiner Mutter doch irgendetwas verdächtig vor. Sie vergewissert sich, ob wir tatsächlich zu einer Geburtstagsfeier von einem Bekannten wollen, was wir bestätigen. »Und jetzt müssen wir los.« Kai steht auf, um dem Spektakel ein Ende zu bereiten. Meine Eltern lassen es sich nicht nehmen, uns zu seinem Wagen zu begleiten. Während ich in den kleinen roten Polo, gespickt mit Aufklebern voll von Revolutionsparolen, einsteige, zieht meine Mutter die Stirn in Falten und meint: »Ach, ich weiß nicht so recht. Muss das wirklich sein? Du bist doch erst letzte Woche aus Frankreich zurückgekommen.«

»Immer auf die Walz gehen, warum bleibst du nicht einmal zu Hause?« Mein Vater mischt sich ebenfalls ein, dabei inspiziert er genau die Aufkleber auf dem Auto. Die Gardinen der umliegenden Häuser werden beiseitegezogen, die Rentner aus der Nachbarschaft wollen sich nichts entgehen lassen.

Bange Sekunden. Jetzt habe ich es fast geschafft, jetzt kann ich nicht einfach aufgeben. »Aber die Frankreichreise war doch eine schulische Zwangsmaßnahme, um besser

Französisch zu lernen«, wende ich ein. »Jeden Tag musste ich die Hackfressen meiner Klassenkameraden sehen.«

»Wo hast du dir nur diese Ausdruckweise angeeignet!« Mein Vater schüttelt den Kopf.

Eigentlich war der zweiwöchige Schüleraustausch gar nicht so übel gewesen. Endlich war ich einmal der strengen Aufsicht meiner Eltern entkommen. Ich lernte eine Menge, wobei es weniger um Vokabeln ging, sondern mehr um Marihuana und wie man gekonnt auf Partys abhing. Höhepunkt und Abschluss der Fahrt war das Konzert einer coolen Punkband, zu der Franzosen und wir deutschen Austauschschüler herumhüpften, als hätte uns jemand zu viel Kaffee anstatt Dope eingeflößt. Ansonsten war es stinklangweilig. Ich war bei einer völlig bekloppten Tussi untergebracht, die wir Elisien nannten, weil sie Elise hieß und einen Alienkopf hatte. Sie wohnte mit ihrem Vater und ihrer jüngeren Schwester auf dem Gelände einer Schule für schwererziehbare Jungen. Abends wurde das Eingangstor aus massivem Eisen geschlossen, und ich war eingesperrt. Jeglicher Protest half nichts. Die Mutter? Verschollen. Einmal verbot Elisien mir, abends etwas zu essen, wenn ich nicht vorher meine Eltern anrufen und ihnen erzählen würde, wie toll es in Frankreich sei. Ich tat, was man von mir verlangte, sagte aber am Telefon, wie scheiße dort alles sei. Obwohl Elisien direkt neben mir saß und seit fünf Jahren Deutsch in der Schule lernte, war ich mir sicher, dass sie mich nicht verstand.

Für die Franzosen endete der Unterricht erst um fünf Uhr nachmittags, und danach hatten sie noch einen Berg von Hausaufgaben zu bewältigen, dennoch schien bei den gelangweilten und oft völlig bekifften Schülern noch weniger anzukommen als bei uns in Deutschland. Der einzige Sinn und Zweck des Schulmarathons schien darin zu bestehen, dass sie nicht wie Kai und seine Clique den Nachmittag lang an einer Mauer am Eingang der Innenstadt lehnen, Bier trinken und hochnäsige, in Pelze gehüllte Kurgäste anpöbeln konnten.

Auf meinem Schulweg gehe ich jeden Tag an dieser mit bunten Graffiti besprühten Mauer vorbei. »Nazis raus« ist daraufgesprayt, das erste A in einem Kreis eingeschlossen, davor ein zackiges N. Das hat Stil – im Gegensatz zum Rest der kleinen Kurstadt, in der ich wohne und in der die Todesursache Nummer eins nur eine sein kann: Langeweile. Irgendwann fiel mir auf meinem täglichen Weg zur Schule ein süßer Typ auf, Kai. Mit weißer Lackfarbe hatte er auf seine Lederjacke ganz groß »Freiheit hat etwas Ansteckendes« geschrieben. Ich fand sofort, dass er Recht hatte – und fühlte augenblicklich den Schnupfen der Unabhängigkeit in mir aufsteigen. Ein paar Leute aus seiner Clique kannte ich vom Sehen, sie gingen auf meine Schule und waren zwei, drei Jahre älter als ich. Alle waren in meinen Augen sehr kreativ gekleidet, ein paar Frauen hatten sich im Pulp-Fiction-Stil angezogen, trugen Lederminis und waren stark geschminkt. Laszie lächelnd ließen sie sich von ihren Anbetern eine Zigarette nach der anderen anstecken. Gern wäre ich wie sie gewesen.

Kai wird langsam ungeduldig. Er will endlich losfahren und nicht länger herumdiskutieren. Meine Eltern wechseln einen dieser Blicke, den nur Eltern von pubertierenden Jugendlichen draufhaben. »Bitte! Nur dieses eine Mal!« Ich sehe sie flehend an. Schon so lange habe ich darauf gewartet, dass Kai mich endlich mitnimmt zu einer dieser angesagten Partys mit Punks, Hippies und Autonomen. Wenn es eine überirdische Gerechtigkeit gibt, denke ich, so senke sie sich jetzt bitte auf mich nieder. Ruhe bewahren.

Tief durchatmen. »Na gut, aber sei um elf zu Hause! Du bist erst fünfzehn.«

Im Rückspiegel sehe ich, wie meine Eltern nebeneinander auf der Straße stehen und uns hinterherschauen. Wahrscheinlich schicken sie gerade ein Stoßgebet zum Himmel. Fast empfinde ich ein wenig Mitleid. Mein Leben fühlt sich zum ersten Mal wirklich lebenswert an, während es für sie schon fast gelaufen ist. Sie werden sich umdrehen, in ihre schöne Doppelhaushälfte zurückkehren und den Fernseher wieder lauter stellen. Meine Mutter wird die Wolldecke auf ihrem Sessel geradezupfen und danach mein Kaninchen Stefan aus dem Käfig holen, damit es sich auf ihrer großen Brust gemütlich machen kann. Ihren Kummer über die missratene Tochter werden sie während einer dieser pseudopolitischen Samstagabendcomedysendungen vergessen. Sie werden sich in ihren Sesseln kugeln. Mein Vater wird sagen: »Genauso ist es, das ist wirklich eine Riesensauerei« – aber ändern werden sie nichts, weder in ihrem Leben noch in der Gesellschaft. Schließlich werden sie zufrieden ins Bett gehen, dann aber anfangen, sich um ihre Tochter zu sorgen. »Wo die nur bleibt!«, wird mein Vater fragen, und ich kann mir vorstellen, wie seine Wangen dabei zucken. »Ich hab's ja gleich gewusst, sie wird es mit der Uhrzeit nicht genau nehmen.« Beide werden ins Grübeln geraten, wann es anfing mit den Problemen mit ihrer Tochter, die doch aus einem sogenannten gutbürgerlichen Haushalt kommt, der Vater Ingenieur, die Mutter Lehrerin, und warum sie so schwierig wurde. War es der fortwährende Ehestreit, der ihr zusetzte, der Sauerstoffmangel bei der Geburt, etwa das Erbgut ihrer verrückten Großtante? Oder war es doch der Einfluss dieser Gestalten, mit denen sie neuerdings Umgang pflegte und ein »Umsonst & Draußen«-Festival vorbereiten wollte?

Unser rotes Auto gleitet durch die kleinstädtische Ödnis. Niemand ist mehr auf der Straße zu sehen. Um Punkt 20 Uhr werden, auch jetzt im Frühling, die Bürgersteige hochgeklappt. Die Fernseher in den Wohnzimmern gehen zeitgleich an und lassen die Fenster in einem diffusen bläulichen Licht aufflimmern. Dank der *Tagesschau* kann man auch in meiner Kleinstadt am Elend der Welt teilhaben, ohne direkt davon betroffen zu sein.

Kai und ich sammeln unterwegs noch ein paar andere Leute ein, die ich teilweise aus der Schule, teilweise aus der Vorbereitungsgruppe für das Festival kenne. Ich bin beeindruckt! Die Pulp-Fiction-Frauen sind noch besser geschminkt als sonst. Die Augen tiefschwarz umrandet, kirschroter Lippenstift, dazu tragen sie sexy Strapse oder haben mehrere Leggins übereinander kombiniert. Eine von ihnen hat ihre schwarzen kurzen Haare zu einer Igelfrisur umgestaltet, nur eine blaue Strähne hängt vorn frech ins Gesicht. Ein anderer Typ, der in der Schule immer mit einer Baseballkappe herumläuft, hat seine bunten Haare zu langen Stacheln aufgestellt, mindestens zehn Zentimeter lang. Gern würde ich sie mal anfassen, weil ich mir nicht vorstellen kann, wie sie sich anfühlen. Aber ich halte meine Hände unter Kontrolle.

Alle lachen über Kais Aufmachung. Er deutet als Antwort auf mich. »Musste noch bei den Eltern der Lady vorsprechen.« Zum ersten Mal schenken mir die anderen Aufmerksamkeit. Ich weiß nicht, wie ich den Spruch von Kai zu deuten habe. Soll ich stolz sein oder bin ich in seinen Augen nur ein kleines Mädchen, das er gütigerweise ausführt? Wenn ich an mir herunterschaue, finde ich mich nicht gerade »heiß«. Ich trage eine weinrote, abgeschnittene Schlaghose. Weil ich durch das viele Weißbrot in Frankreich zugenommen habe, ist der Stoff über der linken Pobacke aufgeplatzt. Extrem trendy. Nun quillt mein halber Hintern heraus. An den Füßen trage ich alte Buffalostiefel. Modischer Fehltritt einer Jugendlichen, die angeblich zur Popgeneration gehört, bis vor kurzem aber nur *B5 aktuell*, den Nachrichtensender des Bayerischen Rundfunks, hörte, die anstatt grinsender Popstars über dem Bett ein überdimensional großes Poster vom Fall der Berliner Mauer hängen hat, niemals ein Tamagotchi besessen oder Sticker gesammelt, stattdessen in ihrer Freizeit gern Pläne von imaginären Städten gezeichnet hat: Rathaus, Schwimmbad, Spielplatz, das Leben zwischen Kirchallee und Hauptstraße ist so übersichtlich gewesen.

Außerdem habe ich ein langärmeliges T-Shirt an, auf das ich mit Edding in großen Buchstaben »Nihilist« geschrieben habe. Ich weiß zwar nicht genau, was ein Nihilist ist, aber mein Physiklehrer hat mich so genannt – und das Wort gefällt mir. Mein Outfit wird abgerundet durch einige billige Perlenketten, ein Geschenk von Elisien und ihrer Schwester. Geschminkt bin ich nicht, das passt nicht zu meinem Babyface, finde ich.

»Wir gehen auf ein Konzi im Hof von ’nem Kumpel. Es werden Bands spielen«, teilt Kai uns allen mit.

»Wow«, entfährt es mir.

»Na ja, was Besseres geht heute nicht ab«, sagt der Typ mit den hohen Haaren, der, um seine Frisur nicht zu zerstören, den Kopf fast bis zu den Knien heruntergebeugt hält. Das muss ungemütlich sein. Ich begreife bei einem Blick in die übrigen, bemüht gelangweilten Gesichter: Meine Euphorie ist hier nicht angebracht. Mach dich bloß nicht zum Hanswurst, Silvia, ermahne ich mich selbst. Du sitzt inmitten der coolsten Leute deiner Stadt, überhaupt des gesamten Landkreises, und wir rumpeln bestimmt zur coolsten Party des Jahres.

Als wir auf dem Hof ankommen, bin ich entsetzt. Ich hatte ein großes Konzert erwartet, stattdessen liegen nur vollkommen abgedrehte Bauerntrampel auf einer kleinen Wiese vor einer selbstgezimmerten Bühne. Fast so schlimm wie bei den todlangweiligen Dorffestivitäten, bei denen man sich von Mai bis September unter Vorwänden wie »125 Jahre Freiwillige Feuerwehr Kleinkackdorf« oder »345 Jahre Gründung Großscheißkaff« günstig unter den jeweiligen Biertisch säuft und das lokale Rote Kreuz mit Alkoholvergiftungen in Schach hält. Dort hatte ich an Wochenenden – in Ermangelung von Alternativen – erst mit meinen Eltern, später allein einen beträchtlichen Anteil kostbarer Lebenszeit verschwendet, bis ich auf den Videoclip *Pushed Again* von den *Toten Hosen* und den Jahresbericht von *Amnesty International* aufmerksam wurde und mit all meiner jugendlichen Energie beschloss, ab sofort für Gerechtigkeit auf Erden zu sorgen. Und das würde mit den beschränkten Dorfpartybesuchern nichts werden.

Den größten gemeinsamen revolutionären Nenner sah ich bei Kai und seiner Clique – was leider nicht auf Gegenseitigkeit beruhte. Um auf mich und meine weltverbesserischen Intentionen aufmerksam zu machen, kritzelte ich »Zahme Vögel träumen von der Freiheit, wilde Vögel fliegen« auf meinen Schulordner. Und ich sammelte sämtliche Zeitungsartikel über Edmund Stoiber und seine Partei, um mir mein neues Feindbild zu bestätigen. Zudem schrieb ich für unsere Schülerzeitung einen kämpferischen Artikel, in dem es um mehr Mitspracherechte von Schülern im Allgemeinen und über die Notwendigkeit der Bereitstellung von mehr Käsebrötchen im Speziellen ging. Ich, als neue Vollblutvegetarierin, litt schwer unter dem großen Schinkenbrötchenangebot. Der Beitrag wurde leider nie gedruckt.

Nachdem niemand auf die flotten Sprüche auf meinem Ordner aufmerksam wurde, beschloss ich, andere Maßnahmen zu ergreifen. Ich fand heraus, dass dieser Kai im

Jugendbeirat der Stadt arbeitete. Einfach perfekt! Ich sah uns beide schon, die rote Fahne schwingend, mit wehendem Haar den Marsch durch die Institutionen antreten und gewinnen. Natürlich war mir seit diesem Moment nichts wichtiger, als selbst in den Jugendbeirat zu kommen. Um ein erfolgversprechendes politisches Profil zu erlangen, glich ich meine Wahlversprechen an die von Kai an. Meine Ziele, für die ich schließlich gewählt wurde, waren die Einrichtung eines Bandprobenraums im Jugendzentrum, mehr Umsonst & Draußen-Partys, die Abschaffung der Sperrstunde bei Lokalen und Kneipen und die Herausgabe einer Jugendzeitung, in der natürlich auch meine Artikel veröffentlicht werden sollten. Kai wollte außerdem noch erreichen, dass es selbstverwaltete Räume in der Innenstadt gab.

Es wurde richtig lustig im Jugendbeirat, wenn auch nicht besonders politisch. Wir unternahmen ein paar Fahrten, bei denen wir uns in anderen Städten progressive Sozialarbeiterprojekte anschauten und abends auf dem Zimmer der jeweiligen Jugendherberge »Pflicht oder Wahrheit« spielten. Zur Belustigung aller durfte ich beispielsweise vortäuschen, wie es ist, mit einem Schrank zu masturbieren. Der Weg durch die Instanzen ist eben steinig, dachte ich mir und stöhnte laut, was die Runde noch mehr erheiterte. Die größten Projekte, die im Laufe unserer »Legislaturperiode« realisiert wurden, waren alkoholfreie Streetballnächte und der Verkauf von Kinderpunsch und Softdrinks in der Eisporthalle, wobei wir uns die Finger abfroren.

»Nein, wir haben keine Cola mehr!«, raunzte Kai einmal bei einer solchen Aktion in der Eissporthalle einen Elfjährigen an. Zufälligerweise waren wir zur gleichen Zeit für diesen Dienst eingeteilt. »Wieso? Die Flasche ist doch noch voll?« So verschüchtert der Kleine auch war, seine Cola wollte er haben. »Weil wir hier keine Getränke von Firmen verkaufen, die ihre Mitarbeiter abknallen, wenn die ihnen nicht in den Kram passen! Und die sind übrigens so alt wie du, müssen nachts arbeiten und gehen mir nicht auf den Sack.«

Ich musste mir ein Grinsen verkneifen, aber Kai war drauf und dran, reichlich genervt alles hinzuschmeißen, insbesondere, weil gerade aus den Lautsprechern neue Musik ertönte.

»Ich glaub's ja nicht, jetzt spielen die auch noch *Barbie Girl*.«

»Was hast du denn, ist doch alles ganz nett hier?«, entgegnete ich.

Hübsche Dreizehnjährige kurvten zu heißem Discosound um uns herum, und ich hatte immerhin von meinen Eltern Ausgang bis Mitternacht bekommen, um meinen Job zu machen.

»Nett ist die kleine Schwester von scheiße«, giftete Kai zurück und sah mir zum ersten Mal ins Gesicht. Ich hatte das Gefühl, das Eis um meine Füße herum würde gleich schmelzen, so heiß wurde mir. »Merkste denn nicht, dass die im Jugendbeirat uns nur verarschen wollen?«

Diplomatisch meinte ich: »Na ja, ich bin noch nicht lange dabei, ich kann das noch nicht so beurteilen.«

»Wie viele deiner Wahlversprechen hast du denn schon einlösen können?«, fragte Kai.

Ich musste nicht lange überlegen. »Noch keins.«

»Siehste, das Ganze hier ist doch nur eine Zirkusveranstaltung, bei der sich die Stadt einen demokratischen Anstrich geben will. Doch wenn's drauf ankommt, werden unsere Anträge abgelehnt. Und wir geben bei ihren Inszenierungen auch noch die billigen Arbeitskräfte ab!« Wütend leerte er die noch volle Colaflasche übers Eis aus. Die braune Schicht, die sich kurz danach auf der Fläche bildete, blieb mir in Erinnerung.

Ich wollte einwenden, dass manche Dinge Zeit bräuchten, aber im selben Moment ärgerte ich mich, keine radikalere Antwort parat zu haben. So würde ich Kai nie näher kennenlernen. Schließlich sagte ich: »Ich finde es auch doof, dass auf jeder Sitzung immer wieder ein Antrag auf Eröffnung einer McDonald's-Filiale vorgebracht wird. Wenn das so weitergeht, machen die wirklich bald ihren Laden in unserer Stadt auf.«

Kai schnaubte: »Darauf kannst du wetten.« Ich nickte und setzte noch einen drauf. »Weißt du, ich habe mich schon sehr früh für Basisdemokratie interessiert.« Volltreffer! Was die Lektüre der Tageszeitung so alles bringt. Kai war ganz Ohr. »Schon mit sechs Jahren bin ich von Haus zu Haus in unserer Nachbarschaft gelaufen und habe Unterschriften gegen die Bebauung unserer schönen Wiese gesammelt, wo wir immer Schlitten fuhren. Meine Eltern haben nur gesagt: ›Da nutzt doch eh nichts.‹«

»Und hat es was genutzt?«

»Bis jetzt haben sie dort noch nichts gebaut. Aber es liegt auf der Wiese im Winter auch fast kein Schnee mehr. Klimawandel.«

»McDonald's sei Dank«, knurrte Kai.

Anscheinend hatte er unser Gespräch im Eisstadion positiv in Erinnerung behalten, denn seit diesem Tag wurde ich plötzlich von ihm gegrüßt, wenn ich in der Innenstadt an der Mauer vorbeikam. Manchmal wechselten wir sogar ein paar Worte. Und seit wir beide in der Umsonst & Draußen-AG waren, war es überhaupt kein Problem mehr, Gesprächsstoff zu finden. Wir fingen auch an, uns allein zu treffen, nachmittags, weit weg von seinen coolen Leuten. Auf den in den Parks aufgestellten Bänken saßen wir natürlich auf den Rücklehnen, da einzig Spießer die Sitzfläche benutzen. Wir tranken Bier und träumten von einem selbstverwalteten

Jugendzentrum. Es gab zwar ein derartiges Gebäude, aber da waren nur Aussiedler und frühreife Hauptschülerinnen unterwegs. Hinzu kam, dass es nicht selbstverwaltet war, sondern ein Team von engagierten Pädagogen ein strenges Auge auf alle Besucher warf. »Küssen erlaubt, aber die Hose bleibt zu« und ähnlich gefasste Regeln waren ein Produkt dieses Regiments. Bier ging bei ihnen natürlich nicht durch und Kiffen erst recht nicht. Dabei machte das doch am meisten Spaß und gehörte zur Pflicht eines jeden anständigen Hippies und Weltverbesserers. Am liebsten mochte ich die sogenannten Shots: Dabei nahm Kai den fast abgebrannten Glimmstängel falsch herum in den Mund, zog den Rauch tief ein und atmete ihn in meinen Mund aus. In der Praxis war das erotischer, als man annehmen könnte. Mir blieb dabei fast immer das Herz stehen, unter anderem auch deswegen, weil das Gras sehr stark war. Eine Weile dachte ich, dass wir uns noch näherkommen müssten, es passierte aber nichts. Immer fing er an zu quatschen, wenn es mal inniger wurde, und immer ging es um Politik, von der ich bislang noch nicht viel verstand.

»Ich guck' mal rum.« Kai verabschiedet sich von mir. Wer wie ich gerne in Gedanken versunken ist, noch dazu über die Person, die lebendig vor einem steht, kann keine eloquente Gesprächspartnerin sein. Nachdem ich Kai nicht mehr sehen kann, mache ich mich auf in Richtung Hinterhof, wo gerade eine Band anfängt, Musik zu machen. Die Jungs grölen eher, als dass sie singen, und schlagen mehr oder weniger aggressiv auf ihre Instrumente ein. Von einem Spielen kann keine Rede sein. Dabei blicken sie verdammt grimmig. Sie stammen aus dem Nachbardorf, wie ich von einigen Umstehenden mitbekomme, und haben einen Ruf zu verteidigen, seitdem ihre Fußballmannschaft in der Kreisliga auf den

Abstiegsplatz gerutscht ist. Ein paar gelangweilte Punks stehen am Rand der Bühne, auch sie sehen interessant aus, aber an »meine« Pulp-Fiction-Typen kommen sie nicht heran. Obwohl es ein lauer Frühlingsabend ist, schwitzen sie cool in ihren Lederjacken, die mit Abertausenden von kleinen Stacheln und winzigen bedruckten Stofffetzen aufgestylt sind. »Smash your TV« lese ich auf einer Jacke. Auf einer anderen ist ein Bild von Hitler gedruckt, der sich eine Pistole an die Schläfe hält. Darunter steht: »Follow your leader.« Alle tragen enge Röhrenjeans in Leoparden- oder Tigeroptik.

Eine Hippiefrau hat etwas weiter entfernt einen Stand mit selbstgemachtem Schmuck aufgebaut. Ich schlendere dorthin, kaufe mir ein Lederarmband und fasse den Entschluss, mich ab sofort in einer Mixtur aus Punk und Hippie zu kleiden. Wie genau das im Endeffekt aussehen soll, ist mir noch nicht klar, aber eines ist sicher: Die Buffalostiefel müssen weg. Unschlüssig halte ich ein paar Ledersandalen in den Händen. Mir kommen Zweifel. Sind DocMartens-Stiefel nicht doch hipper und passen besser zu mir? Wo kann man die Dinger eigentlich kaufen? Das weiß ich genauso wenig wie die Antwort auf die Frage, was ich hier mit mir anfangen soll. Außer Kai kenne ich niemanden, und der ist von der Bildfläche verschwunden.

»Hier, halt' mal!« Ein Typ mit nacktem Oberkörper drückt mir eine halbvolle Bierflasche in die Hand und ist im nächsten Augenblick auch schon fast wieder in der Dunkelheit abgetaucht. Ich schaue ihm nach und sehe, dass er sich das Wort HATE, »Hass«, quer über den Rücken tätowiert hat. In kleinen Schlücken trinke ich von dem schon schalen Bier und beginne mich wohler zu fühlen.

Hass – jeden Tag wächst er in mir, insbesondere auf dem Schulweg, den ich seit neun Jahren gehe. Immer komme ich an denselben weißen Hausmauern vorbei, nie sprüht einer etwas darauf – Kais Mauer in der Stadt einmal ausgenommen – oder rammt einen Bulldozer hinein. Nie bewegt sich etwas, nie geht etwas voran – alles nur vorgeformte Langeweile.

Ich weiß überhaupt nicht, woher dieser Hass kommt oder wohin er noch will. Manchmal schaut er nur kurz vorbei, auf eine Tasse Tee oder einen Schnaps, sagt »Hallo« und verabschiedet sich wieder. Manchmal hat er aber Rucksack, Schlafsack und Zelt dabei und nistet sich für mehrere Tage in meinem Gehirn ein. Keine schöne Sache. In einer solchen Situation versuche ich, den Hass zu überreden, sich zu konzentrieren, damit er die Kraft einer Bombe entwickelt. Ich sehe mich zahnlos und mit schlohgrauen Haaren mit meinen Freunden in den Trümmern tanzen. Wir selbst sind resistent gegen diese Bombe – sie bringt nur Spießer um. Wir, der Hass stets dabei, ziehen in Wohnwagen übers Land und sammeln die restlichen Konservendosen ein, die noch in den Gemäuern der Supermärkte herumliegen, und lachen dabei furchtbar grässlich.

Irgendeiner drückt mir plötzlich einen Joint in die Hand. Zufrieden ziehe ich daran. Ein wohliges Gefühl macht sich breit, als ich auf einmal realisiere, dass ich gerade gar keinen Hass spüre. Hier ist kein Platz für ihn. Das weiß er auch, denke ich, und lasse mich nach hinten auf die Wiese fallen.

»Ey, biste breit.« Der halbnackte Typ ist wieder da. Ich habe keine Lust, mit ihm zu reden. Ich will Kai. Der Typ lässt jedoch nicht locker und setzt sich zu mir auf den Boden. »Hey, biste aber nicht von hier, hab' dich noch nie hier gesehen.«

»Ich komm' von weiter weg«, entgegne ich.

»Is ja interessant«, nuschelt er. »Was machste denn sonst so?«

»Nichts. Schule.« Das letzte Wort füge ich nach einer kleinen Pause hinzu.

»Alles klar, deine Alten lassen dich nur am Wochenende raus.« Der Typ grinst überlegen.

»Und wenn schon, was ist dabei?«

»Keinen Bock, alles zu schmeißen?«

»Hä?«

»Das kotzt dich doch alles an, oder? Schule, frühes Aufstehen, wenn die Arbeitslosen noch alle schlafen können.« Er streckt sich, anscheinend redet er von sich selbst.

»Es sind nur noch dreieinhalb Jahre, dann kann ich machen, was ich will.« So ganz überzeugt bin ich nicht von dem, was ich da erzähle. Natürlich habe ich schon darüber nachgedacht, die Schule hinzuschmeißen und einfach irgendwohin zu trampen. Sämtliche Bücher aus der Schul- und Stadtbibliothek, die ich über jugendliche Ausreißer fand, habe ich in den letzten Monaten gelesen.

»Nicht alles in der Schule ist schlecht«, fahre ich fort, nicht wissend, ob es den Typen überhaupt interessiert. »Ich muss nicht viel machen und hab' trotzdem gute Noten. Manche Lehrer mögen mich sogar, weil ich nicht so verschlafen bin wie die anderen, sondern mit ihnen diskutiere. Und vor kurzem sind wir nach Frankreich gefahren, nächstes Jahr geht's nach Italien.«

Der Halbnackte schüttelt den Kopf. »Ganz schöner Hirnfick, was?« Selbstzufrieden lehnt er sich mit seinem Oberkörper zurück und mustert mich von oben bis unten. »Was ist denn für dich Freiheit?« Anscheinend hat ihn unser Gespräch nüchterner gemacht, denn er spricht auf einmal artikulierter als zuvor.

Ich will sofort weit ausholen, aber die Frage ist gar nicht so einfach zu beantworten. Schließlich sage ich: »Dass ich für mich selbst entscheiden kann, dass ich nach Hause kommen kann, wann ich will.« Peinlich berührt denke ich an die Auftritte meiner Eltern auf den Dorffestivitäten, wenn sie kamen, um mich abzuholen. Diese Feiern waren für mich die einzige Möglichkeit, mich anderen Jugendlichen zu nähern, im wahrsten Sinn des Wortes. Im Schulhof vor der Pausenaufsicht herumzuknutschen, das ging nicht. Bei den Dorffesten aber machten mir meine Eltern oft einen Strich durch die Rechnung, wenn sie schon vor der verabredeten Zeit aufkreuzten und laut brüllten: »Silvia, wir müssen los!« Das war so unangenehm, dass ich mich freiwillig aus der Umarmung des Typen löste, den ich oft erst ein paar Minuten vorher kennengelernt hatte. Diese wiederkehrenden Aktionen erhöhten meine Chancen auf dem Markt der begehrten Mädchen nicht sehr.

»Glaub' mir, wenn du älter wirst, wird Freiheit für dich eine ganz andere Bedeutung erhalten.« Der Typ neben mir fängt an, klugzuscheißen.

»Mag sein.« Ich zucke mit den Schultern.

Er merkt, dass ich nicht sonderlich beeindruckt bin, und fügt hinzu: »Tut mir leid, Prinzesschen, wollte dich nicht zutexten. Manchmal nur überfällt mich der unstillbare Drang, meine nihilistischen Lebensweisheiten unschuldigen kleinen Mädchen mitzuteilen, immer in der Hoffnung, etwas Verständnis und einen Weg aus der Sackgasse zu finden.« Das Wort »nihilistisch« betont er so, dass ich endlich begreife, warum gerade ich das Opfer eines Spinners geworden bin. Er fängt nun an, umständlich in seinen Hosentaschen nach den notwendigen Utensilien für einen Joint zu suchen. »Haste 'ne Kippe?«, fragt er mich, als es mit seinem Joint anscheinend nicht klappen will.

»Nein, ich rauche nicht. Höchstens einen Joint.«

Schließlich erwidert er: »Na gut, dann rauchen wir Erdloch.«

»Erdloch? Was ist denn das?«

Er bohrt mit einem Stock zwei Löcher in den Boden, die er unterirdisch mit einem Gang verbindet. In diese Höhle kippt er Wasser. Die Coladose teilt er mit einem Taschenmesser in zwei Hälften, die er auf die Löcher stellt. Auf das Unterteil, das er mit dem Messer mehrfach durchstochen hat, krümelt er Gras und zündet es an. Gleichzeitig zieht er durch das Mundstück den entstehenden Rauch gierig ein. Es sieht einfach aus, ist es aber nicht. Als ich es probiere, bin ich angeekelt vom erdigen Geschmack, und die Dosenöffnung ist für meinen Mund auch zu groß. Der halbe Rauch zieht an mir vorbei. Dennoch reicht es, um ein schwummriges Gefühl zu bekommen. Ich muss dringend aufs Klo und gehe zum Badezimmer im Scheunenhaus. Es ist nicht abgeschlossen, und es sitzt schon jemand auf der Toilettenbrille. Mir ist das egal. Ich hocke mich in die Badewanne und lasse laufen, was nicht mehr zu halten ist. Die Wanne ist voller Erde, die sich nun mit meinem Urin vollsaugt. Interessiert verfolge ich den Weg des Rinnsals bis hin zum verstopften Ausguss. Erde, denke ich, alles ist Erde. Wir kommen aus der Erde und werden wieder zu Erde. Vielleicht ist das ja auch eine Leiche hier! Ich fange an zu kichern. Die Person, die auf der Klobrille sitzt, betrachtet mich irritiert. Ich spute mich, schnell wieder nach draußen zu gelangen. Die Band hat in der Zwischenzeit gewechselt. Jetzt sitzt einer von den Punkern meiner Schule am Schlagzeug und, ich traue meinen Augen nicht, Kai singt! Dass er eine Band hat – davon wusste ich bislang nichts. In meiner Achtung steigt er um ein Vielfaches, falls das überhaupt noch möglich ist. Natürlich will ich dazu tanzen. Aber wie? Ich kann nicht anders, als mich den Bewegungen der anderen anzupassen, und so hüpfe ich recht hilflos von einem Bein aufs andere, meist völlig aus dem Takt, rudere mit den Armen und versuche sexy zu wirken. Auf einmal kippe ich nach hinten, schlage hart mit meinem Po und dem unteren Teil des Rückens auf, über mir, neben mir überall Füße, schwere Stiefel, Schweißtropfen, Biergeruch. Ich versuche mich aufzurappeln, doch da strecken sich mir schon freundliche Hände entgegen. Der Tanz geht weiter, man lächelt mir anerkennend zu. Später helfe auch ich Gestrauchelten wieder auf die Beine.

Langsam geht mir die Puste aus. Ich stelle mich ganz vorne an die Lautsprecherbox und schubse einfach alle weg, die in meine Richtung geflogen kommen. Von hier aus kann ich den Schlagzeuger ganz gut beobachten. Ich bewundere seine Koordination, jede Hand und jeder Fuß machen etwas völlig Unterschiedliches, und er bearbeitet seine vielen kleinen Trommeln und Becken schneller, als mein Auge und mein Ohr diese Bewegungen synchronisieren und der Musik zuordnen können. Dabei wirkt er fast gelangweilt. Was gäbe ich dafür, an seiner Stelle zu sitzen und den Takt vorzugeben! Ich schließe die Augen und versuche es mir bildlich vorzustellen. Ach was! Ich kann ja noch nicht einmal meine ungelenken Tanzbewegungen im Rhythmus halten. Und meine zwei linken Hände konnte ich schon beim Klavierspielen kaum richtig koordinieren, obwohl ich bereits mit fünf Jahren angefangen habe, Unterricht zu nehmen. Schlagzeug – das würde mir gefallen, aber meine Eltern würden »einen solchen Krach« in ihrem Haus kaum erlauben.

Was Kai genau singt, kann ich leider nicht verstehen. Aber ich bilde mir ein, dass alle Songs mir gewidmet sind. Manchmal blickt Kai zu mir und schaut mir tief in die Augen. Es wird nun heftiger getanzt, die Menschen fliegen nur so über die Wiese. Und für diejenigen, die nicht mehr so recht stehen können, hat die Gruppe ein altes Sofa auf die Bühne gestellt. Jeder, der darauf sitzt, darf aus einem

Fünf-Liter-Bierfass trinken. Ich erkenne den seltsamen Vogel mit dem nackten Oberkörper wieder, gierig hält er seinen Mund unter den Zapfhahn. Plötzlich fällt mir siedend heiß ein, dass ich um 23 Uhr zu Hause sein soll. Ich weiß noch nicht einmal, wie spät es überhaupt ist. Vielleicht schon weit nach Mitternacht? Meine Frage nach der Uhrzeit löst einige Erheiterung bei den umstehenden Personen aus, weiterhelfen können sie mir aber auch nicht. Das Zeitalter der Handys hat in der alternativen Szene noch lange nicht begonnen.

Irgendwie muss ich meine Eltern erreichen. Ich versuche Ortsansässige zu finden, die wissen könnten, ob es in der Nähe eine Telefonzelle gibt – vergeblich, keiner weiß etwas Genaues. Kai steht immer noch auf der Bühne, und es sieht so aus, als würde er dort noch länger bleiben. Ein dreizehnjähriger milchgesichtiger Junge mit Zahnspange kommt mir zu Hilfe: »Hi, ich bin der Ernie!« Er grinst mich an. »Ich weiß, wo eine Telefonzelle steht.« Er nimmt meine Hand, viel zu selbstverständlich, weshalb ich sie ihm wegziehe. »Lass das!« Betreten trippelt er nun neben mir her, um mich zum Dorfplatz zu begleiten. Dort soll sich angeblich eine Telefonzelle befinden. Zu meiner Verwunderung steht sie tatsächlich dort, wo er es prophezeit hat. Allerdings hat schon seit Jahren keiner mehr den Hörer abgenommen, denn es gibt gar keinen. »Wollen wir zur Bushaltestelle?«, fragt Ernie. »Da gibt es ein Holzhäuschen mit einer Bank, auf der wir uns hinsetzen können, bis uns was anderes einfällt.« Ich zucke nur mit den Schultern, folge ihm aber ein weiteres Mal.

»Und jetzt?« An der Seitenwand des Wartehäuschen ist ein übergroßes Phallussymbol aufgemalt, daneben hat jemand »Scheiß Zecken« gekritzelt, was jemand anders durchgestrichen und stattdessen »Hoch lebe die Antifa,

Nazis raus« drübergeschmiert hat. »Vielleicht können wir hier…« Wieder spüre ich seine Hände an meinem Körper. »Ich will telefonieren, du Idiot. Ich fang doch nichts mit 'nem Dreizehnjährigen an.« Verachtung schwingt in meiner Stimme mit.

Ernie hebt beide Hände hoch, als Zeichen, dass er mich nun wirklich in Frieden lassen will. Er schlägt vor, mich zu einer Frau zu bringen, die am anderen Ende des Dorfes wohnt. Eine nächste Finte? Aber ich sehe keine andere Möglichkeit, um den Sanktionen meiner Eltern zu entgehen. Wir stolpern los. Langsam verliert das Gras seine Wirkung, mir kommt dieses Dorf nur noch schäbig vor. Ich will weg von dieser Fete, von der ich mir so viel erhofft habe.

»Die Frau ist ein bisschen komisch, aber sie lässt dich bestimmt ihr Telefon benutzen.« Ernie teilt mir das mit, kurz bevor wir an ihrer Haustür angelangt sind; er selbst bleibt vorsichtshalber vor dem Gartentor stehen. »Mehr als eine Person zur selben Zeit mag sie nicht«, fügt er als Erklärung hinzu. Mir scheint, auch über eine einzige Besucherin ist sie nicht sonderlich erfreut. Nachdem ich angeklopft habe, öffnet sie die Tür ihrer muffigen Behausung nur einen Spalt breit. Misstrauisch schaut sie mich an und redet mich in einem schwer verständlichen Dialekt an. Ernie scheint ihn zu verstehen. »Sie will nur telefonieren«, brüllt er, an den Gartenzaun gelehnt, zu uns herüber. Beschwörend wiederholt er das letzte Wort, scheint es fast zu buchstabieren. »TELEFONIEREN.« Vielleicht ist das ein Zauberwort für eine rituelle Schlachtung, an der ich gleich beteiligt sein werde. Vielleicht ist diese Frau auch nur Ernies Großmutter, in vielen Dörfern ist doch fast jeder mit jedem verwandt. Schließlich darf ich das Haus betreten. Als ich bei der Alten im Flur stehe, steigt Angst in mir hoch. Ein Blick in die Küche verheißt nichts Gutes. In ihr türmt sich fast deckenhoch dreckiges Geschirr, alles ist mit Spinnweben überzogen. Mitten im Schimmel thront ein weinrotes Telefon. Ich muss der Hexe die Nummer meiner Eltern nennen. Sie wählt, das Geräusch der sich zurückdrehenden Scheibe verstärkt das Gefühl, in einem Horrorthriller gelandet zu sein. Erst die unfreundliche Stimme, mit der sich mein Vater meldet, holt mich in die Realität zurück.

»Wo bleibst du denn?«, fragt er barsch.

»Ich kann hier nicht weg. Kai steht auf der Bühne und singt noch eine Weile. Der wird mich nicht so bald heimfahren.«

»Was treibst du dich auch mit solchen Typen herum? Wir haben eine Heidenangst. Sag mir, wo du bist, dann hole ich dich ab!« Ich will noch einiges erklären, aber die Alte reißt mir den Hörer aus der Hand. »Das reicht, teuer genug.« Sie funkelt mich böse an. Von Weitem höre ich meinen Vater brüllen: »Hallo! Hallo?« Dann liegt der Hörer wieder auf der Gabel.

Zusammen gehe ich mit Ernie, der immerhin auf mich gewartet hat, zurück zum Konzert. Kais Band hat auf der Bühne alles abgebaut, er selbst sitzt am Lagerfeuer, meditiert, ist nicht ansprechbar. Ich rüttle ihn. »Hey, ich muss nach Hause. Du hast doch gesagt, du bringst mich rechtzeitig heim.« Leere Augen starren mich an, mir gruselt.

Unschlüssig stehe ich herum. Wie gelange ich jetzt nach Hause? Diese Frage hämmert unentwegt gegen meine Schädeldecke. Ich fühle mich unwohl, mir kommt es vor, als ob mich alle anstarren würden. Ich nehme die Gesichter der anderen nur als Fratzen wahr, grell ist ihr Gelächter. Sie spielen Theater, und sie mögen mich nicht, weil ich mich weigere, bei ihnen mitzumachen. Laut rufe ich: »Ich spiele einfach nicht mehr mit. Da staunt ihr, was? Selbst schuld, was behandelt ihr mich auch immer wie ein Stück

Scheiße.« Ich erschrecke vor meiner eigenen Stimme, die durch die dunkle Nacht dringt. Wie in Trance marschiere ich bis zu einem Feldrand, die Lichter des Dorfes verschwinden allmählich in der Dunkelheit. Meine Beine sind von ganz allein hierher gelaufen. Ich bin ein Roboter, und mein Gehirn ist manipuliert. Auf einmal muss ich furchtbar lachen, dann fühle ich mich schrecklich einsam und fange an zu weinen. Ich habe Angst. Es ist so dunkel. Überall huscht und wispert es, ein Vogel fliegt mit lautem Krächzen dicht über meinen Kopf. Oder hat er mich gestreift. Ich ducke mich in Embryonalhaltung unter einen Busch und zittere. Finde ich den Weg wieder zurück? Bloß keine Panik aufkommen lassen, denke ich, du bist stark. Setze einen Fuß vor den anderen, langsam. Ich beruhige mich mit der Deklination von lateinischen Verben. Bei der dritten Person Singular, Indikativ Präsens, von *comere* passiere ich das Ortseingangsschild. Ich atme auf, mein Herzschlag verlangsamt sich etwas.

Die anderen sehe ich schon von Weitem am Auto stehen. Kai klappert ungeduldig mit dem Schlüssel, seine Augen sehen wieder normal aus. Als ich hinten im Auto sitze, eingeklemmt zwischen einem Punk und einem Autonomen, die beide nach nassem Gras, Lagerfeuer und Schweiß riechen, kommt es mir vor, als hätte ich mir das alles nur eingebildet. Vorne sitzen die beiden Frauen, teilen sich einen Platz. Wir reden nicht, nur einmal hält Kai den Wagen an und stellt den Motor aus. Wir parken unter einer großen Autobahnbrücke, die noch nicht fertiggestellt ist. Mit offenem Mund betrachten wir das architektonische Meisterwerk.

»Fünf Jahre haben wir gegen diese scheiß Autobahn demonstriert«, sagt Kai, nicht ohne eine Spur von Bitterkeit in der Stimme. »Fünf Jahre für nichts.«

»Ich hab' gehört, einem Demonstranten sind sie sogar mit 'nem Polizeimotorrad über die Füße gefahren«, sagt eine der Pulp-Fiction-Frauen. »Lebenslang Rollstuhl für nichts!«

»Kann ja mit seinem Rolli auf'm Standstreifen fahren«, witzelt jetzt der Punk.

Ich höre nicht richtig hin, die Stimmen der anderen werden immer leiser, entfernen sich. Tief atme ich die kühle Luft ein. Es kann auch schön sein, nachts draußen, viele Sterne sehe ich am Himmel. Es ist schon gegen drei Uhr morgens, wenn die Uhr im Auto funktioniert. So lange war ich bis jetzt nur einmal in meinem Leben aus, und zwar letztes Jahr Silvester. Im nächsten Moment muss ich jedoch auch an den Mann im Rollstuhl denken. Über ihn stand nichts in dem Bericht von *Amnesty International*. Ich kann mir kaum vorstellen, dass das passiert sein soll. Mir wird bewusst, dass ich über kein einziges politisch relevantes Thema vor meiner eigenen Haustür richtig Bescheid weiß. Mit Menschenrechtsverletzungen in El Salvador komme ich hier nicht weiter. Kai und die anderen, die in der Umgebung verschwunden waren, kehren jetzt wieder zurück. Sie lachen, jeder von ihnen ist vollbepackt mit unterschiedlichsten Werkzeugen und Kabeltrommeln. Ich frage nicht, woher sie diese Dinge haben.

Nach und nach setzt Kai die einzelnen Mitfahrer wieder vor ihrer Haustür ab. Die Abschiede fallen müde und wortkarg aus. Und dann bin ich mit Kai allein im Auto. Jetzt könnt es spannend werden, vermutlich denke aber nur ich das. Kai hat mir schon so viele verschiedene Gesichter gezeigt, ich weiß gar nicht mehr, was ich von ihm halten soll. Diese leeren Augen gehen mir nicht aus dem Kopf. Die Fahrt verläuft vollkommen schweigsam. Je weiter wir uns vom Partydorf entfernen, desto absurder erscheint mir der ganze Abend. Morgen muss ich für die nächste Mathearbeit lernen, wovor mir graut. Seit einiger Zeit kann ich mich nicht mehr darauf verlassen, alles auf Anhieb zu verstehen. Es ist, als räche sich mein Gehirn an meiner jahrelangen Faulheit und hätte absichtlich eine Blockade eingerichtet. Stundenlang sitze ich vor leeren Papieren, und abends kann ich meinem Vater, der meine Lernfortschritte kontrolliert, immer noch nichts Brauchbares vorweisen. »Hat's dir gefallen?«, fragt Kai auf einmal in die Stille hinein. Ich suche nach einer passenden Antwort und finde keine. »Es war interessant«, sage ich ausweichend. »Und gleich bekomme ich Ärger, schließlich habe ich versprochen, um elf Uhr zu Hause zu sein.« »Na ja, ist doch erst halb fünf. Deine Alten sollten sich mal entspannen oder besseren Sex haben.« Ich grinse. Kai ist noch respektloser als ich. »Meine Alten quatschen mir schon seit Jahren nicht mehr rein«, fährt er fort. »Die wissen nicht mal, ob ich eine Ausbildung mache. Hauptsache, sie müssen für mich nichts mehr zahlen. Und ich mach' ganz gut Kohle. Noch ein Jahr, dann hab' ich was auf'm Konto und mach' den Abflug.«

»Wohin?«, frage ich vorsichtig, da ich mir momentan ein Leben ohne Kai nicht vorstellen kann. Wenn wir zusammen wären, würde er mich vielleicht mitnehmen. »Keine Ahnung, Weltreise, mal schauen, wo's mir gefällt.« Kann ich als weltreisetauglich gelten, frage ich mich. Für eine Kleinstädterin bin ich bislang relativ viel herumgekommen, auf den Urlaubsreisen mit meinen Eltern. Aber ob das zählte? Meistens verbrachten wir einen Teil der Sommerferien in einem Hotel mit Swimmingpool und Kinderanimation irgendwo im Mittelmeerraum, im Herbst des Vorjahrs gebucht. Alles war abgesichert. Nur manchmal wurde es richtig spannend, wenn mein Vater ein Auto mietete, um das Umland zu erkunden, und sich dabei jedes Mal zielsicher verfuhr. Oft landeten wir ausgerechnet in den

Elendsvierteln der Region. »Schau dich doch mal an, wie du aussiehst« zeterte meine Mutter dann. »Sandalen, die Socken bis zum Knie, und die Kamera hast du auch noch umhängen! Die werden dich bestimmt gleich überfallen!«

Kai lässt mich in der Nähe unseres Hauses aussteigen. »Bis demnächst, in alter Frische. Montagabend um acht ist Umsonst & Draußen-AG, vergiss es nicht!«, ruft er mir zu. Kein Kuss, keine Umarmung. Enttäuscht schlage ich die Beifahrertür zu. Unheimlich ruhig ist es, in den umliegenden Wohnzimmern flattert kein Fernsehlicht mehr, ab und zu kläfft ein Hund, die Laternen bestrahlen viel zu hell die völlig verlassenen Straßen. Ein bisschen benommen gehe ich mit schnellen Schritten vorbei an sauber gezirkelten Gärten, die je einen Betonblock einrahmen, der sich Haus nennt.

Ein Zuhause, was ist das eigentlich, frage ich mich und stolpere die Treppe zu unserem Eingang herauf, direkt in die Arme meines Vaters. Zu sagen, er ist außer sich, wäre untertrieben. Hinter ihm taucht das rundliche Gesicht meiner Mutter auf. Nach eingehender Untersuchung von Kopf bis Fuß, die sie mit Hilfe einer Taschenlampe durchführen, sind sie sich einig und teilen mir den nicht weiter überraschenden Befund mit: »Du hast gekifft!« Ich winde mich aus ihrem festen Griff, will nur noch in mein Bett. Da ist es mir auch schon egal, als mein Vater mir drohend hinterherruft: »Du kannst dich noch auf was gefasst machen!«

2
Geschichtsträchtig

Der Zeiger der Wanduhr ist scheinbar eingeschlafen, manchmal wacht er erschrocken auf und springt hektisch eine Minute weiter, was mich immer wieder aus meiner eigenen Schläfrigkeit hochreißt. Meinem Geschichtslehrer würde ich am liebsten eine baldige Pensionierung nahelegen. Sein Unterricht macht nicht den Eindruck, als existiere irgendein roter Faden. Dennoch kritzeln achtundzwanzig Stifte auf Papier und halten eifrig alles Erzählte fest. Es reicht, finde ich, und quatsche einfach in seinen Unterricht hinein: »Sagen Sie mal, merken Sie denn nicht, wie langweilig das ist? Seit Jahren immer dasselbe, Männer kämpfen gegen andere Männer um ein Stück Land. Danach erhält es einen anderen Namen, den wir uns merken müssen. Diesen Namen und ein zugehöriges Datum. Buchstaben und Zahlen. Warum machen wir nicht mal ein Forschungsprojekt?«

Der Rest der Klasse stöhnt. Anfangs hat man meine Provokationen noch als willkommene Abwechslung gesehen und mich für meine Respektlosigkeit gegenüber dem Lehrkörper bewundert, jetzt halte ich in ihren Augen nur noch den Betrieb auf. Der Lehrer ignoriert mich geflissentlich. Ich bin wütend. Was interessiert mich Geschichte, wenn ich noch nicht einmal eine eigene Gegenwart habe? Seit jenem großartigen Konzertevent ist mein Aktionsradius stark eingeschränkt worden. Ein offener Hausarrest schwebt über mir. Ich kann ihn nur umgehen, wenn ich meine Eltern so lange provoziere, bis sie sich untereinander in die Haare bekommen, dann erlauben sie mir alles. Dann wird Kai, von meinen Eltern mittlerweile als personifizierte Bösartigkeit identifiziert, wieder die Hand geschüttelt, bevor wir in sein klappriges Auto steigen und zusammen mit den anderen Punks und Hippies irgendeinen stickigen Jugendkeller aufsuchen, in dem wir alle viel hochprozentigen Alkohol trinken und lauthals »Deutschland, halt's Maul!« grölen.

In ihren Friedenszeiten verfechten meine Eltern dagegen eine konsequente Erziehungsmethode, und mir bleibt oft nur der Blick aus dem Fenster oder in den Fernseher hinein. Nachmittags darf ich dann zwar raus, aber meine zahlreichen Hobbys, von der Theatergruppe bis hin zur Rhetorik-AG und dem Schülerlotsendienst, habe ich fast ganz aufgegeben. Ich habe keine Nerven mehr für solche Belanglosigkeiten, lieber grüble ich stundenlang vor mich hin und lasse mich in seitenlangen selbstmitleidigen Ergüssen in meinem wehrlosen Tagebuch aus.

Es klingelt, endlich. Die Geschichtsstunde ist vorbei, den Biologieunterricht schenke ich mir heute. Eigentlich müsste ich eine Krankmeldung im Sekretariat abgeben, aber auch auf dieses Kasperletheater verzichte ich zunehmend. Immer öfter denke ich, dass dies sowieso meine letzten Wochen auf dem Gymnasium sein werden. Schule, das ist vielleicht das Richtige für meine Mitschüler, eine in meinen Augen bedauerliche Masse von willenlosen, leicht manipulierbaren und dem Konsum verfallenen Mitläufern. Ich strebe nach Höherem, wenigstens bilde ich mir das ein. Den Realschulabschluss will ich noch mitnehmen – und anschließend ab in die Freiheit.

Der Typ von der Party, der Erdlochraucher, geistert immer noch durch meine Gedankenwelt. »Was ist Freiheit?«, fragt er mich bis hinein in meine Träume. Wenn man nichts mehr zu verlieren hat, meint beispielsweise

Janis Joplin. Ich habe zumindest noch eine Nachhilfeschülerin als Finanzquelle zu verlieren, mit der ich mir mein mageres Taschengeld ein wenig aufpeppe. Ein Hippie-Punk zu sein ist nicht billig. Schließlich brauche ich bestimmte Schallplatten und eine Nähmaschine, um meine Klamotten entsprechend umzuändern. Diese Nachhilfeschülerin ist süß, aber ein bisschen zurückgeblieben. Schon einige Male hat ihre Mutter einen Selbstmordversuch unternommen, mal mit einem Strick, mal mit Tabletten, mal mit einem Fön in der Badewanne. Ich finde, dass ich meinen Job angesichts der prekären Situation ganz gut meistere. Dennoch lässt mein Vater mich in letzter Zeit immer öfter wissen: »Aus dir wird sowieso nichts.« Und meine Mutter präzisiert meine Zukunftsaussichten, indem sie mir prophezeit: »Du wirst eines Tages obdachlos, schwanger und drogenabhängig sein.«

Nur noch ungern halte ich mich in den Straßen meiner kleinen Stadt auf. Seitdem ich meinen Kleidungsstil immer mehr dem von Kai und seinen Freunden angleiche, zeigt man mit dem Finger auf mich, und kleine Kinder drängen sich ängstlich an ihre Mütter: »Mama, warum sieht die denn so komisch aus?« – »Pscht«, erwidern diese, »das sagt man nicht.« Noch unangenehmer wäre es mir allerdings, mich mit denselben teuren Einheitslumpen zu verhüllen, mit denen meine Klassenkameraden täglich mein ästhetisches Empfinden belästigen. So halte ich auf meinem Schulweg und bei unumgänglichen Erledigungen in der Innenstadt meinen Blick stur zum Boden, in meine Ohren stopfe ich mir Kopfhörer, die mich mit meinem besten Freund verbinden, dem guten alten Walkman. Dabei höre ich immer wieder meine neue Lieblingsband *tagtraum*, eine Emopunkband, deren Worte genau meine Stimmung treffen:

»Ich bin nicht wie du
Ich will und werd's auch niemals sein
Ich werd' immer lauter schrei'n
Lässt die Welt mich mal allein
Ich kämpf' nur für mich
Doch wenn du willst, auch noch für dich
Und wenn es gutgeht, für den Rest der Welt,
der mich versteht.«

Es kann kein Zufall sein, dass mir gerade in dem Moment, als ich die Biostunde schwänze und durch die Straßen gehe, Kai entgegenkommt. »Na!«, brüllt er, damit ich ihn wahrnehme. Für ihn drehe ich sogar den Lautstärkepegel herunter. »Das scheppert ja durch die halbe Stadt! Was hörst du denn da?« »*tagtraum*«, antworte ich stolz, jetzt kann ich vielleicht auch mal punkten mit etwas, das er nicht kennt. Dass ich die CD in einem Drogeriemarkt erstanden habe, muss ich ihm ja nicht auf die Nase binden.

»Mmmhhh.« Er zieht die Stirn hoch. »Stehste auf so 'ne Mucke? Ist doch nur was für Emoweicheier.« Ich bin enttäuscht, *tagtraum* ist ihm also ein Begriff, dennoch versuche ich meinen Musikgeschmack zu verteidigen. »Ich kenne keine andere Band, die meine Wut so gut in Worte fassen kann.« »Die kommen aus Schweinfurt«, meint Kai. »Spielen ständig im Stattbahnhof, das ist dort so ein Punkerladen. Ich glaub', sogar übernächstes Wochenende.«

In der Nachbarstadt gibt es einen Punkerladen, und ich habe bislang nichts davon gewusst? Ich bin ganz aufgeregt. »Meinst du, wir können da hinfahren?« Kai lacht. »Klar, wenn deine Alten mitmachen!«

Jetzt heißt es also, zu Hause Unfrieden zu stiften, so gut es nur geht. Am Mittwoch vor dem *tagtraum*-Konzert ist die

Stimmung schon ganz gut. Ich sitze in meinem Zimmer und lese in einer Biografie von Kurt Cobain. »Und hättest du damals nicht immer so darauf gedrängt, dass wir jedes Wochenende zu deinen Eltern fahren, und hätten wir uns darüber nicht immer gestritten, dann wäre unsere Tochter nicht so aufsässig und aggressiv geworden.« Trotz geschlossener Wohnzimmertür ist meine Mutter nicht zu überhören. »Wir waren doch eh nie dort! Dafür hast du ja gesorgt!« Mein Vater ist außer sich, ich kann es an seiner Stimme merken. Es rumpelt auf einmal heftig im Wohnzimmer, mir kommt es vor, als würden die beiden sich gegenseitig aus dem Sessel kippen. Ich grinse. *tagtraum* – ich bin fast schon auf eurem Konzert!

Doch Hochmut kommt vor dem Fall. Ich erlebe meinen schwarzen Freitag, als ich in die Stadt radele, um mir eine billige Nylonstrumpfhose für das große Event zu besorgen, die ich gekonnt zerrissen anziehen will. Die Sonne scheint trügerisch, ich komme an der berühmten Mauer am Innenstadteingang vorbei und hebe den Blick, vielleicht kann ich ja irgendjemanden übertrieben lässig grüßen. Doch es gefriert mir das Blut in den Adern. Ich sehe Kai, der mit irgendeinem Mädchen, das viel gewöhnlicher aussieht als ich, an der Mauer lehnt – und sie knutschen wild herum.

»Leben ist verplant von der ersten Stunde an / glaub' mir, es ist leichter, wenn die Welt dich mal am Arsch lecken kann« – lärmen *tagtraum* in meinem Kopfhörer, genau. Ich zeige Kai den Stinkefinger, was er allerdings nicht registriert, zu beschäftigt ist er, den Rachenraum der Schnepfe zu erkunden.

»Hier habe ich es Schwarz auf Weiß, wie oft wir 1985 bei meinen Eltern zu Besuch waren.« Mein Vater kann die Behauptungen meiner Mutter vor drei Tagen nicht auf sich sitzen lassen. Ich ärgere mich maßlos, denn jetzt, an diesem Samstag, wütet erneut der schönste Streit zwischen meinen Eltern, und ich bin zu Hause und nicht im Stattbahnhof. Türen knallen, meine Mutter rennt die Treppe hoch. »Warte nur, bis ich meine Aufzeichnungen geholt habe«, droht sie.

Die Sache mit Kai ist gelaufen. So viel Stolz habe ich doch, dass ich für eine Mitfahrgelegenheit keinem Mann hinterhersteige, der mich so mies verraten hat. Wie kann er sich nur eine Freundin suchen, die nicht ich bin? Dann wäre es doch besser, er wäre schwul. Ohne Auto kein Konzert. Der letzte Zug zurück fährt schon um halb elf, das lohnt sich nicht. Taxi fahren ist zu teuer und trampen aussichtslos. Schon am Tag wird man kaum noch mitgenommen, das Misstrauen ist groß in einer Gegend, in der es faktisch keine Verbrechen gibt und die Polizisten sich ihre Existenzberechtigung mit dem Aufschreiben von Falschparkern sichern.

»Hier, von 1986 bis 1995 haben wir jeden Sonntag den Pflichtbesuch bei deinen Eltern angetreten.« Meine Mutter hat tatsächlich ihr vergilbtes Notizbüchlein herausgekramt. »Das ist doch alles erstunken und erlogen«, ereifert sich mein Vater.

Haltet doch mal euren blöden Mund, möchte ich ihnen am liebsten zurufen, das hält ja keiner im Kopf aus! Gerade sie, die mir immer den »aggressiven Umgangston« der Punks vorwerfen. So schnell werde ich allerdings bei denen auch keine neuen Bekanntschaften mehr machen, denke ich bitter. Mit Kai erübrigen sich alle weiteren »Untergrundkontakte«. Zu viel mehr als bis zu einem etwas farblosen Anhängsel habe ich es nicht gebracht. Ich habe das Gefühl, total gescheitert zu sein.

Ratlos sehe ich mich in meinem Zimmer um: ein Bett, ein Schrank, ein Schreibtisch, ein kleines Sofa und viele

Zettel, die auf dem Boden verstreut herumliegen, nicht abgeheftete Arbeitsblätter und leidenschaftlich verschlungene Punkzeitungen, ein Vermächtnis von Kai. Die Wände sind bis auf ein paar Punkposter kahl, auch das Plakat vom Mauerfall hängt nicht mehr über meinem Bett. An meine Fensterscheibe habe ich in Großbuchstaben »Konsumieren, nicht denken« gesprüht. Seitdem ist es etwas dunkler im Raum. An der Decke baumelt ein Holzvogel, ein Geburtstagsgeschenk einer Tante. Wer von uns fliegt zuerst in die Freiheit?

Es scheint, dass ich vorerst das Rennen verloren habe. Denn wenige Wochen später sitze ich einem Kinder- und Jugendpsychologen gegenüber. Meinen Eltern ist keine kreativere Maßnahme eingefallen, mit mir umzugehen, nachdem meine Mutter, wie ich schon öfter befürchtet hatte, wirklich einmal hinter meinem Sofa aufgeräumt hat. Zur Vorschau kamen erschreckende Zeugnisse eines Doppellebens ihrer Tochter. Blankes Entsetzen stand ihr ins Gesicht geschrieben, als sie mein Talent zur Fälschung entdeckte. Sie konnte ihre eigene Unterschrift und die meines Vaters unter mehreren Klassenarbeiten erkennen, formschön und fehlerfrei nachgepinselt – direkt unter den Noten in Mathe, Latein und Physik. Natürlich jeweils eine Sechs.

Meine Mutter hat sich natürlich gefragt, was mit ihrer Tochter los ist, nachdem sie nicht mehr mit diesem zwielichtigen Kai herumhockte. Kurzfristig hat sie sogar den Eindruck gewonnen, ihre Tochter würde die Zeit zu Hause genießen und bewusst auf Aktivitäten am Wochenende verzichten. Dann aber kam die nächste Entdeckung: An die Dutzend Flaschen Alkohol aus dem aufklappbaren Barfach der Schrankwand im Wohnzimmer hatte ich bis auf den letzten Tropfen ausgetrunken. Und sie fand leere Medikamentenpackungen. Zu allem Überfluss las sie auch noch mein Tagebuch, Einträge, die schnell dahingeschrieben waren, übersät mit Ketchupflecken:

»Ich bin mir immer sicherer, dass ich ein Findelkind bin. Und ich hoffe, dass irgendwo auf dieser Welt meine echte Familie auf mich wartet. Ich muss von einem anderen Stamm kommen, sonst würde ich mich hier doch nicht so fehl am Platze fühlen.«

Meine Mutter ist vielleicht als Lehrerin darauf vorbereitet gewesen, dass die Pubertätshormone das Oberstübchen ihrer Tochter durcheinanderwirbeln. Aber in diesem Ausmaß, das hat sie sich nicht vorstellen können. Ich habe die vielen Stunden in meinem Zimmer nach Kais Verrat nicht nur zum Ausbrüten des Plans einer sozialen Revolution oder dem Kennenlernen gesellschaftskritischer Gegenwartsmusik genutzt, sondern auch für so manche Experimente. Ich habe alles an Medikamenten gesammelt, was ich im Badezimmer, in Schubladen und in dem kleinen Medizinkoffer, der im Kleiderschrank meiner Eltern untergebracht ist, finden konnte. Viele Arzneien waren abgelaufen, umso interessanter habe ich mir ihre Wirkung vorgestellt, insbesondere wenn ich sie mit Hochprozentigem vermischte.

»Auf einem Punkkonzert könnte ich mich nie so kaputtmachen wie zu Hause in meinem Zimmer. Selbst wenn ich auf einem Konzi ein paar Bier trinken und einen Joint rauchen würde, könnte ich es genießen. In meinem Zimmer will ich nur, dass die Zeit vergeht. Ich will mich abtöten, nichts mehr fühlen«, erkläre ich dem Psychologen und starre dabei in eine Schneekugel, die auf seinem Schreibtisch steht. »Aber wie soll ich das meinen Eltern klarmachen?« Eine rhetorische Frage, genauso gut hätte ich sie der weißgetünchten Wand stellen können. Von dem Arzt kann ich keineswegs mehr Verständnis erwarten als von meinen sogenannten Erziehungsberechtigten. Er bescheinigt mir am Ende der Unterredung ein hohes Suchtpotenzial und verschreibt mir Ritalin. Ich finde dieses Vorgehen konsequent: So kann ich eine weitere Droge einnehmen, um endlich einmal richtig von etwas abhängig zu werden.

»Geben Sie Ihrer Tochter eine Tablette am Tag«, sagt er zu meiner Mutter. »Und sie wird sich wieder auf die wesentlichen Dinge im Leben konzentrieren können. Sie wird auch weniger Energie an den Raubbau mit ihrem Körper verschwenden wollen.« Danach drückt er ihr die Packung mit den Wunderpillen in die Hände, die die Hyperaktivität bei Kindern eindämmen sollen. Meine Mutter ist dagegen, dass ich das Präparat einnehme. Sie muss es schließlich wissen, da Ritalin heutzutage schon fast in jede Schultüte gehört. Umso spannender ist es für mich, ein neues Experiment zu starten. Ich nehme sogleich die halbe Tablettenpackung auf einmal ein. Da die versprochenen Charakterveränderungen aber ausbleiben, wird mir der Versuch bald zu langweilig, und ich setze die Pillen wieder ab.

»Der Fernseher ist schon wieder auf Standby gewesen«, nörgelt mein Vater einige Tage später, ich kann es oben in meinem Zimmer hören. Vielmehr: Ich soll es hören. »Wir müssen Strom sparen«, fügt er hinzu. Eine typische Aussage meines knauserigen Vaters. Als ob wir so die Welt retten würden! Ich schleiche mich die Treppe nach unten und bleibe, wie so oft, vor der Wohnzimmertür stehen. Auf diese Weise bekommt man die interessantesten Dinge mit.

»Die Silvia ist wohl ganz verrückt geworden«, lamentiert mein Vater weiter, der anklagende Ton hat sich verstärkt.

»Jetzt hat sie all ihre Schulsachen vollgekritzelt mit so Sprüchen wie ›Punk is not a fäschn, but atude‹.«

»Attitude.« Meine Mutter verbessert meinen Vater.

»Meinetwegen. ›atude to live and die for‹. Wie kann sie sich nur so was zusammenspinnen? Eines Tages kommt sie wirklich noch einmal wegen eines solch elendigen Quatsches um.«

»Was sollen wir nur machen?« Meine Mutter ist ratlos. »Sie hat doch alles, was sie braucht. Ich weiß gar nicht, wogegen sie eigentlich rebelliert.«

Ich werde wütend. Ich hasse es, wenn über mich gesprochen wird wie über ein exotisches Tier, das unter Tollwut leidet. Jeder Reaktion liegt schließlich eine Aktion zugrunde, denke ich, das sollten sich meine Eltern mal überlegen. Ich öffne mit einem lauten Knall die Tür und setze mich wortlos vor den Fernsehapparat, wo gerade die Nachrichten anfangen.

»Den Politikern gehört ordentlich die Meinung gesagt«, sage ich empört, als die Nachrichtensprecherin vorliest, dass diese sich mal wieder die eigenen Diäten erhöhen.

»Dann streng dich an, dass aus dir was wird und du bei diesen Fragen mitbestimmen kannst. Trete doch in eine Parteijugend ein. Oder was ist eigentlich mit dem Jugendbeirat geworden? Mir scheint, du gehst auch nicht mehr zu den Sitzungen hin.« Die Worte meines Vaters sind an mich gerichtet.

»Ach«, winkt meine Mutter ab, »der gefällt doch nichts mehr.«

Beide konzentrieren sich auf das Geschehen am Bildschirm. Ich komme mir absolut fehl am Platz vor und wünsche mir nichts sehnlicher, als endlich müde zu werden. Scheiß Samstag. Scheiß Kleinstadtabend. Zeitverschwendung in höchstem Maße. Ich werde noch wütender: »Denkt ihr wirklich, ich bin so blöd und beginne eine Parteikarriere? Bis ich was ändern kann, bin ich so alt und grau wie ihr und ende wie die Lämmer auf der Schlachtbank.«

»Und was änderst du so mit deinem Verhalten in der Welt? Wenn du dir die Hose kaputtschneidest, davon ist auch noch kein Hungernder satt geworden.« Meine Mutter kontert mit Seitenblick auf meine neueste Kreation. »Was weißt du schon!«, erwidere ich trotzig und ernte einen bösen Blick. Eine ganze Menge wird sich ändern, denke ich, und zwar schon sehr bald.

3
Nachtschattengewächs

Nicht weit von mir entfernt werden Mülltonnen auf die Straßen geschoben und angezündet. Ein paar Autos bekommen Beulen geschlagen, und einige Fenster gehen zu Bruch. Jubelgeschrei klingt auf, das jedes Klirren, jedes entfachte Feuer, jede faulige Tomate, die die Polizei trifft, begleitet. Türkische Gemüsehändler haben die Demonstranten großzügig ausgestattet.

»Ein Baum, ein Strick, ein Nazigenick« – der Spruch gefällt mir. Ich werde ihn mir einprägen und noch dutzendfach in meinem neuen Leben anwenden, wie so viele Parolen, die ich heute zum ersten Mal höre. »Ob grün, ob braun, den Nazis auf die Fresse haun.« Mit »grün« ist die Polizei gemeint, die trotz Steinhagel, Gerangel und Geschubse eine nicht zu durchdringende Mauer vor den versammelten Rechtsradikalen gebildet hat. Seit über drei Stunden müssen die auf dem Busbahnhof warten. Dorthin waren sie von einem eigens angeheuerten Busunternehmen aus Leipzig gekarrt worden, und eigentlich wollten sie durch die Stadt marschieren, um in diesem August 1999 für mehr »Volksbewusstsein und nationalen Stolz« zu demonstrieren. Aber dummerweise stehen ihnen nun all diese Menschen im Weg, darunter auch ich. Insgesamt sind es vielleicht tausend Leute oder noch mehr. Die Polizei wird später sagen, es waren nicht mehr als vierhundert.

»Ich verstehe nicht, warum die Polizisten nicht nach Hause gehen«, sage ich laut. »Die sollen doch froh sein, dass wir ihre Arbeit machen und die Nazis von der Straße jagen.«

»Die stecken doch alle unter einer Decke. Die müssen ihre Freunde schützen, die Scheiß-Bullen!«, kreischt einer neben mir.

Ein älterer Herr, auch ein Demonstrant, widerspricht vehement: »Wir leben nun mal in einer Demokratie, da hat jeder das Recht, seine Meinung zu sagen, ob es uns gefällt oder nicht.« Er unterstreicht seine Äußerung mit einem extrem einfallsreichen Plakat: »Bürger gegen rechts« steht darauf, und er schwenkt es, auf Zehenspitzen stehend, in großer Aufregung umher, in der Hoffnung, die ungefähr fünfhundert Meter entfernt stehenden Nazis würden davon Kenntnis nehmen.

»Euch geht's doch nur um Krawall. Ihr wollt mal richtig Dampf ablassen. Und damit stellt ihr die Anstrengung Hunderter anständiger Menschen in den Schatten«, sagt nun eine kleine, etwas rundliche Frau, die offensichtlich zu dem älteren Mann gehört.

»Aufstand der Anständigen, oder was?«, knurrt der Typ neben mir zurück.

»Da machen wir lieber 'nen anständigen Aufstand«, schallt es aus mehreren Kehlen von überwiegend schwarzgekleideten Personen in meinem Alter, die die Szene mitbekommen. Wow, das ist er, live und in Farbe: der schwarze Block!

»Bloß weg von den langweiligen DGB-Deppen«, rufen sie jetzt. »Lasst uns da hingehen, wo es am meisten Spaß macht!« Da können Kais Freunde, die ich bis dato noch für wilde Rebellen gehalten habe, einpacken. Klar, dass ich den Autonomen folge. Eine Flasche Bier macht die Runde, »warming up« nennen sie das, kurz darauf fliegt sie einem Polizisten um die Ohren. Und dann drückt mir jemand einen Schal in die Hand zum Vermummen. »Ist besser, die filmen hier alle«, sagt der Unbekannte, der im nächsten Augenblick wieder in der Menge verschwunden ist.

Ich stehe mit den anderen vor einer Ansammlung von Polizisten, die Hunde an der kurzen Leine halten. Die Tiere bellen laut und sehen aus, als wollen sie uns gleich zerfleischen. Ich habe Angst, bleibe aber trotzdem bei der Gruppe. »Zehn, neun, acht.« Die Schwarzgewandeten haken sich unter. »Sieben, sechs, fünf, vier, drei.« Was passiert jetzt bloß? »Zwei, eins, null.« Alles rennt auf einmal los und prescht nach vorne. Ob ich will oder nicht, ich werde mitgezogen. Das Adrenalin vertreibt jede Furcht. Ich bin den dick gepanzerten Polizistenrobotern jetzt sehr nah, verspüre gleich darauf einen harten Schlag auf meine Schultern.

»Die können wir doch nie vertreiben«, zische ich meinem linken Nachbarn mit zusammengebissenen Zähnen zu.

»Mitgefangen, mitgehangen«, antwortet er und grinst mir unter seiner Skimütze zu. »Und bloß nicht in die Augen fassen!«, rät er mir. Warum denn auch, denke ich noch verwirrt, da fängt es schon an. Etwas ätzt und beißt ganz fürchterlich in meiner Nase und in meinen Augen. Selbst beim besten Willen, ich kann meine Arme nicht entketten. »Ist bloß ’n bisschen Pfefferspray, geht irgendwann vorbei«, höre ich wie aus weiter Entfernung die Stimme des Typen neben mir. Immer wieder stürmen wir vor, immer wieder kassieren wir harte Schläge. »Deutschland, Faschistenstaat«, tönt es laut durch die Menge, und: »Wir kriegen euch alle! Ihr scheiß Nazipack!«

Der Autonome neben mir ist völlig außer sich, geradezu hysterisch schreit er sich heiser. Erst zum Schluss, als ich kaum noch stehen kann und mein Körper mit blauen Flecken übersät sein muss, gelingt es mir, mich etwas abseits zu stellen. Ich lehne an einer Hauswand, und ein paar Typen mittleren Alters nähern sich mir. Einer zeigt mit dem Finger auf mich, eine andere Hand reißt mich an der Schulter herum. Unbarmherzig zieht man mich in die Menge zurück.

»Bist du bescheuert?« Es ist eine Frau, die mich anschreit. Sie ist großgewachsen, hat eine stämmige Figur. »Die Ziften haben's auf dich abgesehen. Geh bloß nicht mehr weg von hier. Wenn wir von hier abhauen, dann alle zusammen, verstehst du?« Ich nicke, während die Frau schon wieder in der Menge verschwunden ist. Gern hätte ich sie gefragt, was »Ziften« sind, aber ihrem Tonfall zufolge kann ich mir schon denken, dass es nichts Gutes ist. Später erfahre ich, dass es sich dabei um Zivilpolizisten handelt.

Aus der Ferne kann ich erkennen, wie sich die Nazibusse wieder füllen, die frohe Kunde macht schon bald darauf die Runde: »Keinen Millimeter weit sind die heute mit ihrer Demonstration gekommen. Haben sich höchstens ein wenig die Füße vertreten.« Aufbruchstimmung entsteht. Ich will bei den Autonomen bleiben und halte Ausschau nach dem netten Typen, der die ganze Zeit an meiner linken Seite gekämpft hat. Gekämpft, ja, das ist das richtige Wort. Zuvor nicht gekannter Stolz erfüllt meine Brust. Mein Körper schmerzt überall, aber ich nehme es nicht wirklich wahr. Das war eine kaum mehr zu toppende Steigerung von allem, was ich bislang erlebt habe: *Bravos* aus dem Ständer vor dem Kiosk klauen, Kräutermischungen als Marihuana ausgeben, Männern auf Wahlplakaten Hitlerbärtchen aufmalen, Mercedessterne abbrechen – pah! Kinderkacke!

Plötzlich halte ich einen Zettel in der Hand, auf dem der Name einer U-Bahn-Station und eine Uhrzeit stehen. »*Reclaim the streets*«, sagt der Zettelverteiler zu mir, »und danach fette Party!« Was war denn das nun schon wieder? *To reclaim* haben wir im Englischunterricht noch nicht gelernt, soweit ich mich erinnern kann. Die Art, wie die

Menschen hier miteinander reden, ist mir unbekannt. Sie scheinen sich alle zu kennen, die besten Freunde zu sein. Selbst unter ihren Skimasken wissen sie genau, wer wer ist. In die 1. Klasse Punk bin ich schon gegangen bei Kai, jetzt komme ich offenbar eine weiter.

Ich spüre eine Hand auf meinem Rücken und schrecke zusammen. »Prost«. Erleichtert sehe ich, dass es der Typ ist, der links von mir gekämpft hat, mit einer Bierdose in der Hand. Doch ich habe nichts zum Prosten, was dieser in dem Augenblick auch bemerkt. Umständlich wühlt er in seinem Rucksack herum, bis er eine zweite Dose herausfischt, die er mir in die Hand drückt. Danach rollt er seine Mütze hoch. Zum Vorschein kommen kurze blonde Haarstoppeln, aufgemischt von einer einzigen blauen Dreadlock, die um seinen Kopf herumwirbelt, als er sich ausgiebig schüttelt. »Ganz schön geschwitzt«, stöhnt er. »Aber heutzutage kann man gar nicht vorsichtig genug sein.« Er grinst mich an. Beim Anstoßen schauen wir uns kurz in die Augen. Sein Nasenring steht ihm gut, finde ich.

»Wie heißt du?«, frage ich.

»Timo,« antwortet er kurz und knapp.

Wir lassen uns in der Menge treiben, die Richtung U-Bahn strömt. Schon bald habe ich die Orientierung verloren. Im Abteil, in das wir einsteigen, trifft Timo ein paar Kumpels, die sich nach und nach aus ihren schwarzen Outfits schälen. Überall kommen Iros und schlecht gestochene Tattoos zum Vorschein. Man tauscht Neuigkeiten aus, bei denen ich nicht mitreden kann.

»Verdammt, der ganze Bahnsteig ist ja schon grün!«, ruft einer, als der Zug in die Station einfährt, wo wir aussteigen wollen, um zum *Reclaim* zu kommen. Inzwischen habe ich erfahren, dass das Wort für eine Aneignung des öffentlichen Raums steht, insbesondere stark befahrener

Straßen, die dann mit transportablen Soundsystemen, Picknicks, Jongleuren und anderen witzigen Aktionen wiederbelebt werden. Die Idee kommt aus England, wo Ende der neunziger Jahre im Rahmen einer solchen Party die Straßen des Londoner Bankenviertels mit frischem Grün bepflanzt worden sind. Unter überdimensionalen Reifröcken von Stelzenläufern waren Presslufthammer versteckt, mit denen die Menschen den Teer aufrissen, um danach Blumen zu setzen. Ich bin aufgeregt und hoffe natürlich, dass heute etwas Ähnliches passiert.

Im Abteil macht sich plötzlich Hektik breit. Dunkle Kleidungsstücke, ja, ganze Rucksäcke wandern zu ein paar Leuten, die im Abteil sitzen bleiben, während der Rest aussteigt. Timo dreht sich zu mir um: »Biste clean?« Ich bin verwundert. Sehe ich so aus, als ob ich ein Junkie wäre? »Heroin habe ich noch nicht genommen«, antworte ich. Timo lacht. »Ich meine, ob du irgendetwas dabeihast, Steine, Pyros, Aufrufe zu irgendwelchen Veranstaltungen?« Ich schüttele den Kopf. Herrje, was sind denn Pyros?

Am Bahnsteig warten sie schon auf uns, die gepanzerten Roboter, die so wenig mit dem netten Wachtmeister zu tun haben, der in meiner Grundschulzeit einmal in unsere Klasse kam. »Meine Kollegen von der Polizei und ich wollen, dass euch nie etwas passiert«, hatte er gesagt und uns unter seiner Schirmmütze freundlich zugezwinkert. »Ihr sollt wissen, dass ihr uns jederzeit um Hilfe bitten könnt.« Anschließend wurde seine Stimme strenger. Er erzählte von Kindern, die anderen Kindern einfach deren Stifte wegnähmen. »Das ist Diebstahl!«, rief er empört und blickte sich im Raum um, wie es wohl auf uns kleine Racker wirken möge. »Manche Kinder«, fuhr er fort, »wollen aber gar nicht wirklich die Stifte der anderen Kinder haben. Sie sind nur neidisch und nehmen sie ihnen weg, um sie gleich darauf kaputtzumachen«. Jetzt wurde er ganz aufgeregt und wirbelte mit den Händen in der Luft herum. »Das ist Sachbeschädigung! Und das muss ebenfalls bestraft werden!« Zum Schluss wurde er wieder ganz freundlich: »Und wir wollen, dass ihr uns dabei helft, dass solche schlimmen Dinge nicht passieren! Deshalb kommt immer bei uns vorbei, wenn ihr seht, dass jemand etwas Böses gemacht hat!« Bevor der Wachtmeister dann das Klassenzimmer verließ, verteilte er noch Juniorpolizeiausweise der bayerischen Polizei und Fingerabdruckformulare an uns Kinder, seine potenziellen zukünftigen Mitarbeiter.

Timo stellt sich auf seine Zehenspitzen, so wirkt er noch imposanter, als er es ohnehin schon ist. »Sieht nicht so aus, als ob die alle filzen können!« Er freut sich, dass die Polizisten trotz Riesenaufgebots in der Minderheit sind. »Los!« Timo nimmt meine Hand und leitet mich durch das Gewühl. »Uns auseinandernehmen, das könnt ihr! Das ist aber auch alles«, ruft jemand empört. Ein anderer, dem gerade mit einer Art Plastikband die Hände auf dem Rücken zusammengebunden werden, schreit: »Wo wart ihr denn in Lichtenhagen, als Hunderte von Rechtsradikalen die Vietnamesen überfielen?« Ein Tumult bildet sich um den Gefesselten herum. Ich bleibe gebannt stehen, Timo zieht mich aber weiter. »Komm, das bringt doch nichts«, sagt er.

»Aber müssen wir ihm nicht helfen?«, frage ich erstaunt. »Die Einzigen, denen durch solche Aktionen geholfen wird, das sind die Bullen mit ihren Statistiken«, klärt er mich auf. »Deshalb machen sie das! Sie provozieren bewusst, und am Ende können sie noch mehr Leute festnehmen, um damit auf unsere Gewaltbereitschaft hinzuweisen. ›Versuchte Gefangenenbefreiung‹ nennen sie das dann. Irgendwie müssen ja die Millionen Euro gerechtfertigt werden, die jedes Jahr für ihre überzogenen Einsätze herausgeschmissen werden. Wenn sie während der Veranstaltung keine Leute einknasten können, müssen sie später für die entsprechenden Zahlen sorgen.« »Aber es ging doch gegen die Rechten? Warum müssen sie denn Linke einsperren? Die haben doch gar nichts gemacht.« Ich seufze. Das alles scheint komplizierter zu sein, als ich es mir vorgestellt habe.

Tatsächlich schaffen wir es, die Roboter zu umgehen. Ich kann schon den Ausgang erkennen. »Scheiße, die filzen da vorne nochmal gezielt«, murmelt Timo plötzlich. »Aber wir haben zum Glück nichts zu befürchten. Am besten, du holst schon mal deinen Ausweis raus, manchmal winken sie einen dann sogar durch.« »Wieso Ausweis? Ich dachte, es geht nur um die Taschen?« Ich stocke. Timo ist verärgert. »Hab' ich dich nicht vorhin gefragt, ob du clean bist?« Schuldbewusst senke ich den Kopf. »Hab' nicht dran gedacht, aber meine Eltern könnten mich vermisst gemeldet haben.« »Biste von zu Hause abgehauen, oder was?« Ich nicke. »Abgehauen ist vielleicht das falsche Wort. Ich befinde mich eher auf einem Kultur- und Bildungsurlaub.« Meine Ausdrucksweise, die meine Klassenkameraden immer als »geschwollen« bezeichnen, scheint bei Timo genau ins Schwarze zu treffen. Sein grimmiger Gesichtsausdruck entspannt sich wieder. »Seit wann denn?« Ich muss nur kurz überlegen. »Samstag vor einer Woche.«

»Ich bin natürlich sehr froh darüber, dennoch müssen die Gelder auch richtig eingesetzt werden …« Die knarzige Stimme mit dem bayerischem Einschlag, die aus meinem Radiowecker dröhnte, weckte mich unsanft aus meinen Träumen. »Ich denke da an interne Einsparungsmaßnahmen, besonders in der Verwaltung. Sie haben erwähnt, dass …« Ich drückte die Aus-Taste und sprang aus dem Bett. Mein Vater hatte das Kaffeewasser schon aufgesetzt und las

Zeitung. Es waren Sommerferien, ich wollte ein unverfängliches Gespräch beginnen, mir fiel allerdings kein Thema ein.

»Soll ich Brötchen holen?« Das war noch die harmloseste Frage, die mir in den Sinn kam.

»Wenn du meinst«, brummte mein Vater hinter seiner Zeitung und legte diese dann beiseite, um mir seinen Geldbeutel auszuhändigen.

»Wo ist denn die Stofftasche?«, fragte ich.

»Na da, wo sie immer hängt«, erwiderte er und zeigte mit dem Finger auf einen Stuhl, den niemand von uns benutzte. Eine von mir sehnlichst gewünschte Schwester (es hätte auch ein Bruder sein können), die die elterliche Aufmerksamkeit etwas hätte relativieren können, war leider nie angekommen, um darauf Platz zu nehmen.

Es war an diesem Morgen noch ziemlich frisch draußen, aber mit Sicherheit würde es ein warmer Tag werden. Ich war eine gute Wolkenbeobachterin, dies war das Einzige, was ich in der Schule tun konnte, ohne gleich eine Ermahnung oder einen Verweis zu erhalten. Allein im letzten Schuljahr hatte sich wieder ein halbes Dutzend davon angesammelt. Ich zog die frische Morgenluft tief in meine Lungen ein. Fast vergaß ich, den sorgsam gepackten Rucksack aus meinem Zimmer mitzunehmen und ihn hinter einem Busch zu verstecken, von wo aus ich ihn später mitnehmen wollte.

Beim Bäcker drängten sich hauptsächlich Hausfrauen und Bäuerinnen, die ausgeleierte Jogginghosen, geschmacklose pastellfarbene T-Shirts und alte Blousons anhatten. »A Gwerch is des hier«, sagte ein Mann in mittleren Jahren, der nach mir in den Laden gekommen war. Ich kannte ihn aus Kindertagen, als ich die Bäckerei noch an der Hand meines Vaters betreten hatte. Sein schütteres, fettiges Haar war heute auf links gekämmt. Ohne Rücksicht auf die Anstehenden nahm er sofort einen Platz direkt vor der Theke ein.

»Was hätten's gern?«, fragte eine Verkäuferin mit einer schlecht sitzenden Dauerwelle.

»Dree Weck un en Zwibelplootz.«

»Wie gaats mit die Frau?«

»Wos soll's scho gebn, seit der Hund do is, is se ganz narrisch, ich seh se jo gor nimmer!«

Die Dauergewellte lächelte gekünstelt. »So sind die Frauen, nachher interessieren se sich gor nimmer für een …«

Immer wenn ich diesen fränkischen Dialekt hörte, fühlte ich mich entsetzlich provinziell. Ich hatte schon seit frühesten Kindertagen daran gearbeitet, ihn mir nicht anzueignen. Die wenigsten Menschen konnten anhand meiner Aussprache meine Herkunft lokalisieren, was mir sehr wichtig war.

Als ich endlich an die Reihe kam und Vollkornbrötchen verlangte, war mir ganz schlecht vom Morgenschweiß und von den billigen Deodorantgerüchen.

»Seit einer Woche bin ich unterwegs.« Gedankenverloren wiederhole ich meine Aussage Timo gegenüber. Wir stehen noch immer unschlüssig im Zwischengeschoss herum.

Zuerst war ich auf ein Festival in die Nähe von Köln gefahren, wo ich für den Eintritt so viel zahlen musste, dass mein erspartes Geld um einiges minimiert wurde. Gelohnt hatte es sich nicht wirklich. Den ganzen Abend fand ich keinen Anschluss, alle waren mit ihren Freunden unterwegs. Es versetzte mir einen Stich, insbesondere wenn ich daran dachte, wie sehr ich meine Eltern im Juni angefleht hatte, mich mit ein paar Leuten von meiner Schule auf das Southside-Festival auf einem ehemaligen Militärflugplatz in der Nähe von München fahren zu lassen. Hart wie Stein waren sie geblieben. Na, das hatten sie nun davon, dachte ich, als ich auf dem Bizarre-Festival in Köln ankam.

Nach dem samstäglichen Frühstück nutzte ich einen unbeobachteten Moment, schnappte mir den Rucksack im Garten und zog los Richtung Bahnhof. Bloß weg hier. Ein Zug Richtung Schweinfurt stand zur Abfahrt bereit, ich schaffte es gerade noch, in ein Abteil zu springen, bevor sich die Türen schlossen. Erschöpft ließ ich mich auf den nächsten freien Platz fallen. Nun begann der eigentliche Stress in meinem Kopf. Was, wenn meine Eltern mein Verschwinden in der Zwischenzeit bemerkt und in der Folge die Polizei alarmiert hatten? Aber suchte man eine Person nicht erst nach vierundzwanzig Stunden? Bis dahin würde ich meine Spuren verwischt haben, überlegte ich. Im Zug versuchte ich dem Schaffner möglichst unauffällig meine Karte zu zeigen, damit er sich später nicht mehr an mich erinnerte.

Da ich kein Zelt bei mir hatte, in dem ich übernachten konnte, musste ich auf dem Festival unbedingt jemanden kennenlernen, der ein solches besaß, was mir gegen drei Uhr morgens am letzten geöffneten Bierstand schließlich auch gelang. Als ich Stunden später neben diesem jungen Mann aufwachte, hörte ich ein paar Stimmen witzeln: »Pass auf, die Frau, die du dir da gestern geangelt hast, sieht bei Tageslicht bestimmt aus wie ein Nachtschattengewächs.«

Ich hatte kein gutes Gefühl bei dieser Truppe, trotzdem blieb ich noch den ganzen Tag bei ihr. Erst als ich am Montagabend im Bett des jungen Mannes in seiner Kölner Wohnung lag, eröffnete er mir, dass er zurzeit eine Ausbildung bei der Bundeswehr als Fallschirmjäger absolviere. Das passte nun wirklich nicht in mein Weltbild. Am nächsten Tag hatte ich es plötzlich sehr eilig. Ich musste unbedingt noch eine Freundin in Frankfurt treffen, sagte ich. Um dem Bundi die Dringlichkeit zu verdeutlichen, rief ich einfach irgendeine Nummer von einer Telefonzelle aus an: »Hallo Simone, gut dass ich dich erreiche. Bleibt es bei unserem Treffen heute?« Der Bundi brachte mich dann noch zum ICE. Den Weg zur nächsten Station verbrachte ich auf dem Klo, weil ich keine Fahrkarte hatte. In Bonn stieg ich aus und schlug mich mit Regionalbahnen wieder zurück ins Rhein-Ruhr-Gebiet. Und dann litt ich vor allem schon wieder unter einem: Langeweile. Nach den vielen Büchern über jugendliche Ausreißer, die ich gelesen hatte, darunter *Wir Kinder vom Bahnhof Zoo* von Christiane F., hatte ich mir das Straßenleben doch etwas wilder vorgestellt. Vorerst traute ich mich nicht einmal, die abgerissenen Punks von der Kölner Domplatte anzusprechen. Schließlich fuhr ich kreuz und quer durch Nordrhein-Westfalen, schlief in verschiedenen Parks, bis ich schließlich das Plakat entdeckte: »Naziaufmarsch verhindern.« Die Demonstration sollte in Bochum stattfinden.

Timo hört mir nur mit halbem Ohr zu. Angestrengt späht er immer wieder zur Ausgangskontrolle hinüber.

»Ich glaub', du hast 'ne Chance, da durchzukommen, die filzen nicht jeden.« Mit seinem prüfenden Blick mustert er mich von Kopf bis Fuß. »Immerhin siehst du noch ganz gemäßigt aus.«

Gemäßigt nennt er das also. Aha. Und das, nachdem ich mir seit Wochen an meiner Schule anhören musste, dass ich eine richtige Zecke geworden sei.

»Aber hast du nicht auch was zum Wechseln? So was richtig Anständiges?«

»Klar, in meinem Rucksack. Aber wo soll ich mich denn umziehen? Hier vor allen Leuten geht das ja schlecht.«

Timo stöhnt. »Einen Bildungsurlaub hast du wirklich nötig. Schon mal was von einem Kneipenklo gehört?« Er deutet mit seinem Daumen hinter sich. Spelunke ist der treffendere Ausdruck. Völlig betrunkene Menschen sitzen an der Bar der Bahnhofsgaststätte, manchen dient sie als Stütze, andere haben sogar ihren Kopf darauf abgelegt. Als ich das Lokal betrete, wird laut gejohlt. Ein Großteil der Kneipenbesucher verfolgt ein Fußballspiel am Wandfernseher.

Hinter der Bar steht eine Rothaarige. Sie röchelt und erstickt fast an einem Hustenanfall. Nachdem sie sich wieder beruhigt hat, steckt sie sich eine Zigarette an. »Na, Kleines, wo willst du denn hin?« Ich zögere. Was, wenn diese Leute nun Ziften sind oder Nazis oder beides und mich verprügeln wollen? Ich mache auf dem Absatz kehrt. Das Risiko ist mir zu groß. Mein Abgang erheitert die Gesellschaft noch mehr als das geschossene Tor, ihr Gegröle ist bis nach draußen zu hören.

»Ich geh' da nicht wieder rein«, sage ich zu Timo, der ungeduldig mit dem Fuß wippt. Nachdenklich blicke ich hinunter auf den Bahnsteig. Es ist dort deutlich leerer geworden. »Vielleicht fahre ich zu einer anderen Station.«

Timo lacht auf. »Dort unten wirst du gleich verhaftet, aber wie du willst. Ich mach' mich jetzt auf zur *Reclaim*, wir sehen uns später.« Er nickt mir kurz zu, und schon ist er weg Richtung Ausgang. Na super! Habe ich einmal jemanden kennengelernt, der ganz brauchbar scheint, vergraule ich ihn gleich wieder.

Beim Anblick des Bahnsteigs fühle ich mich ein bisschen wie vor meinem ersten Sprung vom Fünfmeterbrett. Stufe für Stufe begebe ich mich tiefer nach unten. Panik greift auf einmal um sich, ich höre Schreie, direkt neben mir wird jemand zu Boden geworfen, ich strauchle. »Halt, stehen bleiben!« Gilt das mir? Die U-Bahn fährt ein, nur noch wenige Schritte. Bloß nicht umdrehen. Mit einem fast lautlosen »Piep« schließen sich die Abteiltüren, und ich kann durch das Fenster diejenigen auf dem Bahnsteig beobachten, die weniger Glück haben als ich. Schon bei der nächsten Station ist weit und breit kein Roboter mehr zu sehen.

Direkt am Ausgang befindet sich ein Park. Langsam wird es dunkel und ein wenig frisch. Ein paar Jogger drehen ihre Runden. Ich gehe schnell hinter einen Busch, ziehe mir meine Cordhose an, die gestreifte Bluse und den weißen Blouson. Danach »kämme« ich mir die Haare mit Hilfe meiner Finger und binde sie zu einem Pferdeschwanz zusammen. Ich will schon wieder los, da stolpere ich über meinen Geldbeutel. Er muss mir beim Herumkramen wohl aus dem Rucksack gefallen sein. Ich zähle mein Geld. Über zweihundert Mark habe ich noch, und ich hoffe, dass ich damit noch eine Weile zurechtkomme. Vorsichtshalber stecke ich mir die Geldscheine in den BH. Entspannt nehme ich die nächste U-Bahn zurück.

Mittlerweile haben sich einige Polizisten vor der Bahnhofskneipe postiert, eine Scheibe ist eingeworfen, ein paar Stühle liegen zerbrochen auf dem Boden herum. Ein Punk, dem Blut aus Mund und Nase läuft, sitzt an eine Säule gelehnt, die Hände auf dem Rücken mit Handschellen gefesselt. Er sieht aus, als würde er jeden Moment sein Bewusstsein verlieren. Ich will zu ihm hin und mit ihm reden, aber neben ihm stehen zwei große grüne Roboter mit leeren Augen. Mir schaudert. Mit schnellen Schritten laufe ich an ihnen vorbei. Sie nehmen keinerlei Notiz von mir. Die Ausweiskontrolle am Ausgang der U-Bahn gibt es noch immer, doch ich komme ungehindert an der Seite vorbei, wie auch viele andere »normal« aussehende Menschen.

Hinter der Polizeisperre haben sich über einhundert Leute versammelt, die in kleineren Gruppen verteilt herumsitzen oder -stehen und Bier trinken. Andere tanzen zu einer sonderbaren Musik, die ich zuvor noch nie gehört habe. Es klingt wie Techno, aber nicht wie der, den ich bislang auf MTV und VIVA gehört habe. Die Straße wird leider nicht aufgerissen und neu bepflanzt, aber das kann ja noch kommen.

»Mensch«, sagt einer zu mir. »Gut, dass du hier bist, wo warst du denn? Dachten schon, du wärst eingebuchtet. Hast dich inzwischen umgezogen? Siehst ganz anders aus.« War das der Typ, der mir den Schal geschenkt hat? Genau weiß ich es nicht. Ich versuche zu lächeln, froh darüber, dass jemand an mich denkt. Doch plötzlich ist alles zu viel für mich. Jetzt, wo ich es geschafft habe, hierherzukommen, bricht die ganze Aufregung des Tages über mich herein, und ich will am liebsten nur noch allein sein und heulen. Grundlos. Doch der Punk mit ausgewaschenem Hänge-Iro, bei dem man die einst grüne Färbung nur noch erahnen kann, redet weiter: »Den Timo haben sie sich gekrallt, weißt du das schon? Die Bullen der Ausweiskontrolle meinten, dass sie ihn auf Video haben. Auch ein paar andere haben sie festgenommen. Das ging hier in der letzten halben Stunde nochmal richtig ab. Die Nazikneipe haben wir gleich mit hochgehen lassen.« Er grinst. »Kein Pils mehr für Faschohools heute. Und die Alte an der Bar hatte 'nen Nervenzusammenbruch.«

Ich weiß nicht, was ich dazu sagen soll, es klingt alles sehr krass. Zum Glück erwartet er auch keine Antwort, denn er drückt mir stattdessen ein Bier in die Hand.

»Wie heißt du denn?« Mein Schweigen scheint ihm Unbehagen zu bereiten.

»Hab' keinen Namen mehr!« Die Antwort beeindruckt ihn, denn er pfeift durch seine fauligen Zähne.

»Ich jedenfalls bin Matze, ganz einfach.«

Auch weiterhin reden wir nicht viel miteinander, denn ich habe nichts zu erzählen. Noch nicht. Ich lausche dem

Wortschwall der anderen, zu denen wir uns gestellt haben. Jeder berichtet von seinen Erlebnissen der letzten Wochen. Ich merke, dass man sich gegenseitig überbieten will. Ausdrücke wie »Scheiße«, »Ey, abgefuckt« und »Vollfick« kommen in jedem Satz vor, manchmal sogar mehrmals. Ich habe nicht den Eindruck, dass es zum guten Ton gehört, sein Gegenüber ausreden zu lassen oder gar das Gehörte zu kommentieren. Ich fühle mich fehl am Platz. Ich entferne mich ein wenig von den anderen und krame mein Tagebuch aus dem Rucksack hervor, das ich seit einer Woche unbenutzt mit mir herumschleppe, und lese meinen letzten Eintrag:

Schizophrenie – ein Drama in sechzehn Akten

Sechzehnter Akt (Vortragende unfrisiert, spricht mit gepresster, hektischer Stimme, während sie hastig ein paar Habseligkeiten in einen Rucksack verstaut):

Beine rasieren für die Männer / keine Kenner, die nur stieren, / in die Schule rennen, / das Leben verpennen.

Ich hab so vieles, was ich nicht brauch / Klavierunterricht hatte ich auch. / Leben im Überfluss / schafft nur Verdruss, / werde deshalb gehen / und ihr werdet schon sehen, / wo ich lande. Besser als mir immer / im Zimmer / zu geben die Kante.

(Abgang forever)

Ich hole einen Stift heraus und kritzle darunter:

Eine Woche später sitze auf einer Reclaim-Party. Die Straße ist auf jeden Fall dicht, und um uns herum stehen viele Polizisten und passen auf, dass uns kein Unglück geschieht. Ansonsten bin ich schon ein klein bisschen besoffen und hab 'nen süßen Typen kennengelernt, der sitzt aber gerade im Knast. Immer habe ich Pech mit Jungs. Ich bin jetzt bei Leuten, die mir alle fremd sind. Ein paar sehen aus wie Punks, aber irgendwie haben die gar kein Niveau. Die Autonomen waren ganz nett, aber die sind anscheinend auch nicht mehr da (oder haben die sich auch nur wie ich umgezogen?). Mal schauen, was heute noch so passiert.

Als sich die Menge der Punks nach und nach zerstreut, stehe ich etwas unschlüssig in der Gegend herum – falls man es noch stehen nennen kann. Eindeutig habe ich ein paar Bier zu viel getrunken. Trotz eines gewissen Trainings in den letzten Wochen kann ich mit den hiesigen Punkern, die Ketten aus Kronkorken um ihre Hälse hängen haben, noch lange nicht mithalten. Also lasse ich mich auf den Bordstein fallen.

»Junge Dame, wenn Sie denn mal den Ort räumen könnten…« Ein ungeduldiger Polizist, mit normaler Uniform bekleidet, kommt näher. Nach meinen heutigen Erfahrungen verzichte ich auf seine nähere Bekanntschaft und springe schnell auf.

»Kommst du mit?«, fragt mich die buntgemischte Biertrinktruppe. Warum eigentlich nicht? Ich nicke. Wir steigen die Treppen zu den U-Bahn-Gleisen hinunter, um die Linie zu nehmen, die ich schon kenne. Nur wollen wir dieses Mal fast bis zur Endhaltestelle fahren. Überall im Abteil blicke ich in erwartungsvolle Samstagabendgesichter, die Luft ist erfüllt von sich gegenseitig beißenden Parfums. Ich trinke mein sechstes Bier, da kann einem ganz anders werden.

»Gibt an der Endhalte 'ne Popperdisse, da wollen die hin«, erklärt mir einer der Punks, dessen Augen unter seinen langen roten Ponyfransen kaum zu entdecken sind. Er wird sich später als Flo vorstellen. »Voll widerlich, das Volk. Immer müssen sie nach uns gaffen, dabei sehen die doch noch viel beschissener aus als wir.« Wir sind tatsächlich ein illustrer Haufen. Ich zähle zehn Leute, alle mit unterschiedlich gefärbten Haaren. Nur ich falle mit meinem Naturbraun zwischen ihnen auf. Jeder außer mir trägt eine Lederjacke, die mit aufgemalten Sprüchen und diversen Sperrmüllaccessoires verziert ist. Eine Frau hat den Kragen ihrer Jacke mit abgekokelten Barbieköpfen geschmückt. Zwei große schwarze Hunde sind auch dabei, der eine wird »Adolf« gerufen, der andere »Pechsträhne«.

»Hey, ist das nicht dein Kumpel?«, fragt plötzlich eine kleine Frau mit Dreadlocks und kickt gegen Matzes Knie, als wir auf halber Strecke an einer Station halten. Matze schreckt hoch, auf dem Bahnsteig steht tatsächlich ein etwas verloren wirkender Timo. Mit lautem Gejohle wird er begrüßt, als er zu uns ins Abteil kommt. In der Hand hält er wie eine Trophäe eine Plastiktüte, in die er seine wenigen Habseligkeiten nach der Festnahme stecken musste. Geldbörse, Nietenarmbänder, ein paar Papiere. Warum er seinen Rucksack nicht zurückbekommen hat, wird mir trotz zweimaligen Nachfragens nicht klar.

»Die Schnürsenkel mussten aus den Stiefeln raus, war aber letztlich alles halb so wild«, erzählt er weiter. Stolz schwingt in seiner Stimme mit, das ist nicht zu überhören.

»Was wollten sie dir anhängen?«

»Das Übliche: Landfriedensbruch, Störung der öffentlichen Ordnung, Körperverletzung.«

»Ey, Alter, nicht dass sie dich wirklich einmal für länger einbuchten«, ruft ihm die blonde Punkerin mit den Barbieköpfen an der Jacke zu. Sie ist ziemlich hübsch und sich dessen wohl auch bewusst, jedenfalls redet sie den ganzen Abend kein einziges Wort mit mir. »Hast doch ständig Anzeigen am Arsch.«

»Selbst wenn, das sitz' ich dann auf der halben Backe ab.« Timo erntet Gelächter. »So, und jetzt gebt mir erst mal ein Bier.«

An einer der nächsten Stationen steigen wir auch schon wieder aus. »Ähm, wohin gehen wir eigentlich?«, frage ich zaghaft. Ich bin etwas enttäuscht, weil Timo mich nicht weiter beachtet. »Wir machen noch 'ne kleine Party«, erwidert Matze. »Ist nicht mehr weit.« Er legt seinen Arm um mich, und ich weiß nicht, ob ich das mag oder nicht. Auch finden wir keinen gemeinsamen Takt im Gehen, da er viel größer ist als ich, sodass ich ständig mit meinem Becken an seinen rechten Oberschenkel stoße.

Unterwegs sehen wir zwei Autos mit Leipziger Kennzeichen an uns vorbeifahren. »Nazischweine« brüllen wir. Der eine von den beiden Fahrern lässt den Motor wie zur Bestätigung aufheulen. Diese Typen scheinen zu der Gruppe zu gehören, gegen die wir heute Nachmittag demonstriert haben.

»Was machen die denn überhaupt noch hier?«, fragt Flo, der ziemlich breit ist. Er lallt, unterwegs hat er auch schon seinen Schuh verloren.

»Nazis raus«, schreie ich, anstatt ihm eine Antwort zu geben.

»Los, lasst uns Faschos klatschen gehen.« Timo wird plötzlich ganz zappelig. »Mensch, Timo, ist doch alles voll mit Bullen. Willste schon wieder in den Knast, oder was?« Matze versucht, seinen Kumpel zu beruhigen.

Timo gefällt es aber nicht, vernünftig zu sein. Aus Frust wirft er seine Bierflasche Richtung Eingang eines hell erleuchteten Supermarkts. »Das da sind auch Schweine, Ausbeuterschweine«, ruft er. Weil die Glasscheibe nicht gleich zerspringt, hilft er mit einem großen Stein nach, den er auf einem Beet vor dem Eingang gefunden hat. Endlich kracht es gewaltig, sofort geht die Alarmanlage los. »Schweine!«, brüllt Timo erneut.

Die anderen zerren ihn schnell weg. So richtig toll findet seine Aktion niemand. Die Dreadlockfrau beschwert sich:

»Das ist doch Schwachsinn. Die Faschos machen das auch, und zwar, weil sie wissen, dass uns das dann in die Schuhe geschoben wird.«

»Wir haben hier sowieso schon 'nen schlechten Ruf in der Gegend, nicht dass die unsere Hütte noch räumen!« pflichtet ihr Flo bei.

»Timo war mal 'n cooler Punk«, erklärt Matze, »aber er wird immer mehr zu so 'ner Politzecke. Man kann's auch übertreiben. Die Roten sind auch nicht besser als die Braunen.«

»Aber du hast doch auch gegen die Nazis demonstriert?«, frage ich.

»Klar, das ist Standard, wenn die Faschos laufen. Ansonsten geht mir die Politscheiße am Arsch vorbei.«

Wir biegen auf einen Trampelpfad ein und stehen schon bald in einer Schrebergartensiedlung, in der sich erleuchtete Holzhütten und ausgediente Zugwaggons vom sternenklaren Nachthimmel abheben. Unter meinen Füßen knirscht der Schotter, aus einem Güterwagen scheppert Punkmusik.

Wir setzen uns auf ausrangierte Sofas, irgendwann fange ich an, Matze äußerst attraktiv zu finden. Das kann durchaus mit weiteren Dosen Bier oder mit der nun kreisenden Wodkaflasche in Zusammenhang stehen. Ich kuschele mich nach jedem Schluck tiefer in seine Arme.

»Ey, willste mich küssen?« Matze fragt ganz unverblümt. Mein schwummriger Kopf dreht sich in seine Richtung. Eigentlich würde ich lieber Timo küssen oder Kai, aber Matzes Hände, die nun unter mein T-Shirt wandern, lassen mir irgendwie keine Wahl. Automatisch öffne ich meine Lippen. Später stolpern wir durchs Gestrüpp.

Der Kopfschmerz ist zuerst da. Danach durchzieht ein nicht minder starker Schmerz meine Schulter. Auch meine Füße tun weh, und als ich mein Knie anwinkeln will, muss ich fast aufschreien. Es ist dunkel und heiß und stickig. Ich liege auf etwas Hartem und auf mir wiederum ein Arm. Der Arm ist behaart und gehört einem Mann. Einem jungen Mann. Etwas älter als ich. Ich will mich erheben, aber die Qual ist zu groß. Erschöpft lasse ich mich wieder auf die harte Unterlage zurückfallen, was jedoch meinem Rücken missfällt. Langsam erinnere ich mich an den gestrigen Abend, an die Nazis, die U-Bahn-Erlebnisse, den Schrebergarten.

Der Typ neben mir brummt: »Leg dich doch hin, ist noch so früh.« Er stinkt. Nach Schweiß und Schnaps. Gestern hatte ich ihn ganz toll gefunden, als wir vor den ausrangierten Zugwaggons eine kleine Party feierten. Wie heißt der nochmal? Irgendwas mit M. Markus, Marius, ach nein, Matze. Nur schemenhaft tauchen kleine Versatzstücke in meinem Kopf auf. Immerhin habe ich noch meinen Slip an. Hatten wir nun Sex oder nicht? Vielleicht habe ich mir die Unterhose nur hinterher wieder angezogen. Ein Kondom sehe ich jedenfalls nicht herumliegen. Und wenn wir es ohne gemacht haben? Wäre ja noch furchtbarer.

Ich schiebe den Arm von Matze zur Seite, was er mit einem Grunzen beantwortet. Durch die Ritzen der Spanplatte, die die eingeworfene Fensterscheibe ersetzt, dringen ein paar Lichtstrahlen, die den Staub im Waggon zum Tanzen und die Akne in Matzes Gesicht besonders gut zur Geltung bringen. Um den kleinen Ring, den er in der Unterlippe trägt, hat sich eine gelblich-eitrige Kruste gebildet. Schnell streife ich mir meine Kleidung über. Verdammt, wo ist eigentlich mein Rucksack? Ich erinnere mich nicht, ihn mit hierher genommen zu haben. Ich kann auch meinen zweiten Socken nicht finden, ebenso wenig meinen BH, geschweige denn, dass ich an mein Geld denke. Ich taste auf dem Boden herum, alles ist von einer dicken Staubschicht bedeckt. »Hatschi!« Ich muss niesen.

Langsam werde ich nervös, Tränen treten mir in die Augen. Was für ein erbärmlicher Morgen. Jetzt aber raus, sporne ich mich an. Ich steige ohne den Socken in meinen Schuh und verzichte auf den BH, der aufgrund der mir gegebenen Oberweite sowieso nicht dringend erforderlich ist. »An dir ist ein Junge verlorengegangen!« Oft habe ich diesen Spruch hören müssen, viel zu oft. Anfangs wurde er von Verwandten und Bekannten noch spaßhaft geäußert. »Sie ist eben ein kleiner Wildfang!«, sagten sie, weil ich gerne draußen im Wald spielte, mit den anderen Jungs aus meiner Klasse, mit ihnen Schätze ausgrub und aus Matsch und Blättern Suppe kochte. Schuhe mochte ich gar nicht, selbst bei schlechtem Wetter streifte ich mit nackten Füßen durch das nasse Gras. Dass ich entsprechend immer ziemlich dreckig herumlief, fiel mir gar nicht auf. Aus Mode machte ich mir sowieso nichts.

Als ich aufs Gymnasium wechselte, wurde mir meine unterentwickelte Geschlechtlichkeit zum Problem. Ich war zu kindlich für die neue Schule, und meine Rüschenblusen, die mir meine Mutter am Abend vorher für den nächsten Tag herauslegte, kamen bei meinen Klassenkameradinnen nicht besonders gut an. Die anderen Mädchen hatten schon Brüste und unterhielten sich über ihre Periode. Einmal lud mich eine Klassenkameradin zu sich nach Hause ein. Sie wollte mit Puppen spielen, worüber ich mich freute, sah ich darin eine Chance, sie mit von mir ausgedachten tollen Abenteuergeschichten zu beeindrucken. Aber sie legte ihre Puppen immer nur aufeinander und sagte: »Mach's mir, ja, ja«, und dann fing sie an zu stöhnen. Schließlich hob sie ihr

T-Shirt und zeigte mir den Ansatz ihres Busens. »Hast du's auch schon mal mit jemandem gemacht?«, fragte sie mich und kicherte blöde. Ich trank meinen Kakao aus und verabschiedete mich anschließend. An der Wohnungstür sagte sie: »Du musst jeden Tag drei Liter Milch trinken, dann wachsen deine Titten auch.« Verwirrt lief ich nach Hause, unterwegs kaufte ich mir in einem Supermarkt zwei Tüten Milch von meinem Taschengeld. Als ich in meinem Zimmer bei der dritten Tasse Milch angelangt war, wurde mir regelrecht übel. Ich hob meinen Pullover und die Rüschenbluse hoch, aber meine Brüste waren immer noch nicht gewachsen.

Beim Versuch, die Waggontür zu öffnen, schlägt sie mir fast entgegen. Der Himmel hängt tief, fast berührt er meinen Kopf, der poltert und pocht. Draußen liegen überall zerknüllte Bierdosen herum, ein paar Flaschen Wodka sind halb in Pfützen versunken. Eine Plastikplane flattert im Wind und erzeugt unangenehme Geräusche. Es schüttet aus Kübeln. Ist das ein Wink des Schicksals? Soll ich nach Hause gehen? So ein Quatsch! Jetzt bist du schon einmal weg, und jetzt bleibst du es auch!

Neben einer Blechtonne, die uns gestern Abend als Tisch gedient hatte, entdecke ich meinen Rucksack. Ich atme auf. Wenigstens etwas. Und mein Geld wird wohl beim BH liegen. Ich wate durch den Müll und versuche so gut es geht, trockene Füße zu behalten. Unmöglich! Schon spüre ich den braunen Matsch kalt an meinen nackten Füßen. Plötzlich stürmt ein großer, extrem hässlicher Hund laut kläffend auf mich zu. Ich erschrecke fürchterlich, fast verliere ich das Gleichgewicht. Der Hund bleibt dicht neben meinem Rucksack stehen und fängt bedrohlich an zu knurren. Meine Handflächen werden schweißnass, langsam gehe ich rückwärts zum Waggon, den Köter immer im Blick behaltend.

Da knalle ich mit voller Wucht gegen die eitle, blonde Punkerin von gestern Abend. »Oh, du bist schon wach«, sagt sie, »da kannst du dich gleich nützlich machen.« Sie drückt mir einen großen, durchsichtigen Kanister in die Hand. »Da hinten am Schaltwerk gibt's 'nen Wasserhahn.« Sie deutet in die Ferne, wo ich ein kleines, aus Backsteinen errichtetes Haus erkenne. »Ey, Achselschweiß, komm her.« Augenblicklich läuft der Hund freundlich und schwanzwedelnd zu seiner Besitzerin.

Also stakse ich brav durch bauchhohes Gras, Glasscherben und anderen Unrat, um das geforderte Wasser zu holen. Auf der Höhe des Backsteinhäuschens kommen mir zwei Männer in orangefarbenen Arbeitswesten entgegen, in der Hand halten sie Vermessungsgegenstände. »Mach, dass du von hier verschwindest, aber schnell«, brüllen sie in meine Richtung. »Die Tage von euch Gesindel da drüben sind sowieso gezählt!« Abwartend bleibe ich stehen. Zum Glück bewegen sich die beiden in die entgegengesetzte Richtung.

Der Wasserhahn, den ich bald gefunden habe, klemmt. Ich zerre mit aller Gewalt daran, dennoch fließt kein Tropfen. Vielleicht hat die Blonde einen anderen Hahn gemeint? Ich laufe um das Haus herum, sehe durch zerbrochene Fensterscheiben hinein. Wo einst ein Herd stand, klafft ein großes Loch in der Wand, eingerahmt von halb abgefallenen Fliesen. Daneben kann ich ein altmodisches, gusseisernes Waschbecken erkennen. Ob dieser Hahn funktioniert? Ich zögere einen Moment, bevor ich durch den Fensterrahmen klettere. Tatsächlich, frisches Wasser plätschert aus dem Hahn, dennoch dauert es ewig, bis mein Kanister voll ist. Seltsam, denke ich, auf der Demo hatte ich nicht halb so viel Angst wie hier. Der Behälter mit dem Wasser ist natürlich viel zu schwer, als dass ich ihn tragen könnte. Die Hälfte muss ich wieder ausschütten, um ihn durchs Fenster hieven zu können. Dabei bleibe ich mit meiner weißen Jacke hängen. Ratsch, und schon ist der Ärmel mit einem sauberen Riss zweigeteilt. »Selbst schuld, was musst du dir auch immer diese billigen Synthetikdinger kaufen«, höre ich die Stimme meiner Mutter. Kaum draußen, sehe ich erneut die Männer in Orange. So schnell wie möglich nehme ich den Kanister in die Hand und renne weg. Dabei schwappt noch einmal sehr viel heraus, weil es keinen Verschluss gibt.

»Mensch, was'n das? Warst du Wasser holen oder hast du bloß mal reingespuckt?« Blondie schaut mich verächtlich an, während sie mir den Kanister aus der Hand nimmt. »Da sind so zwei Arbeiter, ich glaube, die mögen uns nicht.« »Ach, die mögen uns also nicht?« Sie äfft meine Sprechweise nach. »Haste Schiss, oder was? Wenn die mir blöd kommen, kriegen die einfach was auf die Fresse.« Dem Tonfall nach glaube ich ihr aufs Wort.

Einige der Typen von gestern Abend sind in der Zwischenzeit wach geworden und haben sich unter der notdürftig reparierten Plane versammelt. Ein weißer Hund kommt herbeigeschossen und schnüffelt aufgeregt zwischen meinen Beinen. »Riecht gut, Tobsucht, gell?«, sagt Flo mit einem schrägen Lachen. Ein anderer mit einem kobaltblauen Irokesen-Kopf, er heißt Abse, zwinkert mir zu: »Seit letzter Nacht noch besser.« Was habe ich bloß in den vergangenen Stunden gemacht? Sosehr ich mich auch bemühe, ich kann mich nicht mehr daran erinnern.

»Willste was?« Flo hält mir eine Bierflasche hin. Ich schüttele den Kopf.

»Wo is'n Matze?«, fragt Abse in die Runde.

»Pennt noch, muss sich erholen.« Timo, der munter in die Runde schaut, weiß anscheinend auch Bescheid. Meine Güte, müssen die das denn alle zum Thema machen! Timo holt eine Kassette aus seiner Hosentasche, schüttelt einen Rekorder, den er unter dem Arm trägt, ein paar Mal, und als er immer noch nicht funktioniert, hilft er mit ein paar Schlägen nach. »Deutschland, ein Land kotzt sich aus, ein Land sucht Heil, und seh' ich aus dem Fenster, wird mir übel von dieser Heuchelei«, schnarrt es aus dem Gerät. Ich kenne die Band nicht, sie gefällt mir.

»Schnorren geht heute nicht so gut, es ist Sonntag«, stellt ein vierter Typ gedankenverloren fest. Ich kenne seinen Namen nicht, seine Haare sind so hellgelb wie ein Kanarienvogel, die Finger fast verdeckt von Silberringen.

»Ich muss auf jeden Fall los«, sagt Flo. »Seit der Sauferei gestern bin ich völlig abgebrannt.«

In diesem Moment taucht Matze in der Waggontür auf, reibt sich die Augen und gähnt. Als er mich sieht, grinst er über beide Ohren. Ich versuche zurückzugrinsen, was mir gründlich misslingt.

»Alter, was is' los, klar zum Schnorren?«, fragt Flo. »Schnorren? Das hab' ich nicht mehr nötig!« Matze wedelt mit einem Packen Geldscheine durch die Luft.

»Alter, was ist denn das für'n Ding? Warste anschaffen, oder was?« Barbie mischt sich ein, es kommt Bewegung in die Runde. Der Kanarienvogel springt sogar auf und zählt die Scheine. »Zweihundertzwanzig Ocken! Krass!«

»Und jetzt lasst uns feiern gehen.« Matze ist bester Dinge, was ich von mir nicht behaupten kann. Nicht Deutschland muss sich kräftig auskotzen, sondern ich. Gerade schaffe ich es noch bis zum nächsten Busch. Das ist doch das Geld aus meinem BH, denke ich die ganze Zeit. Den Tränen nahe lasse ich mich ins Sofa fallen, springe aber gleich wieder auf, weil die Polster feucht sind. Eine nasse Hose kann ich zu all meinen Problemen nicht auch noch gebrauchen. Eigentlich müsste ich jetzt von Matze mein Eigentum einfordern, aber wie würde das vor der versammelten Mannschaft aussehen? Vielleicht weiß er tatsächlich nicht, woher er seine Reichtümer hat. In der Nacht war er ziemlich betrunken. Fest steht für mich jedenfalls, dass meine Ersparnisse nicht von dieser räudigen Bande in einer dreckigen Eckkneipe versoffen werden sollen.

Auf der U-Bahn-Fahrt in die Innenstadt zische ich Matze an: »Du weißt ganz genau, dass das mein Geld ist.«

»Dein Geld?« Matze zieht den Arm weg, den er um mich gelegt hat.

»Jetzt tu nicht so! Es war in meinem BH und ist rausgefallen.«

»Ich glaub' dir kein Wort«

Am liebsten würde ich ihn schütteln. »Wo hast du die Scheine denn gefunden? Bestimmt vor dem Bett, in unserem Klamottenhaufen.« Ich versuche es mit einer beweiskräftigen Schlussfolgerung.

Matze hüllt sich in Schweigen.

Ich ändere meine Taktik und setze einen flehenden Hundeblick auf. »Bitte, das ist alles, was ich habe.«

»Wenn das alles ist, dann hast du ja 'ne ganze Menge. Und dann willst du noch nicht einmal deine neuen Freunde einladen? Ich weiß ja nicht, was bei dir für ein Film abläuft, aber wenn wir zusammen schnorren, wird danach gerecht aufgeteilt.«

Am Schluss kann ich Matze auf hundert Mark herunterhandeln, den Rest bekomme ich wieder.

»Prost!« Timo hält mir ein Bierglas entgegen und will schon wieder mit mir anstoßen. »Hey, was ist denn los?«, fragt er, als er meine schlechte Laune bemerkt. »Nichts«, entgegne ich unwirsch. Was aber nicht stimmt. Tatsächlich sind wir bei helllichtem Tag in einer dunklen Spelunke gelandet. Alle betrinken sich auf meine Kosten und werden nicht müde, Matze, den großartigen »Spender« zu loben.

Ich gehe nach draußen, schwüle Luft schlägt mir entgegen. So schnell ich kann, laufe ich zur nächsten Telefonzelle und greife nach dem Hörer. Sollte ich nicht meine Eltern anrufen? Vielleicht machen sie sich Sorgen. Bislang habe ich mich nur einmal gemeldet, kurz nachdem ich in Köln ankam. »Hallo«, sagte ich, »mir geht's gut. Macht euch keine Gedanken. Ich bin jetzt erst mal 'ne Weile unterwegs.« Bevor meine Mutter noch etwas erwidern konnte, hatte ich schon wieder aufgelegt.

Es lärmt hinter mir. Flo, Barbie, der Kanarienvogel, Timo, Abse und Matze haben ebenfalls die Kneipe verlassen. Ich lasse den Hörer wieder sinken. »Na«, sagt Matze, während er die Tür aufreißt und mir in den Po kneift: »Bock auf 'ne kleine Reise?«

4
Ferienjob

Unsere ganze Truppe macht sich auf den Weg Richtung Nürnberg. Unterwegs legen wir ein paar Zwischenstopps ein, um uns in verschiedenen Fußgängerzonen mit ortsansässigen Punks zu treffen und zu betrinken. Wir nächtigen abwechselnd in Stadtparks, an Flussufern oder kommen in schmuddeligen Punkerbehausungen unter. Das zieht die Reise natürlich in die Länge. Was genau ihr Anlass ist, entzieht sich meinem Wissen. »Punks reisen nun einmal gern«, erklärt mir Matze.

Arbeit, eine Wohnung oder sonstige Verpflichtungen scheint niemand zu haben, dafür verfügen die Punks über Fähigkeiten, die man in der Schule nicht erwerben kann. Ich schreibe mich in die inoffizielle Punk-Sommeruniversität ein. Mein erstes Seminar belege ich bei Matze. Er erteilt mir Unterricht im Schnorren: »Lektion eins. Warum unbedingt am Ausgang des Hauptbahnhofs Richtung Innenstadt schnorren, wo die Polizei im Stundentakt vorbeikommt und Ausweise kontrolliert? Na?« Ich weiß darauf keine Antwort. »Mensch, weil das einfach der beste Platz ist. Ich hab' mich schon durch die ganze Stadt geschnorrt, ich kenne mich da aus.«

Ungeduldig klappert er mit seinem »Schnorrbecher«, einem Pappbecher von McDonald's, in den er vorsorglich ein paar Münzen geworfen hat. »Erhöht die Spendenbereitschaft«, erklärt er. »Und nun zu Lektion zwei. Wenn man noch einen Hunni in der Hosentasche hat, schnorrt es sich nicht überzeugend.« Aus diesem Grund nimmt er nie Geld mit, weshalb ich ihn mit meinen Ersparnissen aushalten muss.

Lektion drei lautet: »Es gilt, die für sich selbst passende Schnorrtechnik zu wählen. So gibt es die aggressive Schnorrtechnik, die sanfte, die besoffene und die überkreative, jeder hat da seine eigene Masche.«

Matze ist ein aggressiver Schnorrer, er springt den Leuten, die ahnungslos aus der Bahnhofspassage treten, fast vor die Füße, wedelt aufgeregt mit seinem Becher in deren Gesicht herum und ruft hysterisch: »Bitte eine kleine Spende für die junge Familie.« Dabei deutet er auf uns, einen losen Haufen von etwa fünf, sechs Punkern und ungefähr doppelt so vielen Hunden. Er sorgt aber auch für Abwechslung in seinem Programm, so sagt er manchmal: »Haste mal 'ne Mark«, der Klassiker schlechthin, oder: »Haste mal 'ne Kippe, meine ist noch im Automaten.« Oft sind es Frauen, die um die vierzig Jahre alt und allein unterwegs sind, die sich von seinem sonst so gut versteckten Charme bezirzen lassen und Zweimarkstücke, ja, sogar Fünfmarkscheine in seinem Becher verschwinden lassen.

Ich versuche den Moment, an dem ich das erste Mal um Geld betteln soll, so lange wie möglich herauszuzögern. Als ich mich nicht mehr drücken kann, weil auch mein Geld zu Ende geht, hält sich mein Schnorreinsatz zunächst noch stark in Grenzen. Das Geschäft bei Matze läuft nicht schlecht. Sein Stundenlohn liegt bei sieben bis fünfzehn Mark, je nach Wetter und Tageszeit. Wenn er eine Pause einlegen will und mich mit seinem Becher in die Menschenmenge schickt, ist mir das äußerst peinlich. Meine sonst so große Klappe ist auf einmal ganz klein, und mit Mäuschenstimme frage ich verschüchtert nach einer kleinen Spende. Die wenigsten reagieren überhaupt, laufen einfach wortlos an mir vorbei. Oder sie sagen so etwas wie: »Geh doch nach Hause, du gehörst nicht hierher.«

Nach einer Stunde habe ich meist nicht mehr als eine Mark in Pfennigstücken vorzuweisen. Matze ist unzufrieden mit mir: »Meine letzte Alte hat mit den Typen geflirtet, die hatte Zwannis im Ausschnitt stecken.« Immerhin klaut er mir ein paar schwarze halterlose Netzstrümpfe mit passenden Strapsen, dazu einen kurzen schwarzen Rock, den ich erst für zu eng halte, der mir aber überraschenderweise gut passt. »Wenn du noch ein bisschen mehr an deinem Sexappeal arbeitest, dann klappt's auch mit der Kohle.« Matze hat also noch mehr Lektionen auf Lager.

Ein Blick in den Spiegel der Nürnberger Bahnhofspassage verrät: Das Leben auf der Straße ist die beste Diät, die ich bislang gemacht habe. Insgesamt wirke ich ausgemergelt, auch der viele Alkohol lässt mich den anderen Gesichtern ähnlicher werden. Babyspeck und süße Jungmädchenblüte verschwinden im Stundentakt. Beim Schnorren wird meine Stimme lauter, je weniger meine Ersparnisse werden. Dennoch ist die »Arbeit« hart, und selten schaffe ich es, mehr als anderthalb Stunden am Tag durchzuhalten. Die Beschimpfungen, die mir entgegenschallen, und verstärkte Polizeikontrollen machen das Leben schwer. Den »Feierabend« verbringe ich mit den anderen in unserer neuen Behausung, einer engen, stickigen Dachgeschosswohnung, in die schon morgens unangenehm die Sonne knallt. Irgendeiner hat halb zerrissene Handtücher in die Fensterrahmen geklemmt, damit wir unseren Rausch ein bisschen länger ausschlafen können. Möbel gibt es nicht, unsere Habseligkeiten stapeln wir in Plastiktüten übereinander, die wenigen Matratzen kommen vom Sperrmüll. Barbie hat sich natürlich gleich eine unter den Nagel gerissen, als wir in Nürnberg ankamen und in diese schmuddelige Bude zogen.

Bei mir hat es nur zu einer fleckigen Isomatratze gereicht. In der Wohnung gehen derart viele Leute ein und aus, dass vermutlich keiner mehr so genau weiß, wer hier eigentlich den Mietvertrag unterschrieben hat.

Ruhe ist an diesem Ort ein Fremdwort, immer quatscht mich einer an. Selbst das Klo ist in Dauergebrauch. Kaum hat man es sich mit einer Lektüre auf der Toilettenbrille gemütlich gemacht, scheppert es schon gegen die Tür. Matzes Gemeckere verstärkt sich von Tag zu Tag: Ich solle beim Schnorren lasziver wirken und nicht wie ein Dorftrampel. Wenn ich mich beim Schnorren jedoch nach seinen Vorgaben richte, bricht auf einmal eine krankhafte Eifersucht bei ihm durch, und er bedroht willkürlich irgendwelche jungen Männer, die gerade dabei sind, mit eiligen Fingern ein paar Münzen aus dem Portemonnaie zu kramen.

Barbie sitzt wiederum nur herum und lässt sich bewundern, Flo ist meistens zu dicht, um überhaupt noch einen sinnvollen Satz herauszubekommen, und Abse kommt und geht, wie es ihm passt. Der einzig Verlässliche aus der Gruppe ist Timo. Er ist überaus erfolgreich beim Schnorren. Er liefert den Leuten immer den passenden Satz, mal mimt er das Häuflein Elend, mal den souveränen Bad Guy. Am Ende eines Tages wird »gerecht« aufgeteilt. Meist ist es Barbie, die mit ihren spitzen Fingern geschickt die seltenen Scheine aus den Bechern herauszieht und danach die Münzen in entsprechende Häufchen schichtet. Anschließend gibt sie jedem »seinen« Anteil.

Irgendwann kann ich meinen Mund nicht mehr halten. »Ich finde das unfair. Immer schnorren Timo, Matze und ich, und doch bekommst du genauso viel wie wir.«

Barbie grinst süffisant: »Hört, hört, da muckt die Kleine auf. Werd' doch erst mal ein richtiger Punk, dann kannste auch Forderungen stellen.«

Sie rüttelt Abse, den wir nur noch »Barbies Fotzenknecht« nennen, wach. »Stimmt's oder hab' ich Recht?« Verwirrt lallt er: »Immer hast du Recht, meine Liebe.« Barbie funkelt mich triumphierend an.

Ich frage mich immer mehr, was überhaupt ein »richtiger Punk« ist und was das alles damit zu tun hat, weswegen ich von zu Hause abgehauen bin. Ein völlig verlebter Typ, vermutlich schon längst auf Heroin, hockt manchmal bei uns herum. Er fragte mich einmal: »Hast du schon mal Krätze oder einen Tripper gehabt?« Ich verneinte. »Na also, denn biste auch kein echter Punk.« Auch eine Definition.

Musik – darum geht es in meiner weiteren Fortbildung in Sachen Punk. *A&P*, *Blut und Eisen*, *Hass*, *Razzia*, *Vorkriegsjugend* und *ZSD*, bald ist mir der Deutschpunk der frühen achtziger Jahre geläufiger, als es mir die Formeln aus dem Chemieunterricht jemals waren. Ich kann zu jeder Tages- und Nachtzeit sämtliche Texte der Bands herunterbeten. Das ist auch wichtig, denn mehr als die Hälfte der Gespräche, die ich mit den anderen führe, dreht sich um die Lieder dieser Gruppen. »Das ist noch richtiger Punk!«, ist eine der Standardfloskeln, die ich mehrmals am Tag höre. Dann nicken alle, und fasst vergisst man, dass wir zum Entstehungszeitpunkt der Musik entweder noch nicht gezeugt waren oder in den Windeln lagen.

Wir sind unterwegs nach Arnstadt, um dort ein Konzert zu besuchen. In Würzburg steigen wir aus, um ein paar ortsansässige Punks aufzugabeln und mit ihnen gemeinsam weiterzufahren. Auf dem Bahnhofsvorplatz höre ich schon von Weitem einen Song von *S.Y.P.H.*, der die Stimmung auf den Punkt bringt:

»Lachleute und Nettmenschen um mich herum
Sie essen, trinken und kichern dumm
Lachleute und Nettmenschen um mich herum
Fassade, Fassade, alles nur Fassade
Glück und Marlboro für jeden, für jeden
Ich kann es nicht mehr seh'n.«

»Das ist noch richtiger Punk«, rufen uns die Würzburger Punks zu. Ich kichere, über eine andere Begrüßung wäre ich auch verwundert gewesen. Ich habe in den letzten zwei Wochen so viel getrunken, dass es mir keinerlei Schwierigkeiten mehr bereitet, zwei Runden Dosenstechen durchzustehen, wobei in die Bierdosen unten ein zusätzliches Loch gestochen wird, um sie schneller auf ex trinken zu können. Natürlich bin ich danach ganz schön dicht, aber meiner Meinung nach weiterhin im Vollbesitz meiner geistigen Kräfte. Alles ist nur ein bisschen lustiger. Wir klettern auf den verkrüppelten Bäumen herum, die auf einer Wiese in Bahnhofsnähe stehen, bespritzen Passanten mit Bier, und einige von den Würzburger Punks heben zum Hitlergruß an. Wieder so etwas, was ich nicht verstehe.

Matze unterhält sich seit unserer Ankunft in Würzburg angeregt mit einer völlig überschminkten Punkerin in einem Ledermini, der fast die Brüste aus ihrem Leopardenkorsett fallen. »Seine Ex-Alte«, teilt mir Flo augenzwinkernd mit. Zuerst reagiere ich eifersüchtig und will zu den beiden hinlaufen, zum Glück fällt mir aber ein, dass ich eine Punkerin bin, egal, wie die anderen darüber denken. Und als Punkerin habe ich nicht eifersüchtig zu sein, als Punkerin bin ich frei. Wieso soll ich mir nicht einfach einen anderen Typen suchen, überlege ich. Matze ist sowieso nicht der Richtige, das war mir ja schon von Anfang an klar.

»Los geht's!« Allgemeine Aufbruchstimmung. Irgendeiner drückt mir ein weiteres Bier in die Hand, und von Matze bekomme ich einen Kuss auf die Stirn. Ich nehme seine Hand. Jetzt spüre ich wieder Verbundenheit – wenn ich nur wüsste, was ich eigentlich will. Wir gehen zum Bahnhof zurück, in unseren Rucksäcken scheppern die vielen Dosen und Flaschen aneinander. Der Zug nach Schweinfurt ist noch nicht abgefahren. Dort müssen wir ein weiteres Mal umsteigen, Richtung Erfurt, um nach Arnstadt zu kommen.

Thüringen ist für mich ein unbeschriebenes Blatt. Außer einigen Familienausflügen direkt im Anschluss an die Wiedervereinigung bin ich nie wieder dort gewesen. Seit damals verbinde ich mit dieser Gegend Braunkohlegestank, eine endlos langweilige Theateraufführung in Meiningen sowie einen nicht minder öden Aufenthalt auf der Wartburg. Besser erinnern kann ich mich an den Tag, als plötzlich auf dem Parkplatz nahe unserer Schule diese lustigen kleinen Autos standen, Trabi genannt. Sie waren vollgestopft bis zum Dach mit allen möglichen Dingen, insbesondere vielen Barbiepuppen.

»Warum haben die denn so viel Spielzeug?«, fragte ich voller Neugier meine Mutter.

»Die kommen aus einem Land, in dem es nicht so viele Puppen gibt; und jetzt haben sie ein bisschen Geld erhalten und kaufen sich Dinge, auf die sie immer verzichten mussten.«

»Und warum brauchen die Kinder in diesem Land nicht zur Schule zu gehen?«

»Mit diesem Land ist es etwas kompliziert, es existiert nämlich nicht mehr so richtig. Aus diesem Grund haben die Kinder auch erst mal keine Schule. Aber bald werden bestimmt ein paar von ihnen in deine Klasse kommen.«

Ich konnte es kaum erwarten, diese geheimnisvollen glücklichen Mädchen bald näher kennenzulernen. Aber kein einziges Kind aus diesem eigentümlichen Land fand dann tatsächlich den Weg in meine Klasse.

Dafür kamen andere, aus einem noch ferneren Land, mit schwer aussprechbaren Namen, Menschen, die immer ein bisschen nach Bratenfett rochen. Aus Platzmangel wurde einer von ihnen, Viktor, zu mir ans Eselsbänkchen gesetzt, auf das ich meistens abkommandiert war. Während die Abwicklung der DDR durch die Treuhandanstalt so richtig in Schwung kam und die ersten Hoffnungen auf ein besseres Leben in der Sowjetunion sich schon wieder zerschlugen, brachte ich ihm Deutsch bei und er mir, wie man mit der Achsel furzt.

Im Zug besetzt unsere Gruppe gleich zwei Abteile. Nirgends höre ich blöde Sprüche, mir gefällt es hier noch besser als auf der Nazidemo. In Hochstimmung knutsche ich mit Matze herum. Als der Zugbegleiter versucht, in unser Abteil zu kommen, wird er freundlich empfangen. »Ey, Kumpel, setzt dich doch mal zu uns, trink mal einen.«

»Ich möchte eure Fahrscheine sehen«, sagt er mit angestrengter, beherrschter Stimme.

»Das ist richtig gut, denn wir haben sogar Fahrscheine«, sagt einer von den Würzburgern. »Aber die befinden sich bei unseren Kumpels im Nebenabteil.« Alle grölen, als der Kontrolleur sich einen Weg zurück durch die Bierpfützen bahnt. Aus dem anderen Abteil können wir auch nur lautes Gelächter vernehmen, und schon bald steht unser kleiner Freund in Uniform wieder vor uns. Streng schaut er uns durch sein Kassengestell an. »Ich sage es jetzt noch einmal, ich möchte den Fahrschein sehen, und zwar von allen. Sonst hole ich die Polizei.« Da nichts passiert, kehrt er auf dem Absatz um. Ein Großteil der Leute fängt zu singen an: »Punks sind dreckige Schweine, Punks sind der Abschaum der Stadt, ihr rotes Scheißpack, ich habe euch so satt.« Ohne Schwierigkeiten kann ich das Lied von der Faschoband *Kraftschlag* mitsingen, es läuft den ganzen Tag in unserer Nürnberger Dachgeschosswohnung. Rechte Musik hat gerade Hochkonjunktur bei uns. »Man muss seinen Feind kennen«, erklären mir einige, als ich nach dem Grund dafür frage. »Die Texte kann doch sowieso keiner ernst nehmen«, sagen andere.

Sangria macht nun die Runde, und ich nehme einen großen Schluck aus der Flasche. Eine Frau mit großen blauen Augen und einem Gartenzwerg-Tattoo auf dem Oberarm fragt mich: »Hey, wo kommst du denn her?«

»Aus 'nem Scheißkaff«, antworte ich.

Sie stellt sich als »Schlumpf« vor, bohrt jedoch ansonsten nicht weiter nach. Das ist das Gute an Punks, denke ich, man spart sich bei ihnen diesen ganzen unnatürlichen Emokrampf, diese falschen Küsschen und dieses Betroffenheitsgeschwafel. Das Leben ist scheiße, und darüber herrscht absolute Einigkeit. Punkt.

Ich nicke ein wenig ein und wache erst wieder auf, als ein großer Tumult im Zug losbricht. »Mann, du Vollpenner, ich hab doch gleich gesagt, Arnstadt-Süd ist die richtige Halte.« – »Ey, Mann, du Wichser, du kannst mich mal, du hast wohl den Arsch offen.« – »Jetzt haltet das Maul, wir müssen raus.«

Ich kann mich nur mühsam orientieren. Wir haben anscheinend die richtige Haltestelle verpasst und müssen nun ein paar Kilometer quer durch Arnstadt laufen. Matze ist völlig schräg drauf und schlägt bei einer Bushaltestelle die Glasscheiben ein, auch eine Telefonzelle muss dran glauben. Seinen plötzlichen Anfall kann ich nicht nachvollziehen. Schlumpf ruft zornig: »Hey, du Schwachmat, lass uns dafür lieber 'nen Burger King oder 'ne Deutsche Bank suchen, da kannste loslegen.« Matze scheint nicht zu reagieren, ich will ihn beruhigen, doch er stößt mich nur weg. »Ist der Schnaps«, meint Timo spöttisch, »kennst ihn doch.«

Als wir endlich auf dem Konzert ankommen, tobt sich auf der Hallenbühne gerade eine Band namens *Küchenspione* aus. Der Leadsänger erinnert mich an Kai. An der Bar hole ich mir ein weiteres Bier, wobei der Typ neben mir für mich mitbezahlt. »Für so schöne Augen würde ich noch mehr tun«, meint er lächelnd. Bis vor ein paar Monaten hatte mich kaum ein Mann beachtet, und jetzt sind sie offenbar plötzlich alle scharf auf mich. Ich bin verwirrt.

Matze flirtet mit der Barfrau, obwohl die schon mindestens fünfzig Jahre alt ist und aussieht wie eine Litfaßsäule. Überall auf ihrer Kleidung und ihrer faltigen Haut sind Sprüche geschrieben, gekratzt oder tätowiert – was meinen Freund aber nicht davon abhält, dauernd an ihr herumzufummeln. Ich atme tief ein. Was soll ich tun? Ihn ignorieren oder mit der Bierflasche auf den Tresen knallen? Punk hin oder her, aber wenn es mir wehtut, wie Matze mit mir umgeht, dann habe ich auch das Recht, ihm meine Meinung zu sagen. Aber auf welche Art? Ich will weder zu besitzergreifend noch zu hippiemäßig anhänglich rüberkommen. Er soll auch nicht denken, dass ich auf ihn angewiesen bin.

Ich trinke schnell mein Bier leer und baue mich danach zwischen Barfrau und Matze auf. »Ey, du Arsch, was soll denn das?«, beginne ich unser Gespräch.

»Was geht'n bei dir ab?« Verständnisloser, schnapsgetränkter Blick.

»Mann, wir sind zusammen auf 'nem Konzi, auf das wir uns die ganze Woche gefreut haben. Und du hast nichts

Besseres zu tun, als jeder dahergelaufenen Tussi in den Ausschnitt nachzuklettern.«

»Kleine, reg dich ab. Wie lange kennen wir uns schon?«

»Zwanzig Tage.«

Matze lacht schallend. »Man merkt echt, dass du früher mal voll die Streberfotze warst, nimmst es ja ganz genau.«

Ich versuche es nun doch auf die freundliche Tour und will ihn küssen, doch er wehrt ab. »Was soll'n die Scheiße, erst zeckste mich an, und dann ist wieder heile Welt. Alles willst du besitzen, nichts teilen. Komm mal klar mit dir, du Präpubertät.« Ich zucke zusammen. »Präpubertät« ist derzeit das schlimmste Schimpfwort unter den Punks, noch schlimmer als »Schlampe«, »Fotze« oder »Missgeburt«. Ich weiß nicht, was mich dazu bewegt, aber plötzlich scheuere ich ihm eine. Er schaut mich mit einem verachtungsvollen Blick an und spuckt mir ins Gesicht. »Fuck off, Alte, echt.« Danach bestellt er sich einen Martini.

Wütend und heulend gehe ich nach draußen und setze mich auf den Rasen vor der Halle, obwohl es eine sehr kalte Spätsommernacht ist. »Lass dich von so 'nem Arsch nicht fertigmachen.« Schlumpf hockt sich neben mich, sie muss die Szene beobachtet haben. »Ist eben auch nur 'n Schwanzträger. Du hast voll Power, und der Typ ist nichts anderes als ein dahergelaufener Alkoholiker mit 'ner Lederkutte.«

»Ich fühl' mich aber gar nicht so, als ob ich Power hätte.« Zu Schlumpf habe ich sofort Vertrauen.

»Ich kenn' dich nicht weiter, aber glaub' mir, ich hab' schon viele in der Szene kommen und gehen sehen. Du wirst es schon schaffen.«

»Szene!« Ich lache auf. »Was für ein großes Wort. Ich hab' mir das alles ein bisschen anders vorgestellt, das mit dem Punk-Sein.«

»Was hast du dir denn vorgestellt?«

Gedankenverloren beobachte ich einen Käfer, der vor mir auf den Rücken gefallen ist und nun völlig unkoordiniert mit seinen Beinchen strampelt. »Mehr Aktion, mehr Praxis im Dagegensein. Verstehst du, was ich meine? Es ist alles so ...« Ich suche nach dem richtigen Wort.

»... eintönig«, hilft mir Schlumpf.

»Ja, eintönig, stumpf und armselig. Total primitiv, um genau zu sein.« »Die aus deiner Truppe sind auch keine Punks, es sind Assis mit 'nem Iro. Diejenigen, die was im Kopf haben, sind leider vom Aussterben bedroht.« Nach einer kleinen Pause fährt Schlumpf fort: »Kein Geld zu haben ist an sich noch kein revolutionärer Akt. Erst recht nicht, wenn man es dazu noch cool findet, hin und wieder ein paar sexistische Sprüche über die Lippen zu bringen oder jemandem eins auf die Fresse zu schlagen. Den ganzen Tag über wird geschnorrt, abends trinkt man billigen Fusel und Dosenbier, danach landet jeder mit seiner Zweierkiste im Bett. Und am nächsten Tag geht's weiter. Dazwischen kläffen die Hunde.« Ich senke den Blick. Eigentlich hat Schlumpf meine Lebenssituation ganz gut auf den Punkt gebracht. Dem Käfer verhelfe ich mit einem Blatt wieder auf die Beine. »Also, was tust du dir auch diesen Vollspack an?«

Die Frage von Schlumpf bringt mich zum Nachdenken. Weil ich hoffe, über Matze nochmal andere, »richtige« Punks kennenzulernen? Weil er der Einzige ist, der mich im Augenblick zu den interessanten Events mitschleift? Weil ich seinetwegen auf einen trockenen, halbwegs sicheren Schlafplatz zählen kann? Zu Schlumpf sage ich: »Weil er nicht immer so ist, wie er sich heute aufgeführt hat. Wenn wir allein sind, ist er ganz lieb, ganz zärtlich. Er hat auch was im Kopf, hat Pläne und Träume, wollte eine Gärtnerlehre machen. Aber das hat dann alles nicht so geklappt. Jetzt will er Selbstversorger werden, er ...«

»Ach, jetzt hör aber mal auf«, unterbricht mich Schlumpf. »Wie will er sich denn selbst versorgen? Will er eine Brauerei aufmachen? Die Typen kenn' ich, was die immer alles wollen. Ich wette, er ist sogar zu blöd, sein eigenes Gras anzupflanzen.«

»Die Punks, mit denen ich zusammen bin, kiffen nicht, die sind gegen Hippies«, wende ich ein.

»Immer schön in Schubladen denken, so erreicht man natürlich auch was, vor allem, wenn man in der Gesellschaft sowieso so einen hohen Stellenwert hat«, kommentiert Schlumpf sarkastisch. Sie blickt auf meinen neuesten Stolz, einen runden Aufnäher, den ich selbst auf meinen Pulli angebracht habe. Es ist ein Hanfblatt, das umrahmt wird von dem Schriftzug »Hippiekacke«. Natürlich war ich auch nicht zur Hanfparade gefahren, zu der ich vor einem Monat noch so brennend gewollt hatte. Schizophrenie pur!

»Du solltest dir echt andere Freunde suchen.«

»Einer von ihnen ist anders, der heißt Timo. Der ist irgendwie politischer drauf. Er ist immer dagegen, wenn wir die Reste von den Tischen bei McDonald's essen.« Mittlerweile esse ich wieder Fleisch. Das vegetarische Leben auf der Straße ist nicht so einfach. Man muss nehmen, was man kriegen kann, lautet die Devise der Truppe. Timo sieht das anders, er sagt: »Von dem Drecksladen nehm' ich noch nicht mal etwas geschenkt. Auch damit unterstützen wir deren Macht.« Abse lacht ihn dann immer aus, während er sich den nächsten Cheeseburger-Rest in den Mund stopft: »Du immer mit deinem Intellektuellengeschwafel.« Einmal habe ich zu Timo gesagt: »Aber das wandert doch sowieso in den Müll.« Aber er argumentiert: »Wenn du so denkst, dann ist der Schritt auch nicht mehr weit, wirklich etwas dort zu kaufen.« »Na, und wenn schon?«, hält Abse entgegen. »Punk ist, wenn man frisst, wo man will. Nachher kann man immer noch die Scheibe einkloppen.«

Nachdenklich schaue ich Schlumpf an. »Timo ist derjenige, der mich überzeugt hat, nicht mehr das Zeug von McDonald's zu essen. Zusammen sind wir in eine Filiale gegangen und haben die Toiletten mit Klopapier verstopft. Er meinte hinterher, nächstes Mal sollten wir Zement mitnehmen.«

»Der Typ scheint ja wirklich noch ganz gut drauf zu sein. Ist der auch hier?« Ich zeige auf Timo, der am Eingang der Halle mit ein paar Würzburgern herumsitzt.

»Ey, ihr Süßen, gesellt euch doch mal zu uns.« Timo, der bemerkt hat, dass über ihn geredet wird, streckt die Hand nach mir aus. Ich zögere einen Moment, Schlumpf aber flüstert mir zu: »Schnapp dir den, der ist geil! Ich meine, wenn du schon unbedingt 'nen Mann an deiner Seite brauchst. Aber denk daran, Frauen sind nicht nur dazu da, um den Punkertypen einen zu blasen oder sich mal hinter die Bar zu stellen.« Mit diesen Worten verschwindet sie wieder im Getümmel.

Ich betrachte Timo. Er sieht nett aus. Aber geil? Er wirkt eher wie ein zu groß geratener Bär mit Koordinationsproblemen. Ganz süß vielleicht. Seine haselnussbraunen Augen strahlen etwas Sanftes, Lebendiges aus. Mir erscheint er wie ein kleines Kind, das voller Tatendrang in die Welt blickt. Abgesehen von seinem politischen Aktivismus unterscheidet ihn noch etwas anderes von den Typen in der Dachgeschosswohnung: Er hat Stil. Sein Punkerdasein wirkt weder aufgesetzt noch völlig heruntergekommen. Er ist der Einzige aus unserer Truppe, der keine Lederjacke trägt. Stattdessen hüllt er sich in ein völlig zerfetztes Jackett, das angeblich aus dem Fundus von Heiner Müller stammt.

Die Würzburger, mit denen er zusammenhockt, amüsieren sich über einen total bekifften Hippie, der mit einer Art Teppich bekleidet ist und auf einer kleinen Wandergitarre selbstgeschriebene Hits zum Besten gibt. Der Arme merkt noch nicht einmal, dass sie nicht mit ihm, sondern nur über ihn lachen. Timo legt den Arm um mein Bein, als ich mich zu ihm setze. »Ist echt geil hier, ne?«

Nach einer Weile gehen wir wieder in die Halle hinein. Mittlerweile spielt auf der Bühne eine andere Band, *Terror Art* aus Rumänien. Das Publikum reißt die Fäuste in die Höhe und grölt mit: »Alerta, alerta Antifascista.« Die meisten der Bandmitglieder sind in Jogginghosen erschienen, haben sich noch nicht einmal die Mühe gemacht, sich auf Punk zu stylen. Sie tragen alle eine Vokuhilafrisur – vorne kurz, hinten lang – und Schnauzbärte. »Na ja, die sehen ein bisschen nach verhinderten Zivicops aus. Fehlen nur noch die Goldkettchen.« Timo kann sich seinen Kommentar nicht verkneifen.

Plötzlich fangen einige Typen an, Pogo zu tanzen. Dabei geht es ganz schön hart zur Sache, man könnte auch meinen, sie starteten eine Kneipenschlägerei. Wer da als zierliche Frau reinspringt, muss mit einem Kieferbruch rechnen.

Auf einmal ist Schlumpf wieder an meiner Seite und verfolgt meine Blicke. »Hormone, Hormone«, murmelt sie. »Viva Testosteron!« Ich nicke. »Wir müssen das ganze Feld von hinten aufrollen«, fährt sie fort. »Frauenkonzerte machen, Zeitungen herausbringen, die Szene wieder lebenswerter gestalten, uns Frauen einen anderen Stellenwert erkämpfen.« Ich finde es bemerkenswert, dass sie von »wir« redet, mich also in ihre Zukunftsprojekte einschließt. »Mein Lift geht bald, ich muss jetzt los. Aber lass uns in Kontakt bleiben, Süße.« Sie kritzelt mir ziemlich unleserlich ihre Adresse auf die Rückseite eines Flyers, der zu einem »Theater der Unterdrückten« in Halle einlädt. »Ich wohn' in Halle«, fügt sie noch hinzu. »Kannst jederzeit vorbeikommen, nur lass deinen Schwachmaten bitte dort, wo er hingehört, auf dem Abstellgleis.« Ich schaue Schlumpf nach, sie ist so anders als die Punkfrauen, die ich bislang kennengelernt habe.

Die Jungs von *LeonCzolgosz*, die extra aus Washington angereist sind zu einer Europatournee durch die Hausbesetzerszene und drittklassige Rockschuppen, klettern nun auf die notdürftig zusammengezimmerte Bühne. Nach dem ersten Lied unterbrechen sie ihr Set. »Wisst ihr, was unser Name bedeutet?«, fragen sie auf Englisch. Gedämpftes Murmeln ist im Saal zu hören, keiner weiß es. »Muschi«, ruft einer. Ein paar grölen. »Leon Czolgosz war ein anarchistischer Held. Er wurde als Sohn russisch-polnischer Immigranten geboren und war schon als junger Mann in Streiks in Ohio verwickelt, die von der Polizei niedergeschlagen wurden.« »Spielen, spielen«, rufen einige, sie wollen keine Erklärungen. Ich gehe vor zur Bühne, es ist schwer, bei einem solchen Lautstärkepegel Englisch zu verstehen. »Inspiriert von einem italienischen Anarchisten, der Anfang des 20. Jahrhunderts den italienischen König tötete, beschloss Leon Czolgosz, Präsident McKinley zu ermorden.«

»Mann, ihr amerikanischen Affen, nicht labern, versteht doch eh keiner.« Die Leute in der Halle werden langsam unruhig. Der Leadsänger der Gruppe lässt sich aber nicht beirren, obwohl außer mir nur wenige sich die Mühe geben, ihm zuzuhören. »Das Attentat gelang, McKinley starb ein paar Tage danach an den Folgen. Czolgosz sagte als Letztes, bevor er auf den elektrischen Stuhl musste: I killed the President, because he was the enemy of the good people – the good working people. I am not sorry for my crime – ›Ich tötete den Präsidenten, weil er der Feind der guten Leute war, der guten, arbeitenden Leute. Mein Verbrechen tut mir nicht leid.‹ Vielen Dank für eure Geduld, let's fuckin' celebrate him!« Der Sänger nickt dem Gitarristen zu, und der schlägt daraufhin in die Saiten, was das Zeug hält.

Die Menge tobt, fängt erneut an, Pogo zu tanzen. Eine einzige Punkerin taucht von Zeit zu Zeit in der tanzenden Masse auf, die anderen Frauen sitzen relativ unbeteiligt am Rand der Halle herum. Well, then it's my turn! Ich springe in den Pogokessel, wie damals bei meinem ersten Livekonzert auf der Dorfparty, wo ich allerdings noch nicht wusste, dass dieser Tanz Pogo heißt und ursprünglich in der Punkszene entwickelt wurde. Hin und wieder bekomme ich den einen oder anderen Hieb ab, aber auf diese Weise spüre ich wenigstens etwas. Eine Wodkaflasche geht herum, ab und zu taucht Timo auf, und wir tanzen uns die Seele aus dem Leib. Wo ist eigentlich Matze? »No boarder – no nation«, stimmt der Sänger von *LeonCzolgosz* an. »Stop deportation«, fallen ein paar aus dem Publikum ein, die das Lied kennen. Der Leadsänger wirkt glücklich, ich bezweifele jedoch, dass viele, ich eingeschlossen, so richtig verstehen, um was es ihm eigentlich geht.

Ein paar der Tanzenden fangen an, das Podest zu erklimmen, um mit weggestreckten Armen ins Publikum zu fliegen. »Stagediven« nennt man das. Ich will ebenfalls in die Menge eintauchen, will ein Zeichen für die Punkfrauen setzen. Los jetzt, Silvia, alles oder nichts. Aber wenn ich herunterfalle? Dann lachen alle! Als ob die alle so cool hier wären, so cool bist du schon lange! Mmmhhh, ich weiß nicht. Bald hören die aber auf zu spielen, wenn du noch länger wartest, ist es zu spät! Also gut. Ich geh mal hoch. Ach nee, lieber doch nicht. Silvia, jetzt reiß dich am Riemen! So schwer kann das nicht sein. Ganz schön hoch hier! Der Basser, dessen Schweißtropfen ich beim Hochklettern abbekomme, nickt mir zu. Ich breite die Arme aus, und meine Füße verlassen den Boden. Schon fliege ich – und werde getragen von Dutzenden von Händen. Ich mache meinen Körper ganz steif, so wie ich es beim Geräteturnen gelernt habe, um möglichst leicht zu sein. Irgendwann stellt mich einer wieder auf den Boden. »Du bist ja ein Fliegengewicht«, sagt er nur, dann kommt schon der nächste Stagediver geflogen, der schätzungsweise fünfzig Kilo mehr wiegt als ich. Ich versuche ihn ebenfalls zu tragen, aber meine Arme reichen nicht so weit nach oben.

Mein nächstes Ziel ist die Bar. In mir kreisen Unmengen von Glückshormonen. Timo, der sich dort anscheinend eingerichtet hat, gibt mir ein Bier aus, das ich fast ex trinke. Punk zu werden, pardon, Punkerin, verbessere ich mich, ist wirklich das Beste, was mir jemals im Leben passiert ist. Was für ein toller Abend!

»Wo ist eigentlich Matze?«, frage ich. Er zuckt mit den Schultern. Ganz nüchtern ist er auch nicht mehr, er nuschelt ein wenig, während er mich fragt: »Ich such' mir jetzt 'ne Ecke zum Abpacken. Kommste mit?«

Warum eigentlich nicht. Matze ist eh verschwunden, die Barfrau kann ich auch nicht mehr entdecken. Bestimmt haben die beiden was miteinander. Schöne Scheiße! Timo und ich torkeln auf Schlafplatzsuche das Treppenhaus hinauf, hinter dem Konzertsaal. Hier soll sich, auf mehrere Stockwerke verteilt, ein alternatives Wohnprojekt befinden. In Anbetracht der überdimensionalen Ausmaße dieser WG kann es bestimmt nicht schwierig sein, einen Raum zum Schlafen zu organisieren. Leider können wir keinen Lichtschalter entdecken und müssen uns vorsichtig die Flure entlangtasten.

Mittlerweile befinden wir uns im zweiten Stock des Gebäudes, und Timo öffnet wahllos Türen. Einmal springt uns ein wild kläffender Hund an, schnell schließt er die Tür.

In einem anderen Teil des Hauses, in einem riesigen Zimmer, entdecken wir ein paar Matratzen, auf denen Schlafsäcke liegen. Ganz selbstverständlich ziehen wir uns bis auf die Unterwäsche aus und kuscheln uns in einen Schlafsack. Matze wankt kurz durch meine Gedanken, doch ich will Timo küssen. Er dreht sich aber weg. »Ich hab 'ne Freundin, ich kann das nicht, echt nicht.«

Ich bin überrascht. Zum einen habe ich seine Freundin noch nie gesehen, zum anderen ist mir ein solches Verhalten bei Männern neu.

Ich räuspere mich vor Verlegenheit. »Äh, sorry, bist voll korrekt.«

»Geht so. Ich habe sie schon einmal betrogen. Und sie meinte, wenn ich es wieder mache, ist Schluss.«

Ach du meine Güte. Mit dem nötigen Sicherheitsabstand zwischen uns schlafen wir beide ein. Plötzlich spüre ich einen harten Schlag auf den Rücken. Wo bin ich? Es ist dunkel. Ein Riesentyp lehnt über uns. »Wenn ihr euch nicht innerhalb von zwei Minuten von hier verpisst, gibt's was auf die Fresse. Wird's bald! Raus hier!«

»Wo sollen wir denn hin?«, frage ich noch leicht benommen. »Draußen ist es kalt.«

»Ist mir doch scheißegal. Ist ja wohl die Oberfrechheit, mir meinen Schlafsack zu klauen. Da drin wird nicht gefickt.«

»Arschloch«, rufe ich ihm hinterher, während wir den Raum verlassen.

Im zugigen Flur ziehen wir uns die hastig zusammengerafften Klamotten an. »Und jetzt?«, frage ich. Schlechtgelaunt setzen wir uns auf die Treppe. »Lass uns losmachen«, sagt Timo, der unruhig mit seinen Beinen wippt. »Es ist viel zu früh«, antworte ich. »Es fährt noch kein Zug.« Ich muss an Matze denken. Hat er es mit der Tusse getrieben? Warum interessiert mich das eigentlich?

Schließlich legen wir uns in der inzwischen leeren Veranstaltungshalle auf die vom Bier völlig durchnässten Holzplanken. Timo leiht mir großzügigerweise sein Sakko, dreht mir dann aber den Rücken zu. Mein leichter Schlaf wird schon bald wieder unterbrochen, fröhliche Skins, die ausgeschlafener wirken als wir, laden mit der Gruppe *Schleim-Keim* zum Frühschoppen ein. »Mach dich doch selbst kaputt, bevor es jemand anderes tut« – die schneidende Stimme des Sängers dröhnt durch die wuchtige Anlage. »Bin grade dabei«, knurre ich und quäle mich hoch. Am Eingang treffen wir auf die anderen Nürnberger und Würzburger Punks.

»Und wie habt ihr geschlafen?«, fragt Abse grinsend.

»Bevor du blöde Fragen stellst, hilf mir lieber, meine Knochen wieder einzurenken«, entgegne ich. Die anderen lachen. Alle haben mehr Glück gehabt als wir und irgendeine Matratze im weitläufigen Haus auftreiben können. Grässlich schmeckender und viel zu dünner Kaffee macht nun die Runde. Timo ist mit Zigarettenpulen beschäftigt. Er kratzt aus fast aufgerauchten Joints und Zigaretten vom Vorabend den Tabak zusammen.

»Hat jemand Blättchen?«, fragt er.

»Mann, biste eklig«, bemerke ich.

»Musst mich ja nicht küssen«, erwidert er süffisant.

Auf dem Weg zum Bahnhof entdecken wir Matze in einem stillgelegten Gleisbett, in seinem Schoß die Barfrau. Wir wecken die beiden nicht auf, lassen es uns aber nicht nehmen, das Gesicht von Matze mit obszönen Symbolen zu bemalen. Ich setze mit einem Edding noch einen Stinkefinger auf sein pickeliges Kinn. Auf keinen Fall lasse ich mir meine Enttäuschung vor den anderen anmerken.

Aus dem ersten Zug fliegen wir gleich wieder raus, im zweiten nimmt uns eine Frau auf ihr Wochenendticket mit. Sie hat rote Wangen und bemüht sich, nicht hinter ihrer

Lektüre – *Fit und vital mit Apfelessig* – aufzuschauen. Manchmal würde ich gern in den Kopf anderer Menschen hineinsehen können. Was da wohl vor sich geht? Während der Fahrt kommen wir fast an meinem Heimatort vorbei. Ich würde am liebsten aussteigen. Mal wieder in einem richtigen Bett liegen und alles vergessen. Was für eine wahnwitzige Idee, das mit dem Punk-Werden. Was tue ich hier eigentlich? Will ich aber wirklich lieber wieder wehrlos die tödliche Langeweile zu Hause ertragen? Nein, das geht auf keinen Fall. Mitgefangen, mitgehangen. Meine Zweifel versuche ich mit »Mäusepisse« herunterzuspülen, einem Milchmischgetränk mit beträchtlichem Wodkaanteil. Ich betrachte die anderen Gestalten um mich herum. Morgens verliert sich jegliche Attraktivität. Neben mir schnarcht Timo, er stinkt nach kaltem Rauch. Gegenüber von mir sitzt ein Punker mit einem blau unterlaufenen Auge, daneben döst eine Frau, die sich wohl erst vor kurzem die Unterarme aufgeschnitten hat. Die Blutkruste hat sich mit Dreck vermischt, es eitert.

Mich ekelt. Noch ist es nicht zu spät. Die Erkenntnis trifft mich mit ungeahnter Wucht. Nicht zu spät für was? Um alles wieder ungeschehen zu machen. Gehen Sie zurück auf Los! Begeben Sie sich direkt dorthin und trinken Sie auf dem Weg kein Bier! Streichen Sie das Ihnen zustehende Kindergeld ein und besuchen Sie später Ihre ehemaligen Freunde im Gefängnis respektive Krankenhaus oder Friedhof. Und bei der Gemeinschaftskarte heißt es dann: Sie befinden sich auf dem Nürnberger Hauptbahnhof. Sie sind umgeben von zirka zehn anderen Punks. Es handelt sich um einen ganz normalen Einkaufssonnabend. Umhereilende Passanten nehmen Sie kaum war, wenn Sie, vor lauter Erschöpfung, in die nächste Ecke kriechen und sich an das Fell eines Hundes kuscheln. Ereigniskarte: »Was machst du denn hier? Das ist ja 'ne Überraschung!« Öffnen Sie die Augen und blinzeln Sie so lange, bis sich schemenhaft das Bild zweier Klassenkameradinnen vor Ihrem Auge zusammenfügt. Springen Sie bestürzt auf und versuchen Sie die Situation zu retten.

Plötzlich merke ich, dass ich nicht träume, wir befinden uns vor dem Nürnberger Hauptbahnhof. Tatsächlich stehen mir zwei Klassenkameradinnen gegenüber. »Ähm, ich hab' hier ein paar Freunde getroffen, bin gerade auf Besuch bei meinen Großeltern«, stottere ich. Natürlich ernte ich, so wie ich aussehe, ungläubige Blicke. Ich klopfe mir verschämt ein bisschen Dreck von der löchrigen Strumpfhose, die den Namen kaum noch verdient. »Und wie waren eure Ferien so?« Ich versuche, sie von meiner Erscheinung abzulenken. Immerhin gehen die Sommerferien ihrem Ende zu, da ist eine solche Frage zulässig. Die eine erzählt, sie hätte an der Nordsee als Betreuerin bei einem christlichen Feriencamp mitgearbeitet, die andere berichtet von einem Schnorchelkurs auf Korsika. »Wir müssen weiter, unser Zug fährt bald.« An ihren Gesichtern kann ich erkennen, dass ihnen meine neuen Freunde nicht ganz geheuer sind. Zudem haben sie es bestimmt eilig, sich über mich das Maul zu zerreißen. »Na dann, bis nächste Woche, in alter Frische«, rufe ich und schaue ihnen hinterher. Pralle Plastiktüten, gefüllt mit den neuesten modischen Errungenschaften, schlackern ihnen gegen die Beine. Die Dorfjugend auf Ausflug in die große Stadt, denke ich spöttisch.

»Klassenkameradinnen?« Timo folgt meinem Blick

»Kann man so sagen«, entgegne ich eintönig. Das Sprechen fällt mir schwer, meine Kopfschmerzen werden stärker. Ich habe nur noch den Wunsch, mich in unserer Wohnung auf meine kleine Campingmatratze zu legen. Das sage ich auch Timo. »Kommst du mit?«, frage ich ihn.

»Ich geh' nicht zurück in die Wohnung, ich fahr' zu meinen Eltern. In ein paar Tagen geht schließlich die Schule wieder los. Bei dir doch auch, oder?«

Jetzt bin ich aber einigermaßen erstaunt. Dass Timo Eltern hat und eine Schule besucht, das kam in meinen kühnsten Phantasien nicht einmal andeutungsweise vor. Ich merke, wie ich wütend werde, mich regelrecht verraten fühle.

»Warum denn?«, frage ich.

»Warum denn nicht? Ich will schließlich Politikwissenschaften studieren.« Das hört sich fast so an wie das Geschwafel meiner Eltern.

»Ich will lieber Dinge lernen, die wirklich wichtig sind«, entgegne ich. »Na ja, wie dem auch sei. Mach's gut.« Timo verabschiedet sich mit einem flüchtigen Kuss. »Wir sehen uns!« Er muss meinen traurigen Blick wohl im Rücken gespürt haben, denn er dreht sich noch einmal um. »Hey, hier ist meine Adresse. Falls irgendwas ist.«

Ich gehe müde durch den Bahnhof und betrachte die Auslagen in einem Zeitschriftenladen. Gleich hinter dem Eingang entdecke ich einen Stand mit der Zeitschrift *Geo*. Mein Vater hat die Zeitschrift seit über zwanzig Jahren abonniert und sammelt sie in seinem überquellenden Buchregal über dem Sofa. Oft habe ich interessiert darin geblättert und bin mit den Artikeln auf Weltreise gegangen. In einem Heft, das ich aus dem Bahnhofsständer genommen habe, geht es um die Rückgabe Macaos an China und um ein neues Verfahren, mit dem auf Weltkarten aussagekräftiger das Gefälle zwischen Arm und Reich dargestellt werden kann. Sechs Mark soll es kosten, ich habe höchstens noch zehn. Besser als eine Tattoozeitung ist *Geo* allemal, überlege ich mir. Und die Wörter sehen so schön gesetzt aus, die Artikel in einer guten Ausdrucksweise geschrieben, gespickt mit Fremdwörtern, dazu atemberaubende Fotografien. Ein bisschen fehlt mir diese Welt schon, seit ich nur noch von Punks und Proleten umgeben bin.

Ich bereue es nicht, als ich das Kleingeld mit meinen schmutzigen Fingern aus der Tasche klaube und umständlich der Frau an der Kasse gebe.

Ein Stück abseits vom Bahnhof treffe ich wieder auf die anderen. »Was liest du denn da?«, fragt Abse dümmlich.

»Geht dich nichts an«, antworte ich gereizt.

»Intellektuellen-Punkerin willste wohl sein«, lallt er.

Die Dreadlockfrau, die sich neben mich auf das Pflaster gesetzt hat, kramt in einer großen Tasche, befördert daraus schließlich ein Brillenetui hervor, löst dessen Stoffummantelung und hält plötzlich eine kleine, aber prall mit weißer Substanz gefüllte Tüte in der Hand. »Hey, kann ich dein Magazin mal kurz ausborgen?« Sie deutet auf mein *Geo*-Heft.

»Klar.«

Sogleich streut sie das Pulver auf den Hochglanzumschlag, das Lichtermeer Macaos verschwindet hinter einem weißen Nebel. Mit einer Telefonkarte zerteilt sie geschäftig kleine Brocken, die sich in feinen Staub verwandeln. Sie scheint geübt zu sein, denn schon bald kommt der Horizont der ehemaligen portugiesischen Kolonie wieder zum Vorschein, gesäumt von mehreren, fast exakt gleich langen, hellen Linien.

»Willste auch eine?« Die Frage überrascht mich, und ich weiß nicht genau, was ich dazu sagen soll. Bis dahin hatte ich immer dankend abgelehnt, wenn es um chemische Drogen ging. Aber was sollte mich jetzt davon abhalten? Angesichts meines Männerdesasters war sowieso alles egal.

»Ja, ich will auch eine.«

Die Frau trennt von jeder Linie die obersten Millimeter und formt daraus eine neue, nur für mich. Danach drückt sie mir eine Geldscheinrolle in die Hand. Mir bricht der Schweiß aus. Ich weiß nicht, was genau ich jetzt tun soll. Hätte ich bloß besser aufgepasst, wenn die anderen »Stoff tanken«, wie sie es ausdrücken. Ewig kann ich nicht auf die weiße Linie schauen. Ich setze das Röllchen an die Nase und ziehe kräftig Luft ein. Pulver gerät meine Nase und in den Mund, ich muss husten. Die Linien werden zu Wellen, manche von ihnen schwappen auf das dreckige Pflaster.

»Biste bescheuert, Alte!« Der Typ, der neben der Dreadlock-Frau sitzt, wird richtig wütend. »Denkste, wir können es uns leisten, das ganze Zeug auf den Boden zu kippen?«

»Zu blöd zum Pissen, aber Drogen einfahren wollen.« Eine Frau mit pinkfarbener Strähne in ihren schwarzgefärbten Haaren und geringelter Strumpfhose pflichtet ihm bei. Das *Geo*-Heft wird mir aus der Hand genommen, eilig neue Linien geformt und kräftig eingezogen. Ich beobachte aufmerksam und begreife meinen Fehler. Ich hätte mir das freie Nasenloch zuhalten müssen. Jetzt ist es zu spät. Wieder mal alles verbockt.

»Hey, du kannst den Rest haben. Scheiß auf die anderen, ich hab genug.« Die Dreadlock-Frau ist wirklich nett. Sie kratzt die Rückstände auf dem Papier auf, und eine beachtliche Menge Pulver kommt noch heraus. Nun mache ich alles richtig – und lehne mich entspannt zurück.

Zehn Minuten bleibe ich so sitzen. Meine Augenlider sind unverändert schwer. Die anderen fangen zu kichern an, werden in ihren Bewegungen unruhiger. Nach zwanzig Minuten fühle ich mich immer noch passiv und schwach. Die Dreadlock-Frau und die Punkerin mit der pinkfarbenen Strähne fangen an zu tanzen, einfach so, wirken völlig gelöst. Selbst der Typ, der mich zuvor so dumm angemacht hat, grinst mich plötzlich freundlich an. Irgendwas scheint mit mir nicht zu stimmen. Ich merke aber überhaupt nichts. Vielleicht sollte ich Alkohol dazu trinken?

»Gib mir mal den Schlüssel«, fordere ich Barbie auf.

»Häh? Was?«

»Den Schlüssel für die Wohnung.«

»Haste keinen?«

»Nein. Und jetzt mach mal nicht so einen Aufstand, ich bring' ihn in einer halben Stunde wieder vorbei.« Irritiert drückt Barbie mir den Schlüssel in die Hand. Sie ist es nicht gewohnt, dass ich mit ihr so barsch umgehe. Ich bin selbst ganz überrascht. Mit staksigen Beinen bewege ich mich Richtung Wohnung, fühle mich wie eine Gottesanbeterin. Irgendwie läuft alles in Zeitlupe ab, gleichzeitig aber auch in hundertfacher Geschwindigkeit.

In der Wohnung suche ich meine wenigen Habseligkeiten zusammen. Erstaunlich, was sich in wenigen Tagen angesammelt hat. Meinen Rucksack bekomme ich kaum zu, den Rest stopfe ich in eine Plastiktüte. Ich schaue mich noch einmal um. Die Nachmittagssonne knallt durch das Dachfenster, mein Kopf summt. Ich gebe der verwelkten Pflanze auf dem Fensterbrett Wasser. »Jetzt musst du allein klarkommen«, sage ich zu ihr. Noch so ein Projekt von Matze, dem Vollversager, er hat sie angeschafft. Die Tür habe ich schon hinter mir zugezogen, als ich es mir anders überlege. Unter den freien Arm klemme ich mir die Pflanze.

Eine Stunde später befindet sich mein Zeigefinger auf dem Klingelknopf meiner Großeltern mütterlicherseits, die in Nürnberg wohnen. »Ja, Allmächt!«, stößt meine Oma, als sie die Tür öffnet, aus. Sie ist klein und rund, wie ich sie seit Kindertagen kenne. Hinter ihr erscheint mein Opa, kaum größer. »Jetzt schau dich mal an! Aber schnell in die Badewanne!«

5
Robin-Hood-Cooperation

Es ist Spätherbst im Jahr 1999, und ich schreibe einen langen Brief an Schlumpf:

Hallo Schlumpf!

Ich hoffe, es geht dir gut. Mir geht es beschissen. Ich hab' seit einer Woche wieder einmal Hausarrest. Wie du ja mitbekommen hast, wollte ich die Sommerferien eigentlich dazu nutzen, von zu Hause auszubüxen. Gesagt, getan. Leider war mein Aufenthalt in der Freiheit nur von kurzer Dauer. Hab' dann reumütig wie ein Dackel bei meinen Großeltern vorgesprochen. Eine Scheißangst hatte ich, als ich vor deren Tür stand. Sie steckten mich gleich in die Badewanne. Ansonsten ging man in meiner Familie schnell über zur Tagesordnung. Über die Wochen, in denen ich weg war, wurde nicht viel geredet. »Zum Glück hast du in der Schule wenigstens nichts verpasst«, das war der Kommentar meiner Mutter. Nur meinen Vater hörte ich nachts manchmal weinen.

Oft habe ich mich in den letzten Wochen und Monaten gefragt, warum ich mir das angetan habe, also wieder zurückgekehrt bin. Ich komme mir fast wie ein Schwerkrimineller vor, der vor dem Schwurgericht stammelt: »Ich wollte das wirklich nicht, aber ich war nicht im Vollbesitz meiner geistigen Kräfte. Ich war nicht ich selbst.« Wie sonst lässt es sich erklären, dass eine junge, halbwegs intelligente Frau, kritisch und voller Power, die besten Jahre ihres Lebens freiwillig in einer Art Freiluftgefängnis mit Auslauf verbringt? Nun, ich glaube, es ist der Mangel an Perspektiven. Ein voller Kühlschrank mit vegetarischen Bioprodukten oder Reste von McDonald's? Mein schöner großer Futon oder eine speckige Cam-

pingmatratze in einem völlig überfüllten Raum, in dem aus dem Aschenbecher gefrühstückt wird und sich die Gespräche hauptsächlich darum drehen, welchen Wochentag wir gerade haben?

Und ob ich geistig, kulturell und sozial wirklich in Nürnberg stimuliert worden bin, da bin ich mir nicht sicher. Gelernt hab' ich außer Schnorren und schlechtem Sex nichts wirklich Besonderes. Ich bin davon überzeugt, dass »da draußen« noch mehr auf mich wartet, etwas, das mir entspricht. Nur habe ich es leider bislang nicht gefunden. Vielleicht war ich zu feige und habe zu schnell das Handtuch geworfen.

Ich schau' mich gerade im Internet um, was es da so alles gibt. Dabei habe ich Indymedia *entdeckt, ein neues Nachrichtenportal, in dem jeder Artikel veröffentlichen kann, auch über Menschenrechtsverletzungen, Umweltzerstörungen und soziale Kämpfe. Man erfährt von Sachen, die nie in der Tageszeitung zu lesen sind, zum Beispiel Hintergrundberichte über Demos und Hausbesetzungen. Ich bin wirklich entsetzt, wie viel Unrecht auch vor unserer eigenen Haustür geschieht. Mir fällt es schwer, einsehen zu müssen, dass wir systematisch angelogen werden. Seit ich weiß, wie viel deutsche Firmen an Waffenexporten verdienen, kann ich an keine Politiker mehr glauben, die unter Tränen für eine friedliche Welt werben.*

Manchmal bekomme ich wegen all der Dinge regelrecht Kopfschmerzen. Und ich kann noch nicht mal raus, um dagegen zu protestieren. Scheiß Hausarrest! Der Grund: Ich habe mich beim Buchklauen erwischen lassen. Und meine Eltern fischten das Schreiben vom Gericht aus dem Briefkasten. Das war ein Theater.

Ach, und ich habe jetzt auch einen Freund. Offiziell wenigstens. Du wirst staunen. Ist ein Bundeswehrsoldat und meine einzige Chance, hier ab und zu einmal zu entkommen. Den hab' ich gleich am ersten Tag, als ich von zu Hause abgehauen bin, auf einem Festival aufgegabelt. Und weil er in Köln wohnt, zahlen meine Eltern sogar die Zugfahrt. »Endlich mal ein anständiger Freund«, haben sie sich gefreut. Lange wird das aber nicht mehr gutgehen. Der haut nämlich manchmal krass rassistische Sachen raus. Und von wegen anständig! Von dem hab' ich gelernt, wie man ein Fahrradschloss aufknackt. Das war die beste Nacht, die wir zusammen hatten.

Na ja. Hier in der Gegend habe ich wenigstens einen Hippie kennengelernt. Da die letzten Punks Schule und Stadt verlassen haben, muss man nehmen, was man kriegt. Ich glaub', der ist gar nicht mal so übel. Außerdem schreibe ich fast jede Woche an Timo. Über die Briefmarke kommt immer ein Klebestreifen, damit sie nicht abgestempelt und wieder benutzt werden kann. Oft sendet er mir interessante Hefte, und er weiß gut über Politik Bescheid. Er ist auf ein Internat geschickt worden, es liegt in der Nähe von München. Da kann ich ihn leider nicht besuchen. Seufz! Warum ist das mit der Liebe nur so kompliziert?

Bitte schreib' mir doch mal. Ich hab mich sehr über deinen letzten Brief gefreut. Und ich schicke dir auch ein paar Artikel für unsere Zeitung mit. Einer handelt von meiner Zeit in Nürnberg und über Punks, die sich für unpolitisch halten. Das ist doch heutzutage gar nicht mehr möglich. Alles, was wir tun, nützt letztlich den Kapitalisten. Und wer, wenn nicht die Punks, könnte dagegen noch ankämpfen?

Ich bin auf deine Antwort sehr gespannt.

Alles Liebe, und punkige Grüße aus dem schon verschneiten Frankenland.

Silvia

Der Schnee taut, und ich liebe den Hippie heiß und innig. Der Frühling kommt, und der Hippie wird wieder abserviert. Er hat mich sowieso die ganze Zeit mit seiner Mitbewohnerin betrogen. Sein Vermächtnis, eine hochschwangere Ratte, lasse ich erst in aller Ruhe gebären, dann setze ich die kleinen Tiere nach und nach in die Freiheit aus.

Es kommen andere Männer, einer so überflüssig wie der vorherige. Auch neue Freunde treten in mein Leben, einige Mädchen aus meiner Schule, die sich zumindest eine Zeitlang den Anschein geben, punkig zu sein.

Oberflächlich betrachtet habe ich mich weitestgehend angepasst. Jedenfalls tragen meine Noten, die besser geworden sind, zum allgemeinen Familienfrieden bei. Ich darf nun öfter mit meinen Punkfreundinnen und wechselnden Liebschaften quer durch Nordbayern fahren, und zu meinem siebzehnten Geburtstag bekomme ich sogar ein Schlagzeug geschenkt samt einem Jahr Unterricht.

In dem einzigen netten Geschäft meiner Stadt, eine Art Secondhandladen für alles Mögliche, entdecke ich einen Bildband aus den frühen achtziger Jahren: Fotos aus der *taz* über die damaligen sozialen Bewegungen. Die Aufnahmen zeigen Straßenschlachten, Anti-Atom-Proteste und Eindrücke vom WG-Leben, alles in Schwarz-Weiß. *Gefühl und Schärfe* ist der treffende Titel. Ich habe kein Geld, weiß aber, dass ich dieses Buch unbedingt besitzen muss.

»Ich kann es dir nicht schenken, höchstens billiger verkaufen.« Die Frau hinter der Kasse bleibt hart.

»Können Sie es vielleicht zurücklegen?«, frage ich vorsichtig.

»Ach was, ich zahl' dir das.« Ein älterer Mann, den ich schon öfter in diesem Laden gesehen habe, drückt mir einen Zehnmarkschein in die Hand. Ich danke erfreut. Er lädt mich auch noch auf einen Kaffee ein, beäugt mich neugierig durch seine getönte Brille.

»Das ist also die Welt, für die du dich interessierst. Leider seit fast zwanzig Jahren vorbei«, sagt er und schaut auf den gerade erworbenen Bildband.

»Aber heute gibt es doch auch noch Proteste«, entgegne ich.

Sein Lachen kann ich schlecht deuten. »Hier wirst du auf jeden Fall nichts finden«, fährt er fort und weist draußen auf die Fußgängerzone. »Manchmal muss man im Leben den richtigen Zug erwischen, sonst ist es zu spät. Dann kannst du nur noch in der Vergangenheit schwelgen, die aus nie gelebter Gegenwart besteht.«

Es dauert eine Weile, bis ich seine rätselhaften Worte richtig deuten kann, doch dann gehen sie mir nicht mehr aus dem Kopf.

In den Sommerferien beschließe ich, den nächsten Zug zu nehmen und meine zukünftige Gegenwart in gelebte Zeit umzuwandeln, bevor sie Vergangenheit wird. Mit Sehnsucht im Bauch und Liebe im Herzen lande ich wieder in Nürnberg, direkt in den Armen von Timo. Er ist »semi-obdachlos«, wie er es nennt. Es gibt wohl Probleme im Internat, weshalb er von dort abgehauen ist. Genaueres ist nicht aus ihm herauszubekommen. Seine Sachen hat er bei einem Kollegen von der Antifa untergestellt, der noch bei seiner Mutter wohnt. Die Antifa ist eine linksradikale antifaschistische Gruppe, deren europaweite Ortssektionen dem jeweils ländereigenen Verfassungsschutz bestens bekannt sind. Timo hat sich zu einer Mitgliedschaft entschlossen.

The true revolution is love – er sprüht diese Worte für mich an eine Sparkassenschaufensterscheibe. Daneben ein Anarchie-A. Romantik pur! Die Nächte verbringen wir im Stadtpark. Wenn morgens die Rasensprenger angehen, ziehen wir uns bis auf die Unterhose aus und spritzen uns ab. Die Gärtner lachen, als sie uns sehen. Wenn man verliebt ist, ist alles schön. Meine Welt besteht nur aus vier Händen, die warm und weich ineinander verknotet sind, als wären sie einzig zu diesem Zweck geschaffen. Da, wo Timos Finger in seine Hand übergehen, kann ich deutlich dicke Hornhaut spüren, die Resultat seiner Arbeit in einer Fahrradselbsthilfewerkstatt ist.

Stolz blicke ich zu ihm hinauf, und mein Herz schlägt ein wenig schneller. Er sieht so unglaublich gut aus, seine Wangen sind immer ein wenig gerötet und seine Augen voller Leben. Über seine frühere Freundin sprechen wir nie. Ich habe sie gesehen, als wir uns einmal in Würzburg trafen. Eine unscheinbare Erscheinung, die Haare nicht gefärbt. Wochenendpunkerin, dachte ich verächtlich.

Aber ich wollte damals auch nicht zu arrogant sein, da sich langsam abzeichnete, dass Timo doch mehr an mir interessiert war, als er sich selbst eingestehen wollte. Und nun sind wir ein Paar.

Jeden Tag überrascht mich Timo mit einer neuen Idee: »Heute gehen wir shoppen à la *YoMango*.«

»Ich geh' doch nicht bei den Multinationalen einkaufen!«, entgegne ich entrüstet, weil ich »Mango« verstanden habe, den Namen eines Modekonzerns. Neue Kleidung erstehe ich mittlerweile, wenn überhaupt, nur noch secondhand. Timo grinst: »Du musst schon richtig zuhören! Ich rede von *YoMango*!«

»Und was ist das?«?«

»Eine Initiative, die aus Spanien stammt. *YoMango* heißt: ›Ich klaue‹. Eigentum ist Diebstahl, davon gehen die Leute dieser Gruppe aus. Sie halten es mit Bertolt Brecht: Was ist ein Einbruch in eine Bank gegen die Gründung einer Bank?« Ich weiß nicht so recht über Brecht Bescheid und nicke einfach ergriffen. »*YoMango* ist die Politisierung eines ganz alltäglichen Vorgangs, da Klauen zu jeder Jahresbilanz eines Unternehmens gehört. Das wird schon bei der Preisgestaltung einkalkuliert. Deshalb ist Ladendiebstahl an sich auch nichts Revolutionäres.« Ich staune, aus diesem Blickwinkel hatte ich die Angelegenheit noch gar nicht betrachtet.

»Die Initiatoren von *YoMango* haben das tägliche Stehlen zu einem politischen Happening erklärt. Die Medien sind eingeladen, wenn sie in die Kaufhäuser einfallen. Sie tanzen Tango in der Lebensmittelabteilung und stecken Champagner ein. Der wird dann während einer Riesenstraßenparty an Passanten verteilt. Sie verkaufen aber auch Sachen weiter, die sie klauen, und geben das Geld an Immigranteninitiativen.«

»Wie Robin Hood!« Ich bin tief beeindruckt. »Wo kommen die denn her?«

»Aus Barcelona.«

»Barcelona!« Wie schön das klingt. »Meinst du, wir könnten in Deutschland auch mal so ein Happening machen?«

Timo zuckt mit den Achseln. »Aktionen deutscher Linker sind oft so aufregend wie eingeschlafene Füße. Aber wer weiß? Und jetzt räumen wir mal die Läden auf, damit du was Neues zum Anziehen bekommst.«

Zuerst schauen wir allerdings bei unserem alten Schnorrplatz vorbei. Timo und ich grinsen uns an. Ich freue mich, dass wir als frischgebackene *YoMango*-Unternehmer nicht mehr betteln müssen. Es sind neue Gesichter dazugekommen, und einige andere sind mir nur allzu gut bekannt. »Hey, haben Sie mal 'ne Zigarette? Meine sind noch im Automaten«, höre ich. Matze! Natürlich! Kreativer ist er in der Zwischenzeit nicht gerade geworden. Die anderen liegen auf oder vor der Mauer, besoffene Fliegen knallen immer wieder gegen die leergetrunkenen Bierdosen, die achtlos weggeworfen wurden. Barbie fehlt. Sie hat sich von Abse schwängern lassen, wird uns erzählt, und ist auf Nimmerwiedersehen im Müttergenesungsheim verschwunden.

»Früher gab's hier mal das *Komm*«, meint Timo und deutet auf die andere Straßenseite. »Das war ein autonomer, selbstverwalteter Laden. Wurde leider dicht gemacht, war der Stadt ein Dorn im Auge. Seitdem sinkt das Niveau unter den Punks hier im Minutentakt. Wir müssen wieder mehr besetzen, wir brauchen Platz für unsere Kultur!« Ich nicke. Am liebsten würde ich gleich jetzt damit beginnen.

»Meine Eltern lassen sich scheiden«, sagt Timo plötzlich, als wir den Bahnhofvorplatz wieder verlassen.

»Bist du nicht froh?«

»Geht so. Ist sowieso schon Zweitauflage. Meine richtigen Eltern waren nie ein festes Paar.«

»Also, ich wäre glücklich, wenn meine Eltern nicht mehr zusammen wären. Sie sagen ständig, sie würden nur noch wegen mir verheiratet bleiben. Aber damit machen sie alles nur noch schlimmer«, entgegne ich.

Wir schlendern durch die Fußgängerzone, Timo wird beim Anblick der überquellenden Schaufensterauslagen der großen Modegeschäfte ganz nervös. »Ich kenn' 'nen tollen Trick« verrät er mir. Ich suche mir nun in aller Ruhe Kleidungsstücke und Dinge des täglichen Bedarfs aus – je teurer, desto besser –, während Timo vor den Verkäuferinnen eine Riesenshow abzieht. Er nimmt tonnenweise Klamotten mit in die Umkleidekabine, wirft etliche Sachen auf den Boden, um sie umständlich wieder aufzuheben, und lässt scheinbar Dinge in seine Jackentasche verschwinden. Dann nickt er mir kurz zu, und wir verlassen gemeinsam den Laden. Das wütende Protestklingeln des Scanners am Eingang, das mir gilt, lässt mich kalt. Ohne mich umzudrehen, tauche ich einfach in den Strom der Passanten ein.

»Na, wie war das?« Timos Gesicht ist wieder neben mir, er ist außer Atem. »Nicht schlecht,« entgegne ich, »aber auch nicht *YoMango*. Oder war das öffentliche Umverteilung?« »Na ja.« Timo verzieht den Mund. »Aber immerhin haben etliche Leute den Laden nicht betreten, nachdem die gesehen haben, wie die Detektive den armen jungen Mann am Eingang völlig grundlos des Diebstahls verdächtigt und ihn unter großem Protestgeschrei fast entkleidet haben.«

Wir fahren zu Timos Antifa-Freund nach Hause. Dort färbe ich mir die Haare in einem quietschigen Pinkton, die Farbe habe ich ebenfalls auf unserer Tour erstanden, und Timo rasiert mir den Nacken aus; er findet das sexy. Anschließend sticht er mir als Zeichen seiner Liebe etwas Bleibendes – ein Augenbrauenpiercing – mit einer Sicherheitsnadel. Leider verfehlt er die Augenbraue dabei um zirka zwei Zentimeter, und der Ring ist auch zu dick, sodass wir mit einer Stricknadel nachhelfen müssen.

Die Tage vergehen, unsere Hände, noch immer ineinander verknotet, sind langsam durchgeschwitzt, die Lippen werden rau. Ab und zu verschaffen wir uns Abwechslung im städtischen Freibad, am liebsten nachts. Unsere Eintrittskarte ist ein Loch im Zaun. Meine Eltern rufe ich jeden Tag an. Das ist die Abmachung.

»Ich glaub', ich mach' mal los!« Eines Morgens ist Timo in Aufbruchstimmung.

»Wohin denn?«

»Keine Ahnung, wohin mich mein Daumen bringt.«

»Kann ich mit?«, frage ich vorsichtig.

Timo seufzt. »Na ja, da wäre noch was, worüber ich mit dir reden will. Ich meine, mit einer festen Beziehung zwischen uns, das wird nichts.« Hatte ich jemals davon gesprochen? »Wir können uns gern mal treffen, abhängen und Spaß haben«, fährt Timo fort. »Aber so 'ne heterosexuelle Zweierkiste, das ist einfach zu … zu spießig, zu antirevolutionär.« Glaubst du deinen Quatsch wenigstens selbst, frage ich mich, bringe aber kein Wort über die Lippen. »Jetzt sag doch auch mal was!«

Endlich finde ich meine Worte wieder. »Soll ich lesbisch werden, damit ich deinen Ansprüchen genüge?«

»So war das doch gar nicht gemeint.«

»Und was ist mit deiner Exfreundin, die war dir damals ziemlich wichtig.«

»Da habe ich meine Erfahrungen gesammelt. Ich brauche Freiheit und keinen Klammeraffen.«

Was soll ich dazu noch sagen? Timo geht ohne mich los.

Wieder zu Hause angekommen, renne ich wütend in mein Zimmer und kritzele mein Tagebuch voll.

Was mache ich bloß falsch? Nie klappt es mit den Typen. Ich ziehe immer nur Scheiße an Land. Vielleicht bin ich aber wirklich nur zu antirevolutionär? Timo sollte mir einfach Zeit lassen, mein revolutionäres Subjekt zu entwickeln. Daran werde ich arbeiten, versprochen.

6
Seelenbohrer, acht Millimeter

Wenn man die Augen schließt und ganz tief ein- und ausatmet, dann weicht der Druck. Das schwarze Tuch der Nacht legt sich sanft auf die Lider, die langsam immer schwerer werden. Schließlich weicht der Widerstand. Der Körper wird leicht, schwerelos, und wenn man gut aufpasst, kann man sich sogar von oben sehen, während der erschöpfte Leib in den Schlaf entgleitet.

Heute Nacht ist jedoch alles anders. Mein Herz, hart wie ein Stein, drückt mit brachialer Gewalt gegen die dünne Haut auf meiner bleichen, schweißüberzogenen Brust. Meine Augen scheinen unter Überdruck zu stehen. Ich fühle mich wie ein Fisch, der zu lange an Land gelegen hat, kann nicht atmen, nicht denken, habe keine Kontrolle mehr über mich, kann mich nicht mehr beruhigen. Werde ich sterben? Kann bodenlose Traurigkeit töten? Meine Lider zucken. Ein Nerv in meinem Kopf vibriert und verursacht ein unangenehmes Nebengeräusch direkt an meinem Ohr. Ich setze mich halb im Bett auf und umklammere meine Knöchel, wippe sanft auf und ab. Das Gestell knarzt. Meine Bettnachbarin stöhnt im Schlaf. Vielleicht hatten die Kartoffeln beim Abendessen zu viele Kalorien. Sie muss nachzählen und abwägen. Auszählen. Ich will auch zählen. Kalorien? Irrelevant. Ich will Tage zählen. Wann bin ich wieder draußen?

Ein scharfer Schmerz durchfährt mich, wie ein Stromschlag geht er durch meine Eingeweide hindurch. Nun weiß ich, dass psychischer Schmerz schlimmer ist als körperlicher. Leistung misst man in Noten, Reichtum in Geldscheinen und Verrücktheit anhand der Zahl der Tage, die man in der Klapse bleiben muss. Aber wie misst man Ungerechtigkeit? Meine Gedanken entgleiten mir, in Wellen werden neue angeschwemmt. Ich habe meinen Filter verloren, bin einer unendlichen Strömung ausgesetzt. Wie gern würde ich mich wieder einmal richtig sortieren und die guten Gedanken von den schlechten trennen.

Mein Magen rumort, mir ist speiübel. Gekrümmt und von Krämpfen geschüttelt, schleppe ich mich ins Bad. Das Neonlicht schaltet sich mit einem lauten Knall ein, der mich zusammenzucken lässt. Es folgt das Surren. Das Surren ist noch schlimmer als alles Nervenflattern in meinem Kopf. Ich will es ausschalten, aber meine Hände finden den Lichtschalter nicht mehr. Ich gleite an den kalten, hellgrünen Fliesen herunter. Kurz kann ich noch einen Blick in den Spiegel erhaschen. Ein fahles Gesicht sieht mich an, gekrönt von haarsprayverklebten lilafarbenen, grünen und roten Stacheln. Meine Augen sind nicht mehr giftgrün, sondern stumpfblau. Ich sehe aus wie eine alte Frau, eingeklemmt zwischen einer kotzspurumsäten Klobrille und einem Bidet.

Es fühlt sich an, als wäre mein Körper in der Mitte eingeklappt, wie bei einer dieser billigen Puppen ohne Gelenke, die ganz weich sind, wenn man ihnen in den Magen boxt. Puppen, das ist auch so ein Thema. Ich erinnere mich an eine Phase, da wäre ich gern Puppenspielerin geworden. Die Puppen tanzen lassen. Oder bis in die Puppen feiern. Das ist nicht mehr möglich. Ich bin eingesperrt und abgeschnitten. Vom Leben an sich, meinen Freunden und allen Partys dieser Welt. Ja, ich habe neuen Anschluss gefunden in Schweinfurt im Stattbahnhof, meinem neuen Dreh- und Angelpunkt seit knapp einem halben Jahr. Und praktischerweise habe ich mir dort auch gleich einen neuen Freund geangelt, bei dem ich übernachten konnte. So entfiel das Logistikproblem. Und meine Eltern waren beruhigt, er würde schon auf mich aufpassen. Sie hatten keine Ahnung, was jedes Wochenende dort los war, bei meiner neuen Clique, lauter Crust- und Anarchopunker. Nicht, dass Punks eine homogene Masse sind – für die vom Nürnberger Burggraben haben die Schweinfurter nur ein Wort übrig: »Assipunks«. Sie selbst sehen sich in der Tradition von Bands wie *Crass* und *Conflict*, die Anfang der achtziger Jahre die *Sex Pistols* oder *Exploited* für ihre Kommerzialität und ihre sexistischen wie auch unpolitischen Texte scharf kritisierten. Bei den Crust- und Anarchopunks habe ich zum ersten Mal das Gefühl gehabt, im richtigen Boot zu sitzen. Jedes Wochenende genoss ich – bis ich im Februar 2001, mit siebzehn Jahren, in eine Kinder- und Jugendpsychiatrie eingeliefert worden bin, natürlich nicht freiwillig.

Endlich kommen sie, die Tränen. Dick und schwer laufen sie die Wangen herunter, tropfen auf mein »Nazis raus«-T-Shirt, das letzte Andenken an Matze. Ich fühle zwischen meine Beine, aber es gibt zwischen ihnen keine Aufregung mehr. Fast-Jungfrau Maria goes Psychiatrie!

Ich rappele mich ein wenig auf, wische mir die Tränen mit dem kratzigen und unzählige Male gewaschenen Klinikhandtuch ab. Die letzten Tage bin ich durch die Hölle gegangen. Nichts als Monotonie. Nichts passierte, nichts bewegte sich. Die Luft stand. Meinen Fotoapparat hatten sie mir bei meiner Einlieferung abgenommen, mein kleines Klapptaschenmesser natürlich auch. Keine Angst, ich bringe mich schon nicht um, sonst gibt es ja bald überhaupt keine denkenden Menschen mehr auf der Welt. Links von mir im Zimmer eine Magersüchtige, rechts eine Depressive.

Links jeden Tag heimliche Turnübungen unter der Decke und unterdrückte Kotzgeräusche vom Klo nach dem Mittagessen, wenn es über dem Kalorienlimit lag, dem selbstbestimmten. Nicht mehr als zweihundert Kalorien pro Tag. Das bedeutet zehn Tassen Gemüsebouillon oder anderthalb Becher Joghurt. Rechts das große allwissende Schweigen. Und auf den Fluren junge Frauen mit Klingelhosen gegen das Bettnässen.

Die aufgrund ihrer Medikamente aufgedunsenen Psychotikerinnen stehen im krassen Gegensatz zu den fast schon körper- und schwerelosen Elfen, die mit verbitterter Miene eine Flurrunde nach der anderen antreten, um wenigstens einen Teil ihrer so üppigen Nahrung verbrennen zu können. Tischtennis ist ihnen verboten, weil es zu anstrengend ist, das dürfen nur die Depressiven und die Aggressiven, solche wie ich eben. Andere Insassen sehe ich kaum, sie befinden sich meist im Bad und waschen sich unentwegt oder halten sich in Decken gekauert im Fernsehzimmer auf, gebannt auf den leeren Bildschirm starrend, wenn sie sich nicht selbst eine Geschichte erzählen. Oft kichern sie dabei aufgeregt.

Und ich dazwischen. Tagsüber kann ich unter großen Anstrengungen die Starke spielen, die Selbstverantwortliche, die Lebenserfahrene. Aber was verdammt nochmal soll ich eigentlich hier? Ich habe langsam die Schnauze voll. Mit den Vollspacken habe ich nichts zu tun. Ich will endlich wissen, was ich hier mache.

Einmal, noch vor dem Frühstück, während die meisten pflichtbewusst und mit einer mich geradezu in den Wahnsinn treibenden Pedanterie ihr Bett in die richtige Form bringen, lauerte ich dem Pfleger Jürgen auf. »Ich will sofort mit einem Arzt sprechen. Seit vier Tagen sitze ich schon herum und habe nichts, ich wiederhole, nichts zu tun, außer im Bett zu liegen und mir den Scheiß der anderen Mädchen reinzuziehen.« Gelangweilt zog Jürgen die rechte Augenbraue hoch. Im Stationsflurlicht sah seine Haut genauso ungesund aus wie die aller Insassen. Er geht schon stark auf die vierzig zu und macht sich noch nicht einmal die Mühe, so zu wirken, als würde ihm seine Arbeit Freude bereiten oder als würde er sich für das Schicksal seiner Patientinnen interessieren. »Nun mal ganz ruhig, junge Dame, du bist an diesem Ort nicht die Einzige auf der Suche nach Aufmerksamkeit«, sagte er. »Ich bin nicht zuständig für das Erstellen eines Wochenplans, da musst du dich an den Stationsleiter wenden.«

»Der hat aber nie Zeit. Ich war schon gestern bei ihm, vorgestern ebenfalls, und immer vertröstet er mich auf den nächsten Tag.«

»Dann wird das seine Richtigkeit haben«, erwiderte Jürgen.

Seine Art machte mich rasend. Der war bornierter als jeder Dorfbulle mittleren Dienstgrads. Am liebsten hätte ich ihm kräftig in die Eier getreten. Stattdessen stiegen mir Tränen in die Augen, und ich musste den Blick abwenden, auf den Boden schauen wie eine Verliererin. Aber das bist du doch auch! Eine Verliererin! Du hast das Spiel zu weit getrieben.

»Vorerst ist sie gebrochen.« Ich hörte diese Worte, ausgesprochen mit einem hämischen Unterton, aus dem Pflegerraum, in den sich Jürgen mit schlurfenden Schritten verzogen hatte. Sie kamen von Anne, der gefürchtetsten Pflegerin der Station, und bezogen sich bestimmt auf mich.

Gestern Nachmittag hatte sie sich auf meine Bettkante gesetzt und mir einreden wollen, dass ich unter einer Essstörung leide. Auch wunderte sie sich, dass ich in der Telefonstunde von 18 bis 19 Uhr immer die meisten Anrufe aller Stationsbewohner bekommen würde. »So schwierig wie du bist«, zischte sie, »ist das sehr auffällig.« Wie sollte sie auch wissen, dass ich die halbe Punk-Community Süddeutschlands hinter mir habe.

Vielleicht war ich nach vier Tagen Klapse wirklich reif für diesen Ort. Konnte ich überhaupt noch die Realität von meinen Wunschphantasien unterscheiden? Aber wieso redete sie so mit mir? Sind Pflegerinnen nicht dazu da, uns zu helfen? Wer sollte mir ansonsten in der Psychiatrie zur Seite stehen?

»Also, wenn du willst« – Jürgen streckte seine von Aknenarben gezeichnete Knubbelnase aus der Tür –, »kannst du heute von Viertel nach acht bis neun bei der BT mitmachen.«

Ich zögerte. Aber alles war besser, als wieder auf meinem Bett sitzen und die Decke anstarren zu müssen, während von links die Kalorien von Kartoffeln, Reis, Butter und Kräuterkäseaufstrich aufgesagt wurden.

»Was ist denn BT?«

»Wirst schon sehen«, sagte Jürgen und verschwand nun in einem Stationszimmer.

Ich ging in den Speiseraum. Für die meisten gab es zwei Brötchen, Käse, Marmelade und ein Ei. Wir durften mit dem Frühstück nicht anfangen, bevor die Magersüchtigen ihr Essen sorgfältig auf ihrem Teller zerteilt und angeordnet hatten. Anschließend schoben sie die Stücke mit einem Blick, der mehr Leid zum Ausdruck brachte als Jesus, der am Kreuz über der Tür hing, in den Mund. Während dieser Prozedur kam es zu einem Heulkrampf bei Carina, meiner zwölfjährigen Bettnachbarin von links. Sie wiegt nur noch achtundzwanzig Kilo und ist seit vier Jahren Stammgast in Kinder- und Jugendpsychiatrien. Nach einer Stunde und mit

Hilfe von Annes starkem Oberarm war dann aber auch das Frühstück in ihr – und ich konnte endlich zu der ominösen BT gehen.

Noch immer sitze ich auf dem Fußboden des Bades. Beim Betrachten meiner abgeknabberten Fingernägel fließen erneut Tränen, diesmal allerdings vor Wut. BT – Beschäftigungstherapie –, eine kostbare Lebensstunde hatte ich damit verbringen müssen. In der malte ich ein Fensterbild. Mit Fenstermalfarben. Drei durfte ich mir aussuchen. Orange, Lila und Grün. Vermutlich erstellt man auf diese Weise ganz nebenbei ein Psychogramm von mir. Ich wollte am liebsten etwas sagen wie: »Ey, wollt ihr mich verarschen? Vor zwei Monaten hab ich noch Transparente gemalt, zusammen mit der Antifa.« Als ich aber zu Stotterpaule und Elina blickte, die im Jargon der Station West 2 nur Sumpfkuh genannt wird, weil sie fettsüchtig ist und angeblich von ihrer gesamten Familie vergewaltigt wurde und seitdem auf Sex mit Tieren steht, verkniff ich mir jeglichen Kommentar. Im Gegensatz zu mir waren die beiden wirklich durchgescheppert und brauchten Hilfe. Ich wollte ihnen diese nicht verwehren.

»Diisst eeieen LLLööööwwweee«, ließ Paul verlauten.

»Ein Löwe, der ist stark, nicht wahr?« Aufmunternd sah sich Martina, die engagierte Kreativtherapeutin, das gemalte Raubtier an.

»Jaaa.« Paul strahlte.

Ich verdrehte die Augen. Das hier war alles schön und nett, aber es hatte mit mir rein gar nichts zu tun. »Bin fertig.« Ich versuchte, so unbeteiligt wie nur möglich zu erscheinen. Lass dich bloß nicht auf Psychospielchen ein, sagte ich mir. Aber natürlich wollte Martina auch mein Bild gemeinsam mit mir analysieren. Ich sah in ihren großen braunen Augen den Seelenbohrer, acht Millimeter, losgehen.

»Wohin fährt denn dieser Zug?« Sie deutete auf mein proportional etwas verunglücktes Bahnabteil, etwas Besseres war mir auf die Schnelle nicht eingefallen. Ich war überrascht, dass Martina darin überhaupt ein Verkehrsmittel ausmachen konnte.

»Der fährt gar nicht mehr, der ist schon in der Schrottpresse.«

»Oh«, sagte die Therapeutin. »Warum denn das?«

»Weil es aus dem kapitalistischen System keinen Ausweg gibt.« Jetzt hatte ich zu viel ausgeplaudert, und tatsächlich verwickelte mich Martina in ein ellenlanges Gespräch über mein politisches Weltbild. Sie wollte wissen, wer da Einfluss genommen hätte und wie ich meinen momentanen Handlungsspielraum definieren würde.

Jetzt, im kalten Klo, wo mir der Boden langsam zu ungemütlich wird, kann ich mich kaum noch konkret an das Gespräch entsinnen. Die sind wirklich geschickt, diese Psychoklempner, denke ich. Ziehen einem das Wort aus der Nase, und am Ende kann man sich an nichts mehr erinnern. Langsam gewinne ich meine Fassung wieder. Wurde auch Zeit. Ich gehe zurück ins Zimmer. Auf dem Digitalwecker der Depressiven kann ich erkennen, dass es fast fünf Uhr ist. Morgen darf nichts mehr an meinen verzweifelten Zusammenbruch im Bad erinnern. Morgen muss ich wieder stark sein. Vielleicht bekomme ich endlich meinen Wochenplan oder ein Arztgespräch. *Never give up. Ne resigne jamais.* Am besten therapiere ich mich selbst.

Ich war doch schon fast am Ziel gewesen: nur noch ein paar Monate bis zum achtzehnten Geburtstag, Freiheit, Führerschein, Volldampf voraus. Aber ich hatte es mir selbst vermasselt, mein Temperament nicht zügeln können. Angefangen hatte es mit dem Schreiben eines Anwalts, der unseren Nachbarn vertritt, in Sachen »Infarktrisiko versus musikalischer Ausdruck«. Angeklagt war mein heißgeliebtes Schlagzeugspielen, dem ich mich nach meiner Rückkehr aus dem Sommerurlaub mit Timo mit aller Hingabe widmete – und das immer, unter Rücksicht auf die Rentnernachbarschaft, außerhalb der offiziellen Mittagsruhe. Unserem Nachbarn genügte dieses Maß an Entgegenkommen meinerseits nicht. Er drehte jedes Mal, wenn ich mich auch nur zwei Minuten ans Schlagzeug setzte, seine Stereoanlage volle Power auf, und dann vibrierten beide Doppelhaushälften so unter Bassbeats, dass jeder Dorfdiskobetreiber neidisch geworden wäre. Der Nachbarschaftsstreit schaukelte sich immer höher, mit dem Ergebnis, dass ich überhaupt nicht mehr spielen durfte. Ich warf meinen Eltern mangelnde Solidarität vor. »Der alte Sack hat doch nur Langeweile«, sagte ich empört. »Und ihr geht noch auf seine Spielchen ein.« Mein Vater antwortete lapidar: »Nach allem, was du uns angetan hast, kannst du außer einer angemessenen Grundversorgung nichts mehr von uns erwarten.«

Der Ton zu Hause verschärfte sich, Gehässigkeiten, gepaart mit Vorhaltungen, brachten uns weit über die Grenzen dessen hinaus, was man gemeinhin noch als »Extremsituation« bezeichnen würde. Einen Ausweg sahen meine Eltern nur noch darin, mich in die Jugendpsychiatrie zwangseinzuweisen.

Die Tage verstreichen, irgendwann bekomme ich tatsächlich einen Arzt zu Gesicht. Er unterzieht mich einem Intelligenztest – das erste Ereignis, das mir Spaß macht. Ich muss Bilder zu Geschichten ordnen, Pyramiden im Kopf drehen und Ähnlichkeiten zwischen bestimmten Zahlenfolgen aufdecken. Das genaue Ergebnis wird mir vorenthalten, man teilt mir lediglich mit, ich sei »überdurchschnittlich intelligent«, vor allem im Sprach- und Kreativbereich. Ich zucke mit den Schultern. Und wann darf ich wieder gehen?

Ich werde noch auf alle möglichen Krankheiten getestet, unter anderem Hepatitis und HIV. Ich werde genauestens vermessen, gewogen und begutachtet. Nur wann meine eigentliche Therapie anfangen soll, das sagt mir immer noch niemand. Anscheinend bin ich auch die Einzige, die keine Tabletten nehmen muss. Oder werden sie mir heimlich ins Essen gemischt? Man kann nie wissen.

Nach und nach füllt sich mein Tag mit neuem, nutzlosem Krempel. Neben der BT mache ich Turnübungen, habe Zwangsunterrichtsstunden in Mathematik und Englisch, und freitags, von zwölf bis dreizehn Uhr, darf ich den Raucherplatz kehren. Täglich zwischen fünfzehn und sechzehn Uhr dreißig heißt es: »Spiel mit Jugendlichen«. Da die meisten Patientinnen durch ihre Medikamente nicht ganz wach sind oder es ihnen aufgrund ihres zu niedrigen Körpergewichts verboten ist, ihr Bett zu verlassen, stehe ich ziemlich einsam auf dem langen, kahlen Flur und spiele Billard gegen mich selbst.

Einmal kommt eine mir bislang unbekannte Schwester vorbei, eckiges Gesicht, graue, kurze Haare, burschikoser Typ. Sie drückt mir kurz die Hand, so dass es schmerzt. »Irene«, stellt sie sich vor. Alle haben Angst vor ihr, wie ich später erfahre, mich scheint sie aus unerfindlichen Gründen zu mögen. Sie lobt meinen Mut. »Als junge Frau eine solche Frisur, du wirst es noch einmal zu was bringen.« Ich höre keine Ironie heraus, sie scheint es ernst zu meinen, und sie führt mich in die Geheimnisse des Billardspiels ein. Bald kann ich den in sein eigenes Talent verliebten Jürgen schlagen. Irene steht dabei hinter mir, gibt mir Tipps, welche Kugel ich anspielen soll. Meine Hände führen unglaublich akkurate Bewegungen aus, die Kugeln purzeln nur so in die Löcher. Die Schwester freut sich.

Jeden Mittwochnachmittag bin ich in der Kochgruppe. Da die Hälfte der Teilnehmerinnen aus Magersüchtigen besteht, sind diese Stunden eine wahre Freude. Da wird jede Messerspitze Butter mehrmals begutachtet, manchmal heimlich an der Schürze abgewischt. Heftig wird über den Weißmehleinsatz in der Tomatensauce diskutiert, vom Fleisch wird so viel Fett entfernt, dass das meiste im Müll verschwindet. Angesichts der Fettdiskussionen kommt es natürlich zu Tränen, sogar Selbstmorddrohungen. Ich zweifle an jeglichem pädagogischen Konzept hier und schaue aus dem Fenster, wo die Bäume sich im Wind neigen. Es wäre Zeit, auf Reisen zu gehen.

Endlich habe ich mein erstes Gespräch mit einem Arzt, bei dem es nicht nur um Vermessungen geht. Ich bin aufgeregt, fast freue ich mich. Ein bisschen Aufmerksamkeit nur für mich, vielleicht kann er mir wirklich helfen. Dass ich Probleme habe, das will ich ja gar nicht abstreiten.

Das Zimmer ist stillos eingerichtet. Eine überdimensional große Dschungelpflanze nimmt den halben Raum ein, ein paar Meeresfotografien in Schwarz-Weiß an der Wand runden das Ambiente ab. Sie passen nicht zu dem hellgrünen Pseudoteppich, den ich unter meinen Füßen spüre, da ich nur in Strümpfen unterwegs bin. Der Arzt lächelt mich von seinem beigefarbenen Schreibtisch aus an. Die vielen Familienbilder hinter ihm im Regal sollen wohl seinen sozialen Status untermauern: Seht her, ich verdiene nicht nur gut, ich habe auch eine prächtige Familie, und sie steht wie eine Eins hinter mir. Und du arme Wurst da vorne, du setzt dich am besten erst einmal auf mein supertrendy-orangerot-gesprenkeltes Sofa und erzählst mir, warum du so ein Versager bist, dass noch nicht einmal deine Selbstmordversuche erfolgreich sind.

Blend-a-dent-Perlenzähne blitzen mich an, die Lachfalten an den Augen sollen Vertrauen wecken und wohl zum Ausdruck bringen, dass der Mann Erfahrung hat.

»Na, wie gefällt es dir denn bei uns?«

Erste Frage, schwierige Frage. Egal, was ich jetzt antworte, es wird mir immer zum Nachteil gereichen. Sage ich »gut«, kann ich gleich mein Testament unterschreiben, weil ich vor meinem neunzigsten Geburtstag nicht mehr aus dieser Anstalt herauskommen werde. Gebe ich ein »Na ja« von mir, wird man mir Unentschlossenheit vorwerfen, und bei einem »Überhaupt nicht« wird mein Gegenüber besorgt fragen, ob meine Depressionen zugenommen haben. Aufgrund von Fluchtgefahr könnte er mich daraufhin in die geschlossene Abteilung verlegen.

»Ich würdige die Anstrengungen, die das Pflegepersonal unternimmt, um mir optimale Heilungschancen zu gewähren.« Das war die richtige Antwort, ich spüre es. Eins zu null für mich.

»Nun, du bist ja auch schon eine Weile bei uns.« Der Arzt runzelt seine Stirn, während er einen Stapel Papier durchblättert. Vermutlich liest er meine Akte zum ersten Mal.

»Was steht denn da drin?«, frage ich. Es interessiert mich wirklich.

»Nun, das lass mal meine Sorge sein.«

»Immerhin geht es um mich, also hab' ich doch ein Recht zu erfahren, unter welcher Krankheit ich leide, oder?«

»In den Unterlagen werden Termini verwendet, mit denen medizinische Laien sowieso nichts anfangen können. Aber im Großen und Ganzen haben wir bei dir weit entwickelte Anpassungsschwierigkeiten diagnostiziert.«

»Wie kann denn eine Diagnose von mir gemacht werden, wenn ich heute zum ersten Mal bei Ihnen bin?«

»Diagnosen werden bei uns nicht nur im Sprechzimmer erstellt.« Der Arzt wirft mir einen vielsagenden Blick zu und lehnt sich in seinem Stuhl zurück.

»Ist hier wohl ein soziologisches Experiment: Man wird so lange eingesperrt, bis man wirklich verrückt ist. Wissen Sie, was ich glaube, ich bin gar nicht krank. Wenn ich so krank wäre, würde ich längst unter Medikamenten stehen. Sie wollen mich nur wegsperren, die junge Frau mit den Anpassungsstörungen. Aber ich bin froh, dass ich nicht an eine Gesellschaft angepasst bin, die solche Auswüchse wie diese wandelnden Leichen da draußen produziert.« Dabei denke ich an die Magensondenmafia, die sich angesichts der vielen Magersüchtigen die Hände reibt. »In der Gesellschaft, in der ich leben will, da muss sich keiner zu dick, zu dünn, zu groß oder zu dumm fühlen. Alle sind gleich wertvoll, und alle werden respektiert.«

Der Arzt lächelt gnädig. »Eine große Rede für ein kleines Mädchen. Mich würde deine Vorgeschichte interessieren. Erzähl doch einfach mal drauflos.«

Ich habe seit Jahren Streit mit meinen Eltern, berichte ich lapidar. Eigentlich geht es ihnen dabei um meine Großeltern. Aber irgendwann haben sie herausgefunden, dass es viel mehr Spaß macht, auf mich loszugehen als sich gegenseitig zu zerfleischen. Seitdem bin ich der Sündenbock für alles. Ein besonderes Problem, berichte ich weiter, sind meine buntgefärbten Haare. Das können sie nicht dulden, und dabei hatte ich nichts anderes vor, als mich hübsch zu machen.

Ich gerate ins Stocken. Es fällt mir schwer, über die Ereignisse der letzten Wochen zu sprechen. Aber offenbar interessiert ihn das auch gar nicht. »Über die aktuellen

Schwierigkeiten sprechen wir später, jetzt denk doch mal an deine ersten Kindheitserinnerungen.« Die Stimme des Arztes kommt mir fast wie ein Säuseln vor.

»Kindheitserinnerungen? Was haben die denn damit zu tun?« Ich sehe mich auf einem Wickeltisch sitzen, aber das hat mir bestimmt nur jemand erzählt, ich selbst kann daran keine Erinnerungen haben, da ich schon sehr früh sauber war. Meine Eltern wurden nicht müde, mir noch im Pubertätsalter davon vorzuschwärmen, wie gut ich mich anfangs entwickelte, bevor ich, wie sie dann immer dazusetzten, »so schwierig wurde«. Also erzähle ich ihm von einer Theateraufführung im Kindergarten, die sehr lustig war. Einen kleinen, schillernden Vogel sollte ich darstellen, wochenlang hatte ich mich auf diese Hauptrolle vorbereitet.

Der Arzt macht sich Notizen, fragt nach weiteren Vorkommnissen. »Meine Kindheit war echt okay, alles im Rahmen«, erkläre ich. »Die Probleme fingen erst mit zwölf, dreizehn Jahren an.«

Ich denke an meine Auftritte im Konfirmandenunterricht. Damals begann ich damit, Menschen in Typen einzuteilen, in Coole und Softies. Frau Emmerich, die Gruppenleiterin, war ein Softie, noch weicher als amerikanisches Toastbrot. Deshalb musste ich unser beider Grenzen austesten. Beim Sitzkreis, den die anderen artig bildeten, um das Begrüßungsgebet aufzusagen, blieb ich außen vor.

»Was ist denn los?« Frau Emmerichs leise Stimme glich geradezu einem Flöten. »Möchtest du dich nicht zu uns setzen?«

»Gott ist mir scheißegal«, entgegnete ich. »Ich möchte heute nicht mit ihm sprechen.«

»Huch!« Frau Emmerich fiel fast von ihrem Bethocker. Sie versuchte, die Fassung zu bewahren – was ihr mit Hilfe des Gebets auch gelang. Sie bat Gott eindringlich darum, die verlorenen Lämmer am Wegesrand einzusammeln.

Anschließend spielten wir ein Spiel: Jemand aus der Runde begann, einen Satz zu sagen, danach warf er einem anderen Mitspieler, der ihn beenden musste, ein Wollknäuel zu. »Wenn ich Gott wäre …«, sagte Andreas und warf das Knäuel zu Margarita. Ich schnappte ihr das wollige Ding vor der Nase weg und vollendete den begonnenen Satz: »… dann würde ich alle Menschen umbringen.« Die Softies in der Gruppe schwiegen betreten, die Coolen lachten und boten mir später Zigaretten an.

Frau Emmerich nahm mich nach der Stunde besorgt zur Seite: »Hast du irgendwelche Probleme, über die du mit mir sprechen willst?« Ich schaute sie kurz an und überlegte, ob ich ihr irgendeine Geschichte auftischen sollte, die sie um den Schlaf bringen würde. Schließlich aber dachte ich, dass sie es nicht wert war. Ich schüttelte den Kopf und sagte: »Ich muss jetzt gehen, mein Bus wartet. Bis nächste Woche, Frau Emmerich.«

Auf den Freizeitfahrten des Konfirmandenunterrichts, erzähle ich dem Arzt weiter, hatte ich meinen ersten Alkoholrausch. Die Jungen schliefen bei uns im Bett. Und wenn Frau Emmerich ihre spitze Nase ins Zimmer steckte, verbargen sie sich unter den Decken. Am nächsten Morgen sprühten wir Deo in den Raum und auch in unseren Mund …

»Immer schön langsam, eins nach dem anderen, den Details wenden wir uns später zu«, unterbricht mich der Arzt.

»Das sind keine Details, das ist die Essenz meines Seins«, werfe ich entrüstet ein.

»Wir haben Zeit.« Mit seiner sanften Stimme will er eine Atmosphäre des Vertrauens schaffen. Ich traue ihm nicht. Aber mein Herz pocht, in mir schreit es laut: »Sprich doch endlich, und wenn es nur dieser Arzt ist. Er wird bezahlt dafür, dass er zuhört. Rede mit jemandem, aus der Klapse kommst du sowieso nicht so schnell wieder heraus.«

Ich gebe mir einen Ruck. Es ist nicht leicht, nach Jahren der Missverständnisse und Einsamkeit plötzlich mit einem Erwachsenen über mich zu sprechen, über meine Gedanken. Die Worte purzeln aus meinem Mund, es ist eher ein Stolpern. Ich will ausholen, mich beschweren, meiner Pein Luft verschaffen. Bruchstückhaft berichte ich weiter, von meiner Entwurzelung, meinen Ängsten, die ich als Kind hatte. So hatte ich oft Furcht, unser Haus könnte einstürzen. Sorgenvoll betrachtete ich die neuen Risse im Treppenhaus, die entstanden waren, wenn wieder einmal die Türen knallten, und das taten sie oft. Die Doppelhaushälfte blieb aber immer stehen, selbst später, als ich mir nichts sehnlicher wünschte als ihren Einsturz oder vielmehr eine Bombe auf alle deutschen Dörfer und Kleinstädte und ihre ganze heuchlerische, verlogene Scheinwelt.

Der Arzt lässt mich reden, und ich merke, wie mir das Reden guttut. Ich habe viel zu lange geschwiegen und alles in mich hineingefressen. Ich habe keinen gehabt, der mich verstand, der mich in den Arm nahm, mir ein Stück Wärme gab, damit ich nicht mehr rebellieren musste.

»Vielen Dank«, sagt der Arzt. »Wir sehen uns in einer Woche wieder, gleiche Zeit, gleicher Ort.« Ein unbestimmter Händedruck, die Lachfalten rollen sich hoch.

Ich stehe vor seinem Zimmer, der Gang ist lang und farblos wie immer. Meine Türen, die ich nach so langer Zeit geöffnet habe, schließen sich wieder. Mit einem lauten Rums fallen sie ins Schloss. Ich drehe den Schlüssel dreimal um und werfe ihn in einen Brunnen voller Tränen.

Mein Wochenplan steht jetzt endgültig. Ich werde von acht Uhr morgens bis sechs Uhr abends auf Trab gehalten. Ich habe mich mittlerweile entschlossen, an den Unterrichtsstunden teilzunehmen. Die Wände in meinem Zimmer sind immer noch zu weiß, um sie zwei Stunden lang schweigend anzustarren. Tatsächlich begreife ich auf einmal Zusammenhänge in Mathematik, die mir bislang verschlossen geblieben sind, auch in Englisch mache ich Fortschritte. In meiner kargen Freizeit schreibe ich kleine Liebesbriefe an Timo, voll von revolutionären Gedanken, etwa, wie wir am besten einen Buttersäureanschlag auf diese Psychiatrie verüben und ich mich bei dieser Gelegenheit verdrücken kann. Ich bewahre sie in meinem Slip auf, aus Angst, jemand könnte sie bei einer Zimmerkontrolle finden. Als sie anfangen, unangenehm zu müffeln, spüle ich sie im Klo herunter. Verbrennen kann ich sie nicht, niemand von uns Insassen besitzt ein Feuerzeug. Abschicken kann ich sie nicht, sie sind zu bürgerlich. Liebe ist, wie ich ja von Timo gelernt habe, Hippiekacke und antirevolutionär.

Auf vereistem Waldboden beginne ich eine Reittherapie, Survival-Training pur. Ich kralle mich am Sattel fest, denn wenn das riesige Pferd auf dem Frost ausrutscht, bin ich hinüber. Auch der Sinn dieser pädagogischen Maßnahme verschließt sich mir. Ebenso wenig verstehe ich den Nutzen unserer zweimal wöchentlich stattfindenden Hetzjagd durch die Weinberge, Wanderung genannt. Gerade wieder aus ihren Betten auferstandene Hungerhaken werden an die Grenze ihrer Belastbarkeit gebracht. Tischtennis jedoch dürfen sie nicht spielen. Ein Wunder, dass hier keiner kollabiert.

Obwohl ich weiterhin mein Ziel verfolge, die Psychiatrie so schnell wie möglich zu verlassen, ertappe ich mich manchmal dabei, wie ich mir ein neues Leben vor Ort einrichte. Die Diskrepanz zwischen Denken und Handeln ist offensichtlich. Ich schließe Freundschaften, verteile Sympathien und pflege Feindschaften mit dem Personal und einigen besonders hartnäckigen Depressiven, die mir den Tag mit ihrer schlechten Laune verderben. Auch die Neue mit dem Waschzwang in unserem Zimmer mag ich nicht. Sie geht mir aus dem Weg, hat Angst vor mir und meinen Bakterien.

Ich bin einer Theatergruppe beigetreten, spiele in einem Stück eine lustige Elefantendame – und lerne gewissenhaft meine Rolle. Die Elfen werden ausschließlich mit Magersüchtigen besetzt. Wir reisen in dem Stück nach Afrika und bringen kleinen, armen und unterernährten Kindern etwas zu essen und bauen einen Brunnen. Am Ende tanzen alle um ein Feuer, heftig wird dazu auf Trommeln geschlagen. Die inhaltliche Aussage des Stücks finde ich etwas einseitig, und ich mag den Missionar nicht, der nach Afrika reist, um den Leuten Lesen und Aufs-Klo-Gehen beizubringen.

»Warum wollen wir von den Afrikanern nicht wissen, was wir wiederum von ihnen lernen können?«, frage ich während der Proben. »Die wissen bestimmt eine Menge, etwa, wie man trotz wenig Wasser Getreide und Gemüse ernten kann.«

»Das steht aber nicht im Skript. Wir müssen uns schon an den Text halten.«

»Müssen wir? Das Theaterstück wurde 1967 geschrieben, in einer Zeit, als manche Länder Afrikas noch Kolonien waren.«

Keiner geht auf meine Bemerkung ein. Ich seufze und setze mir meinen Elefantendamenhut auf. Kolonien sind eben nicht Kalorien und offenbar nicht von Relevanz. Außer mir scheint hier jeder seinen Verstand beim Pförtner abgegeben zu haben.

Irgendwann bekomme ich einen Termin bei der Frau vom sozialpsychiatrischen Dienst. Bis dahin wusste ich nicht einmal von ihrer Existenz, nun scheint sie aber eine Schlüsselrolle in der Angelegenheit »Werde ich bald entlassen, ja oder nein?« zu spielen. Hoffnung ist ein wunderbares Gefühl, eine Art körpereigene Droge, kann aber mit einer ähnlich starken Emotion bestraft werden: der Enttäuschung.

Erst nach dreimaligem Anklopfen höre ich ein gelangweiltes »Herein«. Vorsichtig trete ich ein. An einem Schreibtisch lässt sich die Pädagogin ihr zweites Frühstück schmecken. Ich räuspere mich. Mit Blicken gibt sie mir zu verstehen, dass ich mich auf den Besucherstuhl setzen und gedulden soll. Umständlich blättert die Mittvierzigerin, nachdem sie aufgegessen hat, Unterlagen durch. Ich werde nervös. Haben die Akten etwa mit mir zu tun?

»Weshalb bist du hier?« Ich liebe kurze und knackige Formulierungen und antworte ebenfalls möglichst knapp: »Ich will hier raus, aber nicht zurück zu meinen Eltern. Dachte an eine betreute Wohngemeinschaft.« Am besten würde mir die in Schweinfurt direkt neben dem Stattbahnhof passen, da könnte ich zu allen Konzerten gehen und jeden Tag mit meinen Freunden abhängen. Das sage ich aber nicht laut. Die Frau steckt sich eine Zigarette an und bläst mir den Rauch direkt ins Gesicht. Dabei fixiert sie den kleinen Leberfleck, der sich neben meiner Nase befindet. »Wie hast du dir das vorgestellt?«

»Keine Ahnung. Ich dachte, Sie könnten mir dabei behilflich sein.«

Ich vernehme ein Stöhnen. »Jeder normale Jugendliche lebt bei seinen Eltern. Wo ist denn das Problem?« Das ist ja der Gipfel, denke ich. »Wenn du dich mal ordentlich herrichten würdest«, fährt sie fort, »so wie ein richtiges

Mädchen« – dabei betont sie das Wort »richtig« –, »gäbe es keine Schwierigkeiten. Früher hat man auch mal einen Klaps auf den Po bekommen, ohne gleich zum europäischen Gerichtshof zu rennen.« Sie schüttelt den Kopf und nimmt den Hörer ihres Telefons ab. »Aus welcher Stadt bist du?« Ich nenne ihr den Namen, und sie wählt eine Nummer. »Hallo Klaus, ich bin's. Wollte nur sagen, heute Abend könnte es ein bisschen später werden. Bis dann, tschüss.«

Sie wendet sich wieder mir zu. »Was war jetzt nochmal?«, fragt sie barsch. Ich versuche die Fassung zu bewahren, aber am liebsten würde ich ihr den Stuhl unter ihrem breiten Gesäß wegziehen. Langsam und deutlich wiederhole ich: »Ich möchte die Klinik verlassen. Ich will nicht mehr bei meinen Eltern wohnen. Ich dachte an eine betreute Wohngemeinschaft.« »Na, da rufen wir doch mal das Jugendamt an.« Wieder greift sie zum Telefonhörer und wählt eine Nummer. »Ich habe hier eine junge Dame …« – sie hält den Hörer an ihre Brust und zischt: »Wie heißt du?«, ich sage ihr meinen Namen, den sie weitergibt –, »ach, die kennen sie schon? Jedenfalls wäre sie an einem Platz im betreuten Jugendwohnen interessiert … Natürlich, verstehe … Nun gut, da kann man nichts machen. Auf Wiederhören.« Ich erfahre, dass die Frau vom Jugendamt in den nächsten vier Wochen nicht aktiv werden könne, sie würde erst einmal Ferien machen. Als ich wutentbrannt das Zimmer verlasse und eine verblasste Girlande vom letzten Faschingsfest von der Decke reiße, segelt Jürgen mit zwei blonden Praktikanten durch den Flur. »Heute haben wir unsere Aggressionen wieder gar nicht unter Kontrolle, was«, bemerkt er. Ich beachte ihn nicht weiter.

Als ich in mein Zimmer zurückkomme, herrscht große Aufregung. Carina ist abgehauen und hat sich dazu die Magensonde herausgerissen. Ein anderer Hungerhaken,

Tatjana, versucht, dagegen anzubrüllen, gibt allen zu verstehen, dass sie nicht gehen will, auch wenn heute ihr Entlassungstag sei. »Ich bin noch nicht gesund«, heult sie. »Das Bett wird aber gebraucht«, teilt ihr eine Schwester mit. Man drückt Tatjana ihre Habseligkeiten in die Hand und schiebt sie zur Tür hinaus. Sobald ein gewisses Gewicht erreicht ist, werden die Magersüchtigen wieder nach Hause geschickt, Klinikplätze sind rar und teuer. Dass ein beachtlicher Anteil von den voreilig Entlassenen binnen zwei Monaten wieder rückfällig wird und neu eingewiesen werden muss, ist da nebensächlich.

Ich merke, wie ich langsam jede menschliche Regung verliere, alles ist beliebig und gleichgültig geworden. Eine andere Welt außer meinem Bett existiert nicht mehr. Ich lege mich hin, obwohl ich den Raucherplatz fegen müsste. Sterben will ich.

Es klopft. Ich antworte nicht, wird sowieso nicht für mich sein. Ich höre, wie jemand noch ein weiteres Mal an die Tür pocht, nun vehementer, danach wird die Türklinke heruntergedrückt. Das gibt es doch nicht: Timo! Er steckt seinen Kopf fast ein wenig schüchtern in mein Zimmer. Ihn zu sehen überrascht mich, macht mich auch ein wenig verlegen. »Hab' ein Geschenk für dich«, begrüßt er mich. Er drückt mir ein selbst zusammengestelltes Tape mit seltsamer elektronischer Musik und Polit-Hip-Hop in die Hand. »Punk ist tot, jetzt kommt was Neues«, kommentiert er seine Gabe. Irene erscheint in der Tür: »Aber nur zehn Minuten, heute ist kein Besuchstag.«

»Wo treibst du dich denn so rum?«, frage ich. Allzu oft hatten wir uns seit dem letzten Sommer nicht gesehen.

»Mal hier, mal da. Bald fahre ich nach Genua.«

»Was machst du dort?«

»Na, wegen des G-8-Gipfels.«

»Der ist doch erst in ein paar Monaten.«

»Der Gipfel, ja. Aber vorher müssen wir die Infrastruktur für den Protest aufbauen.«

»Und deine Schule?«

Timo zuckt mit den Achseln. »Steht noch.«

»Hast du sie geschmissen? Du wolltest doch studieren!«

»Weißt du, was Klapse auf Englisch heißt?« Er lenkt vom Thema ab. »Looney bin«, prustet er los. »Verrücktenmülltonne.«

»Das passt ja«, sage ich und falle in sein Gelächter ein, bis uns beiden die Tränen kommen.

Plötzlich fliegt die Tür auf, ein sich windendes und schreiendes Knochenbündel strampelt herein, an jedem Ärmchen und Beinchen hängt ein Pfleger. Eine Intensivüberwachung wird angeordnet und Carinas Bett sofort auf den Flur geschoben. Der Tropf folgt, bald sind wieder alle Schläuche angeschlossen.

Erst danach wird man auf meinen Besuch aufmerksam. Anne und Jürgen, das Terrorduo, vertreiben ihn schneller, als wir uns gegenseitig beteuern können, wie sehr wir uns lieben. Timo sagt noch, dass seine heftige Abfuhr im letzten Sommer ein großer Fehler gewesen sei. Er fühle sich an meiner Misere im Irrenhaus mitschuldig.

Mit diesen Worten liege ich in meinem Bett, um acht Uhr abends, die Sonne ist schon lange untergegangen. Nach dem Zähneputzen schleiche ich mich kurz zu Carina, der Stuhl neben ihrem Bett ist frei. Vermutlich holt sich Anne gerade einen Tee. Carina erzählt, dass sie in die Stadt gegangen sei und sich im Kino den Film *Crazy* angesehen hätte.

»Haben sie dich erwischt, oder wieso bist du wieder hier?«, frage ich, beeindruckt von der Frechheit dieses zarten Mädchens.

»Ich bin von selbst zurückgekehrt«, sagt sie. »Wo sollte ich auch sonst hin?«

7
Burgfräulein

Meine Mutter hält die Hand über die Sprechmuschel des Telefonhörers. »Die Polizei«, zischt sie mir zu. Ich ahne nichts Gutes. »Nein, davon ist mir bislang nichts bekannt«, sagt sie nun zu ihrem Gesprächspartner. »Ja, gut, das werde ich machen, auf Wiederhören.« Geräuschvoll knallt sie den Hörer auf. »Was hast du dir denn dabei schon wieder gedacht?«

Ich weiß nicht, wovon sie spricht. Die Polizei könnte aus mindestens hundert verschiedenen Gründen angerufen haben, wenn man meine letzten Wochen und Monate in Betracht zieht, die ich, nachdem ich die Psychiatrie verlassen durfte, auf Punkkonzerten, Punkertreffen, politischen Protestcamps und anderen revolutionären Happenings verbracht habe. Nicht zu vergessen unsere Aktionsgruppe »Nikotinfreier Widerstand«, die ich erst kürzlich mit ein paar Freundinnen gegründet habe. Zudem haben wir auf Infoständen in verschiedenen Innenstädten eine »Ent-Stoiberung gratis« angeboten und Aktionstheater vor Überwachungskameras gespielt. Wir haben uns der sogenannten Kommunikationsguerilla verschrieben, was mir regelmäßig Platz- und sogar Stadtverweise einbringt.

Das antirassistische Grenzcamp am Frankfurter Flughafen war auch nicht ohne gewesen, eine Woche voller Aktionen und Demos gegen die Abschiebemaschinerie von Flüchtlingen. Einmal stürmten wir sogar die Frankfurter Börse in pink- und silberfarbenen Outfits – eine neue, bunte Aktionsform, bei der die Polizei anstatt mit Steine werfenden Hasskappen auf einmal mit puschelnden Cheerleaderformationen konfrontiert war und weitaus schlechter darauf reagieren konnte. »Es ist nicht meine Revolution, wenn ich nicht dazu tanzen kann« – das Motto gefiel mir gut.

»Es geht um deine Geburtstagsparty«, hilft meine Mutter nach.

Natürlich! Mein achtzehnter Geburtstag, den ich im September 2001, mit dreimonatiger Verspätung zusammen mit einer Freundin und in einem etwas größeren Rahmen feiern will. Aber was hat die Polizei damit zu tun?

»Ich wusste nicht, dass es mittlerweile verboten ist, seinen Geburtstag zu feiern. Obwohl – in einem so repressiven Staat wie Bayern wundert mich gar nichts mehr.«

»Ihnen gefallen gewisse Ankündigungen auf deinem Flyer nicht. Zum Beispiel, dass ihr feiern wollt, bis die Altenheime wackeln.«

»Jeder Werbetexter wäre neidisch auf einen solchen Einfall«, kontere ich. »Ich kann nichts dafür, dass die Bullen keinen Schulungskurs zum Thema Ironie belegen müssen.«

»Hast du noch so ein Ding?«

Ich hole einen zerknitterten Flyer aus meiner neuesten Lederjackenkreation, gespickt mit Nieten, postrevolutionären Buttons und Aufnähern wie »Ich war als Kind schon scheiße« und »Ich nehme mir das Leben«. Selbst bei 28 Grad im Schatten lege ich sie nur ungern ab. Vollendet wird meine Bilderbuchpunkerscheinung noch durch meinen kürzlich neu gestylten Iro. Mein Vater war natürlich entsetzt, aber seitdem ich achtzehn bin, hat er sein Recht verwirkt, mich in Frisurfragen zu maßregeln. Und vermutlich hat er auch keine Lust mehr, schließlich will er einen weiteren Psychiatrieaufenthalt seiner Tochter wohl nicht riskieren. Meine Eltern hatten mich schließlich von dort abgeholt. Selbst sie zweifelten nach ein paar Wochen am Nutzen dieser Unterbringung.

»Adolf Hitler darf nur in Begleitung von Erziehungsberechtigten kommen«, liest meine Mutter laut vor: »Bundesgrenzschutz, Zivibullen, Fashionboys und -girls – wir müssen leider draußen bleiben!« Sie schaut mich an. »Kein Wunder, dass sie sich dazu verpflichtet fühlen, nach dem Rechten zu schauen.«

Meine Mutter seufzt. »Woher wissen die eigentlich von dem Flyer?«, frage ich. Ich kann mich nicht entsinnen, dass zu meinem Bekanntenkreis neuerdings Personen mit Verbindung zur Polizei zählen.

»Sie haben ihn einem Punker in Südbayern abgenommen. Nach einem Punkertreffen.« Stimmt, vor kurzem waren wir zu rund hundertfünfzig Leuten in der Nähe von Augsburg unterwegs, eskortiert von einem riesigen Polizeiaufgebot in Kampfmontur. Jeglicher Versuch, sich irgendwo niederzulassen, wurde sogleich mit der Androhung von Prügel und Verhaftung quittiert. »Wir haben euch Chaoten im Griff«, freute sich ein ansonsten unterbeschäftigter Dorfpolizist, redlich bemüht, Schimpf und Schande von seiner Kleinstadt abzuhalten. »Das hättet ihr gern!« Wir lachten ihn aus. Am Ende wurden ein paar Leute eingeknastet, und die umliegenden Mauern waren durch unsere Sprayaktionen ein wenig bunter geworden.

Am nächsten Tag muss ich, aufgrund polizeilicher Anordnung, die Party als eine Veranstaltung anmelden, da ihr, wie ich nach einem Anruf meinerseits erfahre, ein öffentlicher Charakter (Artikel 19 LStVG; Landesstraf- und Verordnungsgesetz) zugrunde liegt. Dabei soll das Fest auf einem abgelegenen Privatgrundstück eines Bekannten stattfinden. Der Zettel, den ich für die Anmeldung ausfüllen muss, stammt wahrscheinlich aus der vorletzten Jahrhundertwende. Hinter »Art der Vergnügung« schreibe ich: »Geselliges Vergnügen, bunter Abend«. Auch muss ich die »Art der Musikdarbietung« definieren. Ich habe »sechs Musikkapellen« zum Aufspielen gebeten, zudem plane ich, »mechanische Musik (Schallplatten, Tonband, Musikbox)« zum Einsatz zu bringen.

Zwei Tage bevor das Fest steigen soll, klingelt erneut das Telefon. Es gäbe da einen Auflagenkatalog zu erfüllen, erklärt mir ein Beamter von der Stadtverwaltung, ich bräuchte eine Flutlichtanlage und Dixie-Klos. Man sucht offenbar nach Wegen, meine Party doch noch verhindern zu können. »Diese Auflagen erfüllt nicht einmal jedes zweite mittelgroße Festival.« Ich bin empört. Und sogar meine Mutter pflichtet mir bei.

Ich weiß nicht, warum, aber in letzter Zeit ist sie nachsichtiger geworden. Liegt es vielleicht daran, dass sie ihren offiziellen Erziehungsauftrag erfüllt sieht? Dass sie alles in Kauf nimmt, damit ich bloß mein Abitur durchziehe? Oder war doch etwas von meinen mittäglichen Politrunden über die deutsche Abschiebepraxis und die neoliberalen Handelsströme bei ihr haften geblieben? Hatte sie nach den brutalen Fernsehbildern, die von dem G-8-Treffen in Genua ausgestrahlt wurden, plötzlich gemerkt, dass hinter meinen Thesen mehr als nur jugendliche Anpassungsschwierigkeiten stecken?

Doch auch die ungewohnte Familienharmonie kann keine 5000-Watt-Lampen anschaffen. Und der regionale mittelständische Klohausverleiher verlangt für seine mobilen Toiletten einen Preis, den wir nicht bezahlen können.

»Dann müssen Sie eben Ihre Veranstaltung absagen, wenn Sie die Auflagen nicht erfüllen können«, sagt der Beamte der Stadtverwaltung.

»Wie stellen Sie sich dass denn vor? Das ist eine Punkveranstaltung! Wissen Sie, was Punks sind? Freie Menschen ohne Festnetzanschluss und ohne Mobiltelefon!«

Die einzige Chance besteht darin, den Bands abzusagen, in diesem Fall gilt die Veranstaltung wieder als ganz normaler »Kindergeburtstag«.

Am Samstagnachmittag füllt sich unsere Kleinstadt langsam mit den absonderlichsten Gestalten, von denen auch ich viele nie zuvor in meinem Leben gesehen habe. Mein Flyer muss große Runden gezogen haben. Im Takt des Fahrplans treffen auf dem Bahnhof neue Gäste ein, Wachtmeister in Grün geben das Begrüßungskomitee ab, Ausweise und Rucksäcke werden kontrolliert. »Die Handgranatenlieferung hat nicht in den Zug gepasst«, scherzt einer, bei dem ich, so glaube ich wenigstens, schon einmal in Stuttgart nach einem Konzert von *Sin Dios*, einer spanischen Anarchopunkband, übernachtet habe. »Die bringen wir auf dem Landweg herbei, mit unserem Spürpanzer und den Care-Paketen für die Bevölkerung. So macht man das doch heutzutage, nicht wahr?« Der Polizist geht nicht auf den Spaßvogel ein. »Sehen Sie zu, dass Ihre Gäste schnell auf das Veranstaltungsgelände gebracht werden«, mahnt er mich an.

Meine Mutter bietet selbstlos einen Fahrdienst an. »Guten Tag, ich bin die Mutter von Silvia.« Es ist schon wunderbar, zu sehen, wie sich ellenlange Vollblutpunks artig vor meiner ein Meter fünfzig großen Mutter aufreihen, um ihr zuerst die Hand zu schütteln und anschließend in die Familienkutsche, Baujahr 1983, zu steigen.

»Wir sind Punks und wir sind frei, und du bist bei der Polizei«, singen die Leute, die nicht mehr ins Auto passen und zu Fuß zum Party-Ort gehen. Um unsere Beine wedeln einige Promenademischungen. Kopfschüttelnd sieht uns der Polizist hinterher. Er ist offenbar davon ausgegangen, diese sonderbare Kleine, die immer so zerfetzt in der Stadt herumläuft und ständig für Unfrieden sorgt, wäre die Einzige ihrer Art.

»Die Hunde nehmen Sie aber mal an die Leine«, sagt ein alter Herr in einem teuren Anzug. »Ey, Opa! Mach dich mal locker!«, ruft Daisy, eine Punkerin aus Würzburg. »Lein dich doch selbst an und vergiss den Maulkorb nicht, wenn du schon dabei bist«, fügt ein blonder Jüngling in Hip-Hop-Klamotten hinzu, der höchstens fünfzehn Jahre alt ist. Der ältere Herr ringt nach Luft, Daisy rülpst ihm ins Gesicht. Ich bekomme langsam gute Laune. Die Party – ob mit oder ohne Bands – ist auf jeden Fall eine gute Idee gewesen. Endlich bin ich nicht mehr allein mit all den Spießern in dieser Stadt. Dankbar nehme ich einen Schluck Wodka aus einer herumkreisenden Flasche. Auf dem Partygelände ist bereits ein Lagerfeuer entfacht, und eine Stereoanlage sorgt für musikalische Untermalung. Es sind bestimmt schon über hundert Punks da, die meisten kenne ich tatsächlich nicht. Ich entdecke Schlumpf, zu meiner Überraschung auch Kai. Es fehlt nur noch Timo, der scheint aber immer noch in Italien zu sein und das Trauma des G-8-Treffens zu verarbeiten, bei dem die Polizei einen der Demonstranten, Carlo Guilliani, tötete, viele andere planmäßig von den Sicherheitskräften verpügelt und blutig geschlagen wurden.

Kai hat sich nach seiner kleinen Weltreise, die er tatsächlich angetreten ist, dauerhaft in Berlin niedergelassen, die Kfz-Mechaniker-Lehre hat er schon lange geschmissen. »Freut mich, was du hier so alles auf die Beine stellst«, sagt er. »Hätte ich vor ein paar Jahren nicht gedacht.«

»Wieso nicht?«

»Hab' schon viele gesehen, für die war Punk nur so 'ne Phase. Sobald es ernst wurde und sie mit Konsequenzen rechnen mussten, sind sie wieder eingeknickt und haben alles heruntergespielt.«

Ich nicke. Immer öfter muss ich mir von Leuten, die ich fälschlicherweise für Verbündete gehalten habe, anhören: »Sei doch nicht so dogmatisch, komm' mal in der Realität an.«

»Den meisten fehlt ab einem gewissen Punkt die Kraft«, fährt Kai fort, »vor allem auch die Vorstellungskraft, dass da noch mehr passieren könnte. Aber glaub mir, da kommt noch eine Menge. Man kann und muss sein Leben widerständig leben. Ich war gerade in Argentinien, dort habe ich gesehen, was alles möglich ist. Die haben Nachbarschaftsversammlungen, ein selbstverwaltetes Gesundheitssystem, besetzte Fabriken, sogar autonome Universitäten.«

Ich bin beeindruckt und vergesse kurzzeitig den ganzen Partyrummel. »Heißt das, Armut ist ein erstrebenswertes Ideal?«

Kai schüttelt den Kopf. »Auf keinen Fall, das wäre sozialromantischer Quatsch. Aber man muss zwischen zwei Arten von Armut unterscheiden, der materiellen und der chancenlosen.« Ich begreife nicht sofort. »Die Armen ohne Chancen greifen zu Drogen«, führt Kai aus, »misshandeln ihre Kinder, werden grundlos aggressiv. Sie stehen im Rampenlicht der Medien. Über die anderen Armen, die sich ihre Möglichkeiten im Kollektiv und mit wenig Geld selbst erschließen, wird kaum berichtet. Sie könnten wirklich eine Gefahr für unsere Politiker darstellen. Wenn sie sich zusammentun und eine Art Parallelgesellschaft aufbauen, die meist besser funktioniert als das Modell, was uns die Regierenden als das einzig denkbare verkaufen wollen, dann bräuchte keiner diese Herren mehr.« Das klingt einleuchtend. »Das

Problem in Deutschland ist«, fährt kein fort, »dass die neue Armut seit einiger Zeit immer mehr bürgerliche Schichten betrifft. Bürger, das Wort kommt von Burg, und so kann man sich das auch am besten vorstellen: Der Bürger thront auf seiner Burg, die zwar langsam, aber sicher zerfällt, dennoch erscheint es ihm erstrebenswerter, dort hocken zu bleiben, als ins Tal hinabzusteigen und nachzusehen, wer sich da unten so alles tummelt. Er hat im wahrsten Sinn des Wortes Angst vor dem sozialen Abstieg. Also schreit er ganz heftig und laut und appelliert an den Staat. Er fleht nach mehr Almosen, staubt hier ein Schnäppchen ab und mogelt sich dort durch ein Schlupfloch – alles im Alleingang, versteht sich. Aus diesem Grund ist es Zeitverschwendung, Regierungen stürzen zu wollen. Es kommen wieder neue an die Macht, und alles läuft irgendwann wieder nach dem alten System. Die Menschen müssen stattdessen von ihren Burgen herunterkommen und ganz unten, im Tal, ihre Möglichkeiten erkunden.«

»Aber wie willst du das den Leuten auf den Burgen erzählen? Die hören uns doch gar nicht.«

»Auf jeden Fall musst du aus diesem Kaff hier weg«, erwidert Kai. Er hat sich richtig in Euphorie geredet. Wir küssen uns. Ich fühle mich ein bisschen wie in einer verkitschten Version von *Bonnie und Clyde*. Obwohl ich Kai immer noch als meinen Seelenverwandten ansehe, hat seine körperliche Anziehungskraft auf mich jedoch erstaunlich nachgelassen. Vor drei Jahren hätte ich bei diesem Kuss noch einen Herzinfarkt bekommen, jetzt wische ich mir danach nur den Mund ab und trinke einen kräftigen Schluck Wodka.

Gegen 22 Uhr, als ich kaum noch aufrecht stehen kann, herrscht Aufbruchstimmung. »Hier ist nichts los«, beschweren sich die Leute. Einer erzählt von einem Weinfest in der Innenstadt. »Da können wir Faschos klatschen gehen.«

Vergebens versuche ich, die randalewilligen Punks davon abzuhalten, die Feier zu verlassen: »Hier gibt es gar keine Faschos, und die, die sich dafür halten, haben höchstens Mitleid verdient, so jämmerlich sind sie.« Doch der Mob ist betrunken und will Unterhaltung. Mir bleibt nichts anderes übrig, als hinter ihnen herzustolpern. »Guck mal, der Zaun ist ja umgeknickt«, kichere ich, als wir in die Innenstadt gelangen. »Und Schilder sind umgefallen.«

»Na, wer das wohl gewesen sein mag?«, murmelt Schlumpf, die an meiner Seite ist, während sie auf eine in der Dunkelheit kaum erkennbare Ansammlung von Partygästen zeigt, die gerade dabei ist, eine Parkbank in den Fluss zu werfen. In der Ferne klirrt es, irgendeine Scheibe ist zu Bruch gegangen.

In der Stadt empfängt uns die Polizei. Die meisten Leute verziehen sich, ich bleibe stehen. »Ihren Ausweis bitte!« Die Beamten sind nicht sehr gesprächsbereit. Ich händige ihnen das gewünschte Dokument aus, ein paar umstehende Personen schließen sich an. »Das wird Folgen für Sie haben, Frau Hable«, sagen die Polizisten. Ich weiß gar nicht, wovon sie sprechen, schließlich habe ich mir ausnahmsweise mal nichts zuschulden kommen lassen.

Am nächsten Morgen um neun Uhr herrscht wieder Tumult. Die Polizei ist auf dem Party-Platz eingetroffen, und sobald ich mich aus meinem Schlafsack geschält habe, werde ich festgenommen und muss mich neben einem Dutzend verkaterter Punks aufreihen, die dasselbe Schicksal ereilt hat. Mein Kopf schmerzt, meine Augen sind verklebt, und mein Hals fühlt sich an wie eine ganze Pelzfarm. Auf der Polizeistation nicke ich immer wieder ein, kann keine Angaben machen. Ich begreife auch nicht, worum es geht. Nach zwei Stunden können wir wieder gehen.

Zurück auf dem Veranstaltungsgelände stelle ich fest, dass die meisten schon aufgebrochen sind. Auch Kai ist dabei, seine Sachen zu packen. Mit einer Hand auf meinem Rücken sagt er: »Kannst mich jederzeit in Berlin besuchen. Dann lassen wir die Zugbrücken runter.« Er lacht und gibt mir einen weiteren Kuss. Meine Mutter steht fassungslos neben der ganzen Szenerie.

Am folgenden Tag, einem Montag, ist in der städtischen Zeitung zu lesen: »Punks randalierten. 14 von 15 mutmaßlichen TäterInnen kamen von außerhalb.« Angeblich soll die Truppe 10.000 Mark Sachschaden angerichtet haben. Ich bin ziemlich sauer. Zum einen auf die Polizei, da sie mich zu Unrecht beschuldigt, aber auch über meine Partygäste. »Das passiert, wenn man den Armen die Chancen nimmt«, rege ich mich später in einem Brief an Kai auf. »Sie lassen ihre Aggression an Parkbänken aus. Mit meinen sechs Musikkapellen wäre das niemals so weit gekommen. Es gibt, wie du weißt, in unserer Stadt so viele Dinge, die zu demontieren wären. Doch mit einer solchen Nullaktion werden alle Ideale und Ansprüche in den Dreck gezogen. Nie wieder werde ich eine solche Party veranstalten!«

In den darauffolgenden Wochen bin ich oft völlig übermüdet, ein Resultat des ständigen Hin und Hers zwischen der Burg, wie Kai sagen würde, dem Sitz der Bürger, und dem Tal, dem Wohnort derjenigen, die ein anderes Leben bevorzugen. Im Tal warten Demos und Punkertreffs auf mich und kurze, aber interessante Beziehungen. Träume, die verwirklicht werden wollen, blitzen auf zwischen den Bäumen. Auf Konzerte gehe ich immer seltener, nur noch dann, wenn sie in Verbindung mit einer Straßenblockade oder einer anderen konkreten politischen Aktion stehen. Die anderen Konzerte sind mir zu konsumorientiert geworden. Auf der Burg wiederum kämpfe ich mich durch Jugendbeiratsitzungen, Schulaufsätze über Identitätsfindungen und widme mich der Hausaufgabenbetreuung im Jugendzentrum. Am liebsten würde ich lieber heute als morgen anfangen, alles zu entrümpeln, und ein für alle Mal einen Schlussstrich ziehen.

»Du verbaust dir deine Zukunft«, sagt mein Vater immer wieder zu mir.

»Welche Zukunft? Kennst du denn meine Zukunft?«, antworte ich dann.

»Ich verfüge nun mal über ein paar Jahre mehr Lebenserfahrung als du. Ich weiß, wohin das alles führt.«

»Deine sogenannte Lebenserfahrung beruht auf Selbstverständlichkeiten, die erst einmal hinterfragt werden müssten.«

»Herumpalavern, das kannst du. Stattdessen solltest du dich besser um Mathe kümmern.«

Noch vier Monate Schule. Ich stehe auf dem Gang vor der Klassenzimmertür, heute geht es mal wieder um alles oder nichts. Ich muss einen Halbjahrestest in Mathematik ablegen, aber es ist mir egal, ob ich bestehe oder durchfalle. Im letzteren Fall lande ich eben eher in der langersehnten Freiheit. Die wartet in Berlin auf mich, wie ich spätestens seit der Wiederbegegnung mit Kai weiß.

Die Zeit kriecht, ausnahmsweise bin ich heute mal zu früh dran, schließlich hole ich meine Aufzeichnungen in Stochastik heraus und überfliege sie. Mein Blick wandert immer wieder den langen Flur der Schule entlang, er kommt mir trister vor als der in der Psychiatrie.

An der Wand mir gegenüber grinst mich eine auf Möchtegernpunk getrimmte Mannfrau auf einem Poster der Bundeswehr an. »Willst du Zukunft?«, fragt sie mich. Ich stelle mir grandiose Aufstiegschancen in ihrer duften Truppe vor. »Für dich gibt's aber erst mal keine«, denke ich und fetze das Poster von der Flurwand. Wurde längst Zeit. Das sind die kleinen Dinge, die man jeden Tag, jede Stunde und jede Minute tun kann – ein Poster, das nervt, herunterreißen, ein Schild, das am falschen Ort ist, abmontieren, einen Zaun, der zu viel ist, wegtragen. Schon seit längerem habe ich mir angewöhnt, nur noch mit Edding-Stiften in drei verschiedenen Stärken, einer kleinen Spraydose und einem ganzen Sortiment von antikapitalistischen, antirassistischen und antisexistischen Aufklebern in der Tasche aus dem Haus zu gehen.

»Silvia, würden Sie bitte hereinkommen?«

Mein Mathelehrer hält mir mit bedeutungsschwerem Blick die Tür auf. An der Tafel sehe ich unleserliche Zahlenkolonnen. »So etwas wie uns hast du noch nie gesehen«, scheinen sie zu sagen. Und Recht haben sie. Ich versuche, mich an den Stoff der letzten drei Jahre zu erinnern, so gut wie vergeblich. Dennoch bestehe ich auf wundersame Weise den Test. Ich schlucke. Berlin, dann musst du eben noch vier Monate auf mich warten. Ich schaue auf die Uhr. 9.15 Uhr, bald ist Pause. Für mich reicht es heute. Ich gehe in die Stadt.

Im Café lese ich die Leserbriefe in der Zeitung, seit einigen Wochen geht es heiß her im Regionalblatt. Debattiert wird der Auftritt jugendlicher Krawallmacher bei einer CSU-Wahlkampfveranstaltung im Ort, zu der Friedrich Merz als Gastredner eingeladen war. Klarerweise war ich bei diesem Auftritt auch dabei und trug dazu extra meinen »Wählt-Scheiße«-Pullover der Anarchistischen Pogo-Partei Deutschlands. Die Leute im Saal wurden schon bei unserem Anblick nervös. Besonders giftig wurden wir von den Anhängern der Jungen Union begutachtet. Dabei war es noch nicht lange her, da hatten wir alle miteinander friedlich im Sandkasten gespielt. Unsere Zwischenrufe, mit denen wir Friedrich Merz' Rede über die »uneingeschränkte Solidarität mit den Vereinigten Staaten Amerikas nach dem 11. September und den notwendigen Reaktionen« bejubelten, provozierten das Kommen der Polizei, der nichts Besseres einfiel, als uns vor die Tür zu setzen. In den Leserbriefen, die dieses Ereignis nun kommentieren, wird mit Gift und Galle nicht gespart. Ein Leserbriefschreiber, offenbar ein lokaler CSU-Anhänger, der sich für die nächste Stadtratswahl profilieren möchte, zweifelt sogar die Existenzberechtigung der Gymnasien und des Jugendbeirats an, wenn sich die »Linksradikalen« dort offenbar ungestört vermehren könnten. Ich grinse. So gesehen ist es vielleicht gar nicht mal so spießig, das Abitur doch durchzuziehen.

8
Weltstadt mit Herz

Ich sitze in einer Gefängniszelle, an den gefliesten Wänden kleben verschiedene Wurstscheiben. Die Insassinnen sind alle Vegetarierinnen. Wir haben nach Käsebroten gefragt, die uns aber vorenthalten werden. Die Zelle ist überbelegt. Eigentlich sollen sich nur sechs Personen darin aufhalten, wir sind sechzehn. Es ist gegen 21 Uhr, an einem Samstag im Februar 2002.

Zwei Tage zuvor sind wir am späten Nachmittag in die Höhle des Löwen gefahren, in die Weltstadt mit Herz, wie sich München gern nennt. Schlumpf, Timo, zwei Leute aus dem Umfeld des Schweinfurter Stattbahnhofs, Ralf und Luisa, und ich. Wir haben uns einen Passat geliehen, wobei dieser Aktion eine stundenlange Diskussion vorausgegangen ist. Wäre es nicht konsequenter, einen Zug zu nehmen oder zu trampen? Schließlich siegte die konspirative Bequemlichkeit über ökologische Einwände. Sinn und Zweck der Reise: Wir wollen gegen die NATO-Sicherheitskonferenz demonstrieren, die an diesem Wochenende stattfindet. *Wartime* ist angesagt, weil sich die Spitzen der internationalen Politik wieder einmal treffen und unter dem Deckmantel der Humanität darüber beraten wollen, wie sie auch in Zukunft ihre höchst profitablen Waffengeschäfte am Laufen halten können.

Wir passieren die ersten Schlafvorstädte der bayerischen Landesmetropole und werden schließlich von Häuserschluchten geschluckt. Die kalte Neonbeleuchtung überdimensional großer Werbetafeln spiegelt sich in unseren fahlen Gesichtern. So langsam steigt unser Adrenalinspiegel, vielleicht können wir wenigstens für ein paar Tage die Machtverhältnisse auf den Kopf stellen.

Da die Autobahnabfahrten unübersichtlich sind, halten wir an einer Tankstelle und fragen nach dem Weg. Vor uns entsteigt ein Mallorcamuskelmann einem blauen Opel. »Zivilalarm Rosa-Rot«, schreit Schlumpf. Doch noch bevor wir in Actionfilmmanier mit durchdrehenden Reifen davonbrausen können, sind sie schon bei uns. »Dürften wir mal in Ihre Taschen schauen?« Was für eine Frage! Selbstverständlich! Wir sind doch gute Menschen und haben nichts zu verbergen. Natürlich verstehen wir, dass es Leute gibt, die das Prinzip der Rechtsstaatlichkeit in so schweren Zeiten, in denen wir Seite an Seite mit den USA gegen das Böse kämpfen, auch umkrempeln können. Ja, möchte man schon rufen, wir sind eigentlich alle Verdächtige, solange wir nicht das Gegenteil beweisen können.

Eifrig stecken die Zivilbeamten ihre Nasen in unsere Gepäckstücke. Was sie in diesen wohl zu finden glauben? Die druckfrischen Unterlagen einer neuen linksradikalen Organisation? Drogen? Sprengstoff? Pumpguns? Wir produzieren und verkaufen aber keine Waffen, auch keine Wasserwerfer, Tonfa-Schlagstöcke oder Handgranaten, geschweige denn Uranmunition. Auch foltern wir keine politisch Andersdenkenden. Wir profitieren nicht vom Krieg wie viele der in den NATO-Staaten ansässigen Firmen. Unser schlimmstes Verbrechen besteht im Moment darin, dass wir ein Auto benutzen und über das Benzin, das wir verbrauchen, Kriege im Nigerdelta, Menschenrechtsverletzungen und Raubbau an der Umwelt unterstützen. Das kann uns hier aber nicht zum Vorwurf gemacht werden, wir sind ja auf keinem Antifa-Plenum.

Es wird uns ein »zeltstangenartiger Gegenstand sowie ein zirka 1 × 1,50 Meter langes Stück weißer, fester Baumwollstoff, der zur Konstruktion eines Banners, welches zur Verbreitung einer politischen Meinung genutzt werden könnte« abgenommen und beschlagnahmt – wieder abzuholen »am ersten Werktag nach dem Wochenende, an dem Sondergesetze erlassen wurden«, so die Auskunft der Beamten.

Nach einer halben Stunde ist der Passat wieder notdürftig zusammengeschraubt. Wir dürfen einsteigen, allerdings nicht ohne vorher ein weiteres Mal abgetastet zu werden. Einer der Polizisten ruft uns in charmantem Bayerisch hinterher: »Wenn's a Randal gibt, dann geht's ihr inna Knast.«

Ich kann mich nicht an einen randaleähnlichen Zustand erinnern, trotzdem sitze ich in dieser Zelle. Die Tür geht auf, Frau Nummer siebzehn betritt den Raum. Es ist schon spät, vielleicht zwei Uhr nachts. »Was ist draußen los?« Sofort wird die Frau, etwa Mitte zwanzig, mit kurzen braunen Haaren und einer kleinen Schramme über dem Nasenbein, mit Fragen bestürmt. »Nicht viel, das Gewerkschaftshaus in der Schwanthalerstraße wird gerade von Bullen umstellt, weil dort eine Veranstaltung gegen die Sicherheitskonferenz stattfinden soll.« Die Insassen stöhnen auf. »So etwas haben zuletzt die Nazis gemacht«, fügt der Neuzugang leise hinzu.

Es wird wieder ruhiger in der Zelle. Ein paar Frauen werfen sich auf den abwaschbaren Matratzen hin und her. Bei jeder Bewegung entsteht ein Geräusch, als würde man einen Klebestreifen abziehen. Ein unmögliches Unterfangen, dabei etwas Schlaf zu bekommen. Es ist viel zu heiß und stickig, um sich in die Decke zu wickeln, aber ohne ist es noch ungemütlicher. Man fühlt sich nackt, ausgeliefert. Keine von uns kann aufgrund der Enge ihre Gliedmaßen ausstrecken. Meine Knochen schmerzen, ich setze mich auf den Boden. Zum wiederholten Male klingeln wir, keiner reagiert. Wir schreien »Lüftung an« und singen: »Wir haben Hunger, wir haben Wut, Wut, Wut und noch lange nicht genug.« Ein Mädchen, noch nicht einmal sechzehn Jahre alt, sitzt in einer Ecke des Raumes. Stille Tränen rinnen ihr über die Wangen.

Am Donnerstagabend sind wir noch rechtzeitig in unserer konspirativ anmutenden Wohnung angekommen. Es gibt sie also doch noch, auch in Bayern, die sogenannten Gutmenschen, die sich in Gefahr begeben, um Autonomen, Randale-Touristen, Linksradikalen und Globalisierungsgegnern ein Bett zur Verfügung zu stellen, ja, sogar am nächsten Morgen ein Frühstück mit veganen Brotaufstrichen zuzubereiten. Die Vorbereitungsgruppe in München, die die Anti-NATO-Proteste koordiniert, hat für alles gesorgt, trotz großer logistischer Probleme, vor die sie von der Stadtregierung gestellt wurde. Diese drohte im Vorfeld Kultur- und Jugendzentren, die Übernachtungsmöglichkeiten bereitstellen wollten, mit der Kürzung von städtischen Zuschüssen, woraufhin die Einrichtungen ihre Angebote wieder zurückgenommen haben.

In den lokalen Boulevardzeitungen wird ein Bild der Bedrohung gezeichnet: »Chaos-Wochenende steht bevor« oder »Wird unsere Stadt brennen?« Kein Wort über den eigentlichen Inhalt der Konferenz. Ein paar aus der Wohnung gehen noch einmal hinaus in die Nacht, darunter auch Timo, mit der Absicht, die Zeitungsverkaufskästen zu beseitigen. »Ob das denn sein muss?«, fragt einer, der aus Bad Segeberg angereist ist, vorsichtig. Timo entgegnet entschlossen: »Sie wollen Krieg, den sollen sie auch bekommen. Aber mit unserem Stempel.« Seit er auf dem G-8-Gipfel in Genua war, scheint er mir noch radikaler geworden zu sein.

Später, als er wieder zurückgekommen und nur noch ab und zu das Rascheln eines Schlafsacks zu hören ist, erzählt mir Timo flüsternd von seinen Erlebnissen in Italien. Wir haben uns nahezu selbstverständlich auf ein viel zu enges Sofa gequetscht. »Genua war nur der Auftakt«, beendet er seine drastischen Schilderungen. »Nach dem 11. September machen die jetzt ernst.« Noch lange starren wir in die Dunkelheit, ich nehme seine Hand.

Am nächsten Tag soll die Demo gegen 18 Uhr auf dem Marienplatz starten. Für die patrouillierenden Polizisten ist es nahezu unmöglich, Anhaltspunkte zu finden, wer von den Demonstranten zwischen all den Touristen und Passanten welche Absicht hat. Wir sind auffällig unauffällig. Ein paar von uns haben sich mit Sicherheitsnadeln ein Stück Papier auf den Rücken geheftet, auf dem »Ich bin eine Demonstration und finde überall statt« steht. Ich kritzele mir mit einem meiner Edding-Stifte auf mein T-Shirt: »Ich bin 3000 gewaltbereite Demonstranten« – eine Anspielung auf die Schlagzeilen dieses Tages. Verstohlenes Grinsen unter plötzlich Verbrüderten, schließlich übertreten wir heute alle das extra zum Gipfel erlassene Sondergesetz: totales Demonstrationsverbot, einschließlich des gesamten Wochenendes.

Wir alle warten nur auf das Startsignal. Plötzlich ist es zu hören. Erst ein leiser Gesang, der immer lauter wird, schließlich unterstützt von einem Geklapper auf billigen Töpfen: »This is what democracy looks like.« Es erklingen Flöten und Trommeln, sogar eine Trompete höre ich. Um uns herum tanzen Menschen. Timo murmelt: »Alles Hippiescheiße, mal sehen, was gleich abgeht.« Ich widerspreche: »Jede Form des zivilen Ungehorsams ist angebracht. Du kannst nicht von älteren Damen erwarten, dass sie Mollies werfen.« Timo zuckt mit den Schultern.

Alle strömen auf einmal in dieselbe Richtung, Ziel ist das Hotel Bayerischer Hof, der Tagungsort der Konferenz. Timo und ich gehen Hand in Hand, in der anderen hält er eine Kamera. Später will er seinen Film über diese Demonstration ins Internet stellen.

Plötzlich stehen wir vor einer Absperrung und können nicht weiter. Die Menge ist immer stärkeren Druckwellen seitens der Staatsdiener ausgesetzt, ich werde gegen ein hartes Eisengitter gedrückt. Manche Menschen scheinen völlig unvorbereitet in die Demonstration geraten zu sein, wie die Frau neben mir, mit ihren sechs Zentimeter hohen Absätzen. Dass sie einfach nur so beim Shoppen überrascht worden ist, dagegen spricht aber wiederum ihre Vehemenz, mit der sie sich bei mir unterhakt, um in einer Kette mit Hunderten anderer Demonstranten Gegendruck auszuüben. Timo zeigt mir noch das Victoryzeichen, danach driftet er immer weiter ab. Es wird sogar schwierig, Blickkontakt zu halten. Ich kann nur noch den roten Aufnäher auf seiner schwarzen Kapuze ausmachen, zwei Reihen vor mir. Irgendwann stehe ich neben einer älteren Frau. »Ich bleib' mal in Ihrer Nähe, Sie werden bestimmt nicht angegriffen«, rufe ich ihr zu. »Täusch dich da mal nicht«, antwortet sie in einem scherzhaften Ton. Da sich gerade nichts bewegt, kommen wir ins Gespräch. Sieglinde ist sechsundsiebzig Jahre alt – ich bin beeindruckt. »Ein Jammer, das mit dem Alter, bald bin ich nicht mehr, dabei gibt es doch noch so viel, wofür ich kämpfen will mit euch.« Sie lächelt, und ihre stahlblauen Augen wirken ungemein lebendig.

Wir werden jetzt nur noch hin und her geschoben, können einzig reagieren, agieren ist zwecklos. Timo boxt sich wieder zu mir durch. »Hast du Schlumpf gesehen?«, frage ich, als er in meiner Nähe ist. Timo zeigt mit dem Finger nach rechts, zum Rand der Menge. Dort, in der Nähe eines Kaufhauses, entdecke auch ich sie. Immer wieder hören wir, wie durch die kalte Winterluft die Worte »Nie, nie, nie wieder Faschismus« skandiert werden.

Mittendrin ein Jubelschrei, die Polizeikette hat an einer Stelle einen Riss bekommen. Die Leute drängen nach vorne, füllen den Leerraum auf, dabei bricht Panik aus. Timo und Schlumpf kann ich nicht mehr entdecken, und ich renne in meiner Sorge in das Kaufhaus. Vielleicht kann ich von dort aus, durch die Fenster des oberen Stockwerks, die beiden ausfindig machen. Es ist voll in dem Geschäft. Ich höre, wie man sich einander zuraunt: »Ja, ja, das sind die Linksradikalen da unten. Das geht jetzt aber schon ein bisschen zu weit, wie sie da gewalttätig werden.« Mich überkommt eine ungeahnte Wut, am liebsten möchte ich jeden Einzelnen schütteln. Stattdessen klettere ich auf einen Sitzhocker, halte mir die Hände an den Mund und forme sie zu einem Trichter, um lauter zu werden: »Hey Leute, nur einen Moment, bitte Ruhe.« Das funktioniert immer, das kenne ich noch aus der Schule.

Das Wispern um mich herum verstummt. »Was da draußen passiert, ist kein Actionthriller, das ist Deutschland im Jahr 2002«, rufe ich. »Das ist Deutschland siebenundfünfzig Jahre nach dem Ende des Faschismus. Vielleicht wissen Sie nicht, was der Anlass ist, warum da draußen meine Freunde, aber vielleicht auch ihre Nachbarn und Arbeitskollegen gerade systematisch zusammengeschlagen und mit Pfefferspray eingedeckt werden. Was im Übrigen irreparable Erbgutschäden und Krebs verursachen kann und dessen weitere Nebenwirkungen bislang noch nicht einmal richtig erforscht wurden. Fest steht, dass es als biologische Waffe für den Kriegseinsatz verboten ist, auf die eigene Bevölkerung aber nach Gutdünken losgelassen werden darf.

Vielleicht haben Sie auch die falsche Zeitung gelesen und denken jetzt, das geschieht den Chaoten da draußen doch recht.«

»Was will denn die Klugscheißerin?« Erste Leute drehen sich weg, andere rufen: »Schafft doch die Frau hier raus!« Es treten aber auch einige näher zu mir heran, die sich interessiert zeigen. Durch die Zwischenrufe habe ich kurzzeitig meinen Faden verloren.

»Wir sind keine Gewalttäter oder Chaoten, die hier Rache für das Gemetzel in Genua üben wollen.« Endlich weiß ich wieder, was ich sagen will. »Was wir beanspruchen, ist einzig und allein das Recht auf freie Meinungsäußerung, ohne Unterdrückung und Repression.«

In diesem Moment packen mich zwei Security-Leute und zerren mich vom Hocker. »Die Show ist vorbei«, sagt einer der beiden. Manche der Zuhörer lachen, andere wirken wie versteinert. Ich lasse mich schleifen, versuche mich so schwer wie möglich zu machen, zappele herum. Die Leute bilden einen Gang, keiner eilt mir zu Hilfe. Ich schreie: »Warum helft ihr mir denn nicht? Warum seid ihr immer zu feige? Warum seht ihr nicht, dass wir nur verarscht werden von denen, die uns etwas von Friedenssicherung erzählen, obwohl der Krieg schon längst stattfindet?« Ich merke, wie ich rot anlaufe, fast schon hyperventiliere. Zudem beobachte ich entsetzte Blicke. Aber auch jetzt greift keiner ein.

Ich will weiterbrüllen, aber einer der Sicherheitsmänner hält mir den Mund zu. Außer mir vor Zorn, beiße ich ihm in die Hand, was ihn dazu veranlasst, nach der Polizei zu rufen. Vorsorglich wird über Walkie-Talkie noch ein dritter Security-Typ angefordert. Auf einmal verstehe ich, woher die Magersüchtigen in der Klapse die Kraft nehmen, sich aus ihren Fixierungen zu befreien. Wut verleiht übermenschliche Kräfte. Draußen, vor der Eingangstür des Kaufhauses, werde ich von Polizisten in Empfang genommen.

»Ausweis her!«, herrschen sie mich an. Einer der drei Beamten, augenscheinlich etwas netter als die anderen, nimmt mich zur Seite. »Was hast du da drin gemacht?«

»Ich wollte die Leute aus ihrer Apathie aufwecken«, antworte ich wahrheitsgemäß.

»Und warum hast du mit dem Sicherheitspersonal so ein Theater veranstaltet?«

»Weil ich Angst hatte. Sie sind doppelt so groß und breit wie ich. Außerdem lasse ich mir nicht den Mund verbieten, schon gar nicht, wenn man ihn mir mit Gewalt zuhält.« Warum rede ich eigentlich so viel? Wie lautet doch unsere Devise: »Niemals ein Wort zu einem Bullen!« Aber dieser verhält sich korrekt. Bist du bescheuert, überlege ich im nächsten Augenblick. Die Nummer »guter Bulle, böser Bulle« müsstest du doch kennen!

Der Mann in Uniform sieht mich lange an. Schließlich sagt er: »Okay, mach', dass du von hier fortkommst.« Seinen Kollegen nickt er zu: »Alles in Ordnung mit ihr«, sodass sie sich abwenden. Fast will ich mich für sein Verhalten bedanken. Auf dem Marienplatz ist es in der Zwischenzeit deutlich leerer geworden. Ich versuche, mich zu orientieren. Timo flitzt plötzlich an mir vorbei, ich kann ihn kaum erkennen, doch er schaut sich im letzten Moment noch einmal um und hält inne. Außer Atem fragt er mich: »Haben sie dich abgefangen?« Ich nicke, vergrabe mein Gesicht in der Kuhle zwischen seinem Hals und Gesicht und flüstere: »Wir müssen hier weg, Timo, zusammen. Weg aus diesem Staat, noch ist es nicht zu spät.« Ich habe genug erlebt, ich sehne mich nach einem ruhigen Ort.

Timo schüttelt den Kopf. »Die Revolution macht keinen Feierabend,« sagt er ganz ernsthaft. Er will weiter bleiben und die Ereignisse filmen. »Dann gehe ich zurück in die Wohnung«, sage ich. Alle Kraft ist plötzlich aus meinem Körper gewichen. »Wie du meinst.« Timo verschwindet wieder in einer Menge vorbeiziehender Demonstranten. In dieser Nacht schlafe ich allein auf dem Sofa im Flur der »konspirativen Wohnung«.

Am nächsten Tag ziehen wir früh los, eine weitere große Demo ist angekündigt, dann aber ebenfalls verboten worden. Im Gewühl entdecke ich tatsächlich Timo wieder. »Ich war im Knast«, erzählt er mir. »Ich hab' seitdem Stadtverbot, aber da scheiß' ich drauf. Pass bloß auf, dass sie dich nicht auch einknasten. Wir mussten zwei Stunden draußen in der Kälte in einem Käfig stehen, bevor wir drinnen abgefertigt wurden.«

Die Überschriften in den Zeitungen haben sich an diesem Samstag kaum geändert: »München im Ausnahmezustand. Die Chaoten wollen die Stadt in Schutt und Asche legen.« Ich finde auf der Straße ein abgebrochenes Plastikschild von einem *Bild*-Zeitungsverkaufskasten. Dick und fett schreibe ich unter das Wort *Bild* »lügt«. Mit diesem Schild laufe ich die nächsten Stunden durch die Stadt. Überall finden kleine Spontandemos statt, die Wasserwerfer, die am Rand der Bannmeile parat stehen, werden aber nicht eingesetzt.

Als es langsam zu dämmern beginnt, tritt mir plötzlich ein Polizist entgegen. »Stehen bleiben, Sie sind festgenommen!« Ich weiß im ersten Augenblick nicht, was man mir vorwirft, bis das Schild als Beweismaterial konfisziert wird. »Jetzt machen Sie sich doch nicht lächerlich, das ist nur ein Stück Plastik«, sage ich zu meiner Verteidigung. Der Beamte lässt sich aber nicht beschwichtigen. Ich werde in einen Polizeibus getrieben, auf dessen Heckscheibe ein Bild von Edmund Stoiber klebt.

Wegen Einsammelns von Müll auf den Straßen Münchens sitze ich nun also seit Stunden in dieser Zelle. Ich musste mich ausziehen, mich erniedrigen lassen, wurde im Genitalbereich untersucht, musste mir herablassende Kommentare über die Form meines Gesäßes und meiner Beine anhören. Ich hatte meine Schnürsenkel aus den Schuhen zu entfernen und alle meine Piercings. Danach wurde ich in eine Stehzelle gesperrt, in der es keine Trennung nach Geschlechtern gab. Schließlich steckte man mich mit anderen jungen Frauen in diesen Raum.

Anfangs haben wir uns allerhand Blödsinn ausgedacht, etwa, dass man mit den Plastikmessern vom Abendessen den Aufdruck »Eigentum des Freistaates Bayern« aus den braunen Kratzdecken schneiden könnte. Einige aber sind so traumatisiert gewesen, dass sie überhaupt nicht sprechen wollen. Wir versuchen, sie mit Hilfe der Wurstscheiben aufzuheitern, schließen Wetten ab, wie viele Stunden es dauern wird, bis sie von den Fliesen herunterfallen. Viel mehr Gesprächsstoff haben wir auch nicht. Warum wir hier sind, können wir schlecht erzählen, es wäre gleichbedeutend mit einem Geständnis. Vermutlich ist in dieser Zelle alles verwanzt. Auch über unsere Wohn- und Familiensituationen wollen wir nicht allzu viel plaudern, aus denselben Gründen. Von den meisten von uns besteht sowieso schon ein viel zu ausführliches Bewegungs- und Persönlichkeitsprofil.

Das surrende Neonlicht an der Decke hindert mich am Einschlafen. Ich lehne Rücken an Rücken mit einer mir unbekannten Frau. Sie ist Anfang zwanzig, hat langes blondes Haar und redet kein Wort. Wahrscheinlich eine Studentin. Meine Füße kann ich nicht ausstrecken, sie berühren ohnehin fast das Gesicht einer schwarzhaarigen Punkerin. Die Bullen fahren die Zermürbetaktik, achtundvierzig Stunden dürfen sie uns in Verwahrung halten, maximal. Dann müssen sie uns vor ein Schnellgericht stellen.

»Die haben für die Sicherheitskonferenz extra Gefängniscontainer angefordert. Am liebsten würden die einfach alle einknasten, bis der Spuk vorbei ist«, meint eine der Frauen, die auch nicht schlafen kann.

»Klar, eine hohe Anzahl Festnahmen macht sich auch bestens, um zu beweisen, welch große Gefahr durch den heroischen Einsatz der Polizei von der Bevölkerung abgewendet wurde.« Dies sagt unser Neuzugang, Nummer siebzehn.

Die Zeit geht und geht nicht vorbei. Mein Mund ist trocken, wir haben viel zu wenig Wasser für alle Frauen. Noch immer reagiert niemand, wenn wir klingeln. Eine Salamischeibe löst sich von der Wand und segelt direkt auf die linke Brust der Punkerin. Sie schreit »iiihhh«, und wir starten eine Wurstscheibenschlacht. Einige sind genervt, aber es bedeutet wenigstens Abwechslung.

Um sieben Uhr morgens – ich bin doch noch ein wenig eingeschlafen – werden die ersten Frauen zur ED gebracht, zur erkennungsdienstlichen Behandlung. Ich bin zwei Stunden später an der Reihe. Wieder einmal werden Name, Adresse und Alter protokolliert, ich werde vermessen, gewogen, dazu von allen Seiten fotografiert. Ich muss meine Hand in schwarze Tinte tauchen, danach rollt eine engagierte Beamtin jeden einzelnen Finger mit Nachdruck auf einer Papiervorlage aus, anschließend auch meine gesamte Handfläche. Ich wehre mich nicht, wie manche vor und nach mir, werfe nicht die Farbdose durch die Gegend, beschimpfe nicht die Diensthabenden. Aber meine Haut ist zum Zerreißen dünn, viel halte ich nicht mehr aus, ohne Frühstück, ohne Wasser. Nach der Prozedur darf ich mir meine Hände mit einer pappigen Seife reinigen. »Schön, dass Sie uns beehrt haben«, sagt der Mann am Ausgang. Man drückt mir noch einen Wisch in die Hand, auf dem steht, dass ich das Stadtgebiet München umgehend verlassen soll. »Falls Sie dem nicht Folge leisten und Sie werden aufgegriffen, müssen Sie mit einer empfindlichen Geld- und Freiheitsstrafe rechnen.«

9
Papierkram

»In drei Tagen hast du deine Abiturprüfung«, mahnt meine Mutter.

»Und?«

»Selbst die Unvernünftigsten deiner Klassenkameraden setzen sich jetzt auf den Hosenboden und lernen.«

»Du als Pädagogin solltest doch wissen, dass man das, was man bis jetzt nicht gelernt hat, auch nicht mehr lernen kann. Es ist nur förderlich, sich in den Tagen vor der Prüfung mit völlig anderen Dingen zu beschäftigen.« Zu diesen anderen Dingen zähle ich zum Beispiel die Demonstration am 1. Mai in Berlin, wie ich ihr mitteile. Sie steht unter dem Motto: »Heraus zum revolutionären 1. Mai«.

Meine Mutter stöhnt. »Kannst du da nicht nächstes Jahr hinfahren? Ist doch sowieso immer dasselbe.«

Nein, das ist nicht möglich, versuche ich ihr zu erklären, denn nächstes Jahr habe diese Revolution doch schon stattgefunden. Diese Feinheiten versteht sie nicht, sie schüttelt nur den Kopf. Ich bin nach den Erlebnissen in München erst recht davon überzeugt, dass ich jede Gelegenheit nutzen muss, für eine gerechte Welt zu kämpfen. Und dazu muss ich möglichst viel sehen, um neue Wege erkennen zu können.

Wieder einmal packe ich also meinen kleinen Rucksack und setze mich in den Zug. Auf der Strecke durch Thüringen steigen ein paar Freunde hinzu. »Berlin, Berlin, wir fahren nach Berlin!« singen wir ausgelassen und machen Bekanntschaft mit ukrainischen Autohändlern, die uns großzügig mit Schimmel überzogene Gurken anbieten. »Spezialität«, geben sie uns zu verstehen und lachen. Dazu gibt es reichlich Wodka. Der tut mir gut, habe ich doch bis kurz vor meiner Abfahrt noch am Telefon mit Timo gestritten.

»Nur Pseudos fahren zu den 1.-Mai-Demos«, hat er mich wissen lassen.

»Warum musst du denn immer alles so bierernst sehen? Können wir nicht einfach mal Spaß zusammen haben?« Ich deutete sein verächtliches Schnaufen richtig und legte den Hörer auf. Seit unserem gemeinsamen Ausflug nach München ist unser Verhältnis wieder deutlich abgekühlt. »Das ewige Hin und Her macht mich noch ganz fertig«, klage ich im Zwei-Wochen-Abstand in ausführlichen Briefen an Schlumpf. Die antwortet mir darauf schon gar nicht mehr. »Ich rede gerne mit dir, aber nur wenn das Wort Timo nicht dabei vorkommt. Du musst endlich mal wieder auf frische Gedanken kommen!«. Berlin scheint dafür wie gemacht zu sein.

Am Alexanderplatz angekommen, erfahren wir, dass der öffentliche Nahverkehr schon eingestellt wurde. Also schlagen wir uns zu Fuß durch bis nach Kreuzberg. »Geil«, freuen sich die Freunde mit Erfahrung. »Wenn die Bahn nicht mehr fährt, dann geht's gleich los.« Und Recht haben sie, die Demonstration wird gerade über Lautsprecher für beendet erklärt. Danach saust alles durch die Luft, was geworfen werden kann. Hier und da brennt ein Auto, Menschen liegen auf dem Boden, die Hände auf dem Rücken, man hat sie festgenommen. Ich laufe traumwandlerisch herum und sauge die Eindrücke in mich auf. Ich fühle mich nicht wie eine Randale-Touristin, eher wie eine Studentin auf Projektreise. Mittlerweile bin ich im sechsten Semester »Punkologie«, an diesem 1. Mai geht es um das Thema ritualisierte Krawalle. In der Nähe des Kottbusser Tors treffe ich Helge, einen Bekannten aus Jena. Ich sehe, wie er leere Haarspraydosen in brennende Mülltonnen wirft, was herrlich knallt. »Berlin, Berlin, wir sind jetzt in Berlin!«, brüllt er mir zu. Wir grinsen uns an.

Eine Stunde später nimmt mich eine Polizistin fest. Sie schaut mich ungläubig an: »Und du hast wirklich nicht die dreißig vor deiner Nase geparkten Polizeiautos gesehen?« Ich schüttele den Kopf. »Du bist nicht einmal betrunken«, bemerkt sie erstaunt. Ich habe den Eindruck, dass es ihr fast ein bisschen leidtut, jemanden so Dummen wie mich festnehmen zu müssen. Tatsächlich war ich so aufgeregt, als ich eine eingeschlagene »Aldi«-Scheibe entdeckte, dass ich einfach in das Loch im Fenster hineingriff, um mir ein vermeintlich frisches Pils zu gönnen, das da in Paletten aufgestapelt stand. Es entpuppte sich jedoch als Malzbier. Peinlicher ging es nun wirklich nicht mehr. Später sprechen die Beamten von einem »bewaffneten Raubüberfall« – ich hatte einen Stein in der Tasche, ein Souvenir meiner Studienreise.

Ich beiße mir auf die Lippen, während ich von der Polizistin vernommen werde. Zum ersten Mal seit Eintritt in die Kollegstufe sorge ich mich um mein Abitur. Werde ich überhaupt anwesend sein können? Oder werden sie mich in Berlin behalten?

Schließlich werde ich in einen verbeulten Bus gesteckt. Unterwegs knallt der eine oder andere Stein an den Wagen, und aufgebrachte Stimmen dringen ins Wageninnere. In irgendeiner Hinterhof-Polizeistation werde ich abgefertigt. Ich gebe wieder einmal meinen Namen an, meine Adresse, das Übliche. Fingerabdrücke werden heute nicht abgenommen, es ist anscheinend zu viel los.

»Was machen Sie gerade?«, fragt mich ein Polizist.

»Abitur«, antworte ich. Die Beamten lachen, das ist der Scherz des Abends. Wenn man vor Wut platzen möchte, dann wäre das so ein Moment, aber ich weiß: Alles, was ich sage, wird später gegen mich verwendet. Dies ist eine traurige Lebensweisheit, die sich bei vielen aus der linken Szene bewahrheitet hat. Wie leicht hat man eine Anzeige wegen Beamtenbeleidigung am Hals, aber die Polizisten dürfen einem sagen, dass man stinkt, ein überflüssiges Weibsstück ist, ein elendiger Krawallmacher, dass »so etwas beseitigt gehört«. Ich bleibe dennoch ruhig. Zur Belohnung für mein Verhalten darf ich gehen. Fast bin ich erleichtert.

Es ist in der Zwischenzeit schon sehr spät geworden. Die Polizisten weisen mir den falschen Weg zur U-Bahn. Als ich sie endlich gefunden habe, ist Betriebsschluss. Erst nach einer kilometerlangen Wanderung treffe ich wieder in Kreuzberg ein. Ich habe feiernde Menschen erwartet, stattdessen wirken die Straßen wie ausgestorben. Einige Kehrfahrzeuge räumen Scherben und Molotowcocktails aus dem Weg, das alljährliche Spektakel ist beendet. So viel zur Revolution.

Ich beschließe, die nächste Person, die kein Junkie oder ein völlig betrunkener Vollidiot ist, auf ein Bier einzuladen. Nach einer halben Stunde treffe ich Pit, einen gutaussehenden Kochazubi aus einem brandenburgischen Kaff. Wir finden noch eine offene Kneipe, die sich »Trinkteufel« nennt, und geben uns so lange gegenseitig Bier aus, bis die erste U-Bahn zu meinem Nachtquartier fährt.

»Ich hab' keinen Pennplatz«, meint er, als ich mich von ihm verabschieden will. »Komm doch einfach mit.« Ich lade ihn großzügig zu meinen weitläufigen Bekannten ein. Am nächsten Tag bringt Pit mich zum Bahnhof. »Viel Glück«, wünscht er mir. »Ich hätte gern das Abi gemacht, aber dazu hat es bei mir nicht gereicht. Jetzt muss ich eben kochen.« Er zuckt mit den Schultern. Soll ich mir jetzt etwa privilegiert vorkommen? »Es ist nicht dein Fehler, dass wir in einer Gesellschaft leben, die Menschen nach dem Besitz von bestimmten Papieren unterscheidet.« Pit nickt. Gerade erwische ich noch den letzten Zug zurück in meine Heimatstadt.

Spannung liegt an diesem Freitagmorgen über der ganzen Schule. Der Pausengong ist ausgesetzt, um uns nicht zu stören. Es geht heute um das dritte Abiturfach, für mich Sozialkunde. Ich erinnere mich an die ersten Jahre auf dem Gymnasium, als mir die Abiturienten wie Halbgötter erschienen, wie sie mit ihren Ledertaschen unter dem Arm in letzter Minute in die Schule gerauscht kamen, um die wichtigste Prüfung ihres Lebens abzulegen. Wie sie noch eine letzte Zigarette rauchten, cool bis in die Schuhspitzen. Heute erscheint mir alles so banal, das Göttliche ist im Lauf der Jahre abhandengekommen, und Zigarettenfinger stinken einfach nur ekelhaft. Ich habe mir ein Paket Traubenzucker mitgenommen und eine Flasche Wasser, das muss zur Vorbereitung reichen. Ich bin schon froh, dass ich keinen Kater habe.

Im Klausurraum stehen die Bänke weit auseinander, damit wir nicht voneinander abschreiben. Das ist in meinem Fall unnötig, mit meinen gewagten Thesen kann sowieso niemand etwas anfangen. Der Aufsichtslehrer hält noch eine Ansprache über die Wichtigkeit des Abiturzeugnisses, danach geht es los. Die Aufgaben sind so gewählt, dass man Zahlen, Verordnungen und Vorgänge wiedergeben muss, es ist kaum möglich, sich ausführlich zu einem sozialpolitischen Thema zu äußern. Nach vier Stunden sind wir alle fertig und dürfen nach Hause gehen.

Die Prüfungen in Deutsch und Englisch, meinen beiden Leistungsfächern, finden in der darauffolgenden Woche statt. Hier kann ich vieles in die vorgelegten Texte hineininterpretieren, was mir gefällt und auch liegt. In Deutsch hole ich dreizehn von fünfzehn möglichen Punkten, in Englisch elf. Danach sind Pfingstferien, die ich wieder in Berlin verbringe, anstatt für die mündliche Bioprüfung zu lernen.

In Berlin bin ich über meine Verbindungen zum Schweinfurter Stattbahnhof zu einer einwöchigen Konferenz für Toleranz und mehr Zivilgesellschaft eingeladen, Schirmherr dieser Tagung ist Wolfgang Thierse, untergebracht sind wir in einem Hotel in Hohenschönhausen, im Plattenbauviertel. Sehr viel bekomme ich aber von dem Kongress nicht mit, da in dieser Woche George Bush zu Besuch in Berlin ist.

»Thank you America, welcome Mr. Bush«, skandieren die Anhänger der Jungen Union in einer Nebenstraße, während rund hunderttausend Menschen mitten in der City gegen den neoliberalen Cowboy protestieren. »Einer, der in die Welt auszieht, um sie nach seinem Maßstab zu demokratisieren, sollte keine Angst vor den Meinungsäußerungen eines freiheitlich-demokratischen Volkes haben« – das rufen wir empört, als sich die Polizei bemüht, uns zu vertreiben.

Tausende Menschen sind völlig außer sich, schlagen auf Ampelanlagen und Bauzäune ein, auf mitgebrachte Kochtöpfe und Wäscheeimer. Mitten in der Menge tanzen Leute um ein großes Fahrrad mit Transportfläche, auf dem eine Band unplugged spielt. Daneben wird eine Mickey-Mouse-Puppe aus Pappmaschee ans Kreuz genagelt, aus ihrem Bauch quellen Spaghetti mit roter Soße. Das gefällt mir, zu gern möchte ich in Berlin bleiben. Dennoch muss ich noch einmal den Rückweg in die Heimatstadt antreten.

Am nächsten Tag geht in es in der mündlichen Bio-Prüfung um das ökologische Gleichgewicht in Gewässern. Diese Kreisläufe verstehe ich gut, vielleicht, weil mein Leben im Gegensatz dazu immer aus der Balance gerät. Ein letztes Mal betrinke ich mich mit meinen Klassenkameraden. Sie reden von Zivildienst, von ihrem im Herbst beginnenden Studium. Kaum draußen aus der Anstalt, geht's auch schon wieder hinein.

»Was hast du denn vor, Silvia?«

»Ich werde Revolutionärin und für die Freiheit kämpfen«, entgegne ich mit all meiner jugendlichen Inbrunst.

Noch am selben Abend komme ich in Osnabrück an, um eine Hausbesetzung zu unterstützen. Den Aufruf dazu habe ich auf der Website von *Indymedia* gelesen. Schon seit Jahren kämpft man in Osnabrück für ein autonomes Zentrum, auf legalem Weg. Der Jugendhilfeausschuss der Stadt, bestehend aus Mitgliedern der CDU und FDP, vermochte dieses Anliegen aber bislang zu verhindern. So kam es, dass man sich nicht mehr anders zu helfen wusste und seit dem 1. Mai ein Haus besetzt hält. Von außen sieht es wie ein rosafarbener Schuhkarton aus, innen sind die Wände ziemlich feucht und schimmelig.

Wir veranstalten Nachbarschaftsfeste und Demonstrationen, zu denen wir CDU-Mitglieder mit gefakten Flugblättern einladen: »Unterstützen Sie bitte die Forderung der Jugendlichen nach einem autonomen Zentrum. Solidarität ist keine Einbahnstraße, Ihr Oberbürgermeister.« Es sieht so aus, als hätten wir diesmal den längeren Atem als der Jugendhilfeausschuss der etablierten Parteien. Doch wir freuen uns zu früh. Eines Morgens werde ich um sechs Uhr geweckt. Ich höre gedämpfte Stimmen, sehe schließlich maskierte Männer neben meinem Bett stehen. Ich bekomme den Schreck meines Lebens. Doch alles halb so wild, es sind nur freundliche Polizisten, die uns festnehmen.

Als wir von der Polizeiwache zurückkommen, ist unser schönes Haus bereits dem Erdboden gleichgemacht. Die Abrissbirne baumelt über dem Trümmerberg, um das ganze Grundstück ist ein Flatterband gespannt: »Betreten verboten«. Daneben, wohl als makabrer Scherz gedacht, steht ein provisorisches Schild: »Vorsicht, Einsturzgefahr!« Ich bin zu geschockt, um in Tränen auszubrechen. Den anderen geht es ähnlich. »Lass uns erst mal ein Plenum machen« – die liebste Freizeitbeschäftigung der Linken rettet uns auch in der größten Not aus der Lethargie. Wir sind uns einig, jetzt nicht klein beizugeben.

Am frühen Abend blockieren wir den Verkehrsknotenpunkt der Stadt. »Unser Haus könnt ihr uns nehmen, aber nicht unsere Träume« haben wir auf ein Transparent gemalt. Eifrig verteilen wir Flyer. Die Autofahrer hupen genervt. »Wir sind wütend, wir sind laut, ihr habt unser Haus geklaut«, entgegnen wir fast schon hysterisch und hüpfen auf und ab. Am späteren Abend veranstalten wir ein Punkkonzert in einem Fußgängertunnel in der Innenstadt und versteigern Steine unseres zertrümmerten Traums, um davon später die Gerichtskosten zahlen zu können. Die folgenden Tage campieren wir auf unserem Grundstück, vor der Ruine, immer bereit, bei strömenden Regen, der dieser Tage niedergeht, nachfragenden Journalisten Rede und Antwort zu stehen.

Überraschend erhalten wir nach einer Woche ein Angebot von der Stadt: Sie will uns ein Grundstück zur Verfügung stellen, ein bisschen weniger zentral und unbebaut, dafür aber im Grünen. So wird aus der Idee eines festen autonomen Zentrums das Projekt »AZ Wagenplatz«. Mit Feuer und Flamme bin ich dabei, als wir in den folgenden Tagen mit einem Traktor über das flache Land rund um Osnabrück fahren und die verschiedensten Dinge einsammeln. Ein paar ausrangierte Wagen erhalten wir von Baufirmen, andere stammen vom Anti-A33-Hüttendorf, das ein Stück Wald gegen den geplanten Autobahnausbau zwischen Bielefeld und Osnabrück besetzt hält.

»Telefon, für dich.« Marianne, eine der Aktivistinnen, hält mir das Infotelefon hin. Ich hätte es mir denken können, es ist mein Vater. »Du musst schleunigst nach Hause kommen, eine Gerichtsverhandlung steht an.« Es geht wohl um meine Geburtstagsparty, wie ich mich zähneknirschend erinnere. »Bei Nichterscheinen droht ein Haftbefehl.« Die Stimme meines Vaters klingt aufgeregt. Ohne ein Wort des Abschieds lege ich auf. »Wer war das denn?«, fragen die anderen. »Nichts Wichtiges«, erwidere ich gedankenverloren. Das mit dem Freisein ist immer relativ, überlege ich und werde traurig.

Es ist seltsam, wieder »zu Hause« zu sein. Vieles hat sich verändert, in den paar Wochen, die ich weg war, auch wenn ich noch nicht fassen kann, was es ist. Wortkarg berichte ich über die Erlebnisse in Osnabrück, meine Eltern verstehen mein Engagement sowieso nicht. Ich beschließe, die Zeit, die ich in der Kleinstadt sein muss, zu nutzen, um meinen Führerschein zu machen. Auf dem Wagenplatz ist nämlich ein neuer Wunsch in mir entstanden. Ich möchte einen Bus besitzen, ein mobiles Heim, das man mir nicht so einfach wegnehmen kann. Eines, bei dem ich bestimmen kann, wann ich wo und wie lange bleibe.

Mit dem Sparbuch in der Hand, das meine Großeltern für mich angelegt haben, gehe ich zur Bank. Die Frau hinter dem Kassenschalter kenne ich aus der Schule, Jasmin ist ihr Name. Sie trägt ein anthrazitfarbenes Kostüm und eine kleine, randlose Brille. Während der Pubertät waren alle pickeligen Jungen hinter ihr her, während man mir die »erotische Ausstrahlung einer Waschmaschine« bescheinigte. Eine gewisse Genugtuung kann ich mir kaum verkneifen, wie ich sie nun da so sitzen sehe, ein eingesperrter Vogel in seinem Glaskäfig. Wenn jemand Notiz davon nimmt, wie sie in den nächsten Jahren verwelken wird, dann ist es die

Videokamera, die hinter ihrem Rücken zu ihrer Sicherheit angebracht wurde.

»Wie viel möchten Sie denn abheben?«, fragt Jasmin mit glockenheller Freundlichkeit.

»Alles«, antworte ich, und ich kann mir sehr gut vorstellen, wie sie, sobald ich den Raum verlassen habe, gemeinsam mit ihren Kollegen die wildesten Mutmaßungen über mich anstellen wird.

Am nächsten Tag hat man mich für 14.45 Uhr zum Gericht bestellt. Einen Anwalt habe ich nicht, meine Verteidigung übernehme ich selbst. Auf dem Weg dorthin versuche ich mich mit Songs der Gruppe *Slime* auf den Termin einzustimmen: »Ich glaube eher an die Unschuld einer Hure als an die Gerechtigkeit der deutschen Justiz«, dröhnt es aus den Kopfhörern meines Walkmans. Fast bin ich ein bisschen gespannt auf das, was mich erwartet. Ich öffne die schwere Holztür des grauen Amtsgebäudes und betrete billiges Linoleum. Robuste, dickblättrige Pflanzen in großen, braunen Kübeln sollen die verwinkelten Gänge freundlicher erscheinen lassen.

Meine Hochstimmung weicht einem wenig beschwingten Realitätsgefühl. Vor mir stehen zwei Beamte der örtlichen Polizei und scharren mit den Füßen. Ich blicke auf das Schild an der Tür. Es ist der Raum 3.1, der mir in dem amtlichen Schreiben mitgeteilt wurde, dort habe ich mich einzufinden. Auf einem Zettel, der an die Wand daneben geheftet ist, steht mein Name. Ich drücke die Türklinke herunter und stolpere in den Saal. Mindestens ein paar Dutzend Augenpaare drehen sich in meine Richtung und starren mich an. Es handelt sich eindeutig nicht um meine Verhandlung.

»Entschuldigung«, murmele ich und versuche, die Tür so leise wie möglich hinter mir zu schließen. Die Polizisten grinsen sich an.

Zu meiner Überraschung taucht plötzlich meine Mutter auf dem langen Flur auf, in Begleitung von Daisy, einer Punkerin, die ich aus Würzburg kenne und die auch auf meiner Geburtstagsparty war. In diesem Moment fällt mir ein, dass ich sie damals bei der polizeilichen Vernehmung als Zeugin angegeben habe. Wir wechseln ein paar Worte, langsam werde ich nervös. Erst kurz vor drei Uhr öffnet sich die Tür schließlich. Die Stimmung ist gelöst, es ist wohl ein Verkehrsunfall abgewickelt worden, der für beide Parteien einen offenbar akzeptablen Vergleich ergab.

Zögerlich gehe ich in den Saal hinein. Der Richter mustert mich mit strengem Blick, neben ihm sitzt eine Staatsanwältin, deren Gesichtsausdruck nicht gerade als wohlwollend bezeichnet werden kann. Daneben schielt ein schlechtgelaunter Schreiberling über seine Brille. Man weist mich an, mich auf einen mittig im Raum stehenden Stuhl zu setzen. Ich habe keinen Tisch vor mir, nichts, worauf ich mich stützen kann, um einen Halt zu haben. Ich fühle mich nackt, weiß nicht so recht, wohin mit meinen Armen, Händen und Beinen. Mein Gesicht fängt an zu jucken. Der Richter beginnt die Verhandlung und liest meine Daten im Eiltempo herunter.

»Ledig?«, fragt er.

Ich nicke.

»Beruf?«

»Im Moment keinen.«

»Wovon leben Sie dann?«

»Kindergeld. Ich habe gerade mein Abitur gemacht«, gebe ich zu Protokoll.

»Sie haben das Recht zu den Anklagen zu schweigen«, belehrt mich der Richter, danach liest er den Anklagesatz aus der Anklageschrift vor. Man wirft mir vor, im Zuge meiner Geburtstagsparty die Scheibe einer Vitrine auf dem Weg zur Innenstadt eingetreten zu haben.

»Möchten Sie sich zu der Anklage äußern?« Der Richter hat seine Version der Geschehnisse in der Partynacht beendet, und in meinem jugendlichen Leichtsinn denke ich tatsächlich, ich könnte mich entlasten, indem ich die wahren Vorkommnisse schildere. Ich erzähle, dass ich, ziemlich betrunken, mit einer Gruppe herumgelaufen bin, aber weder irgendetwas eingetreten noch eingeworfen habe. Stattdessen hätte ich mich um Deeskalation bemüht und wäre sofort kooperativ auf die eintreffende Polizei zugegangen. Damit habe ich meine Sicht der Dinge wiedergegeben. Ich schaue zu den Staatsdienern, ob mir meine Verteidigung etwas gebracht hat. Der Richter wendet sich mit einem gelangweilten Blick an die Staatsanwaltschaft: »Haben Sie noch Fragen, Frau Staatsanwältin?« Die Dame in ihrem schwarzen Talar sagt daraufhin: »Ich würde gern die Zeugen zu dem Hergang befragen.«

Zunächst kommt einer der Polizisten zu Wort, der als »Kriminalbeamter Wegener« angesprochen wird. Er hantiert mit irgendwelchen Lichtbildtafeln herum, wobei er bei seinen Erklärungen meiner Meinung nach grundlegende physikalische Gesetze außer Acht lässt. Er hat anscheinend vergessen, dass er es bei mir nicht mit einer Hochleistungsballerina oder einer Kung-Fu-Kämpferin zu tun hat. Wie sonst ließe sich eine Einschlagstelle in zwei Meter Höhe erklären, die ich angeblich mit »einem kräftigen Tritt« verursacht habe?

»Dass die Altenheime wackeln sollen, das hat sie schon vor der Party angekündigt.« Die Stimme des Kriminalbeamten Wegener bekommt einen scharfen Unterton. Er holt meinen Einladungsflyer heraus, um dem Richter meine zerstörerischen Intentionen zu verdeutlichen.

»Vielen Dank, der Zeuge bleibt unvereidigt«, verkündet dieser nun. Als Nächstes betritt ein blonder, etwa sechzehnjähriger Hip-Hopper den Saal. Ich erkenne ihn zunächst nicht wieder, kann mich aber schließlich dunkel erinnern, ihn auf meiner Party gesehen zu haben. War er nicht der, der dem älteren Kurgast einen Maulkorb anempfohlen hat? Er wird in Handschellen vorgeführt.

»Wie heißen Sie?«, fragt der Richter.

»Jochen Pichel.«

»Wohnort?«

»Jugendjustizvollzugsanstalt.« Ich horche auf.

»Sind Sie mit der Angeklagten verwandt oder verschwägert?« Der Junge wirft einen verstohlenen Seitenblick auf mich.

»Nein«, entgegnet er leise.

»Möchten Sie Angaben zu der Sache machen?«

»Nein.«

»Ich möchte Sie auf Ihre Pflichten als Zeuge hinweisen, Herr Pichel.« Der Ton des Richters wird strenger. »Wir haben hier Ihre Aussage vom 2. September vergangenen Jahres. Sind Sie sicher, dass Sie sich nicht dazu äußern wollen?«

Langsam und stockend beginnt Jochen zu erzählen. »Ich erinnere mich nicht, dass Silvia irgendeine Scheibe eingetreten hat.«

Die Antwort gefällt dem Richter nicht. »In Ihren Aussagen vom 2. September haben Sie aber etwas anderes zu Papier gegeben.« Er verliest danach das Protokollierte und zeigt Bilder der Verwüstungen.

»Cool«, kommentiert Jochen und fährt fort: »Falls ich das nach der Feier ausgesagt haben soll, so kann ich mich jetzt nicht mehr daran erinnern. Ich habe mindestens acht Flaschen Bier getrunken.«

»Weißt du noch, aus welchem Material die Vitrine war?« Ich muss mich in den Dialog einmischen. Jochen dreht sich langsam zu mir um. »Eigentlich kann ich mich an diese blöde Vitrine überhaupt nicht mehr erinnern.«

»Sie sind ruhig«, zischt die Staatsanwältin mir zu und nimmt mir damit das Recht zur Befragung des Zeugen. Den Richter scheint das nicht weiter zu stören. Zu Jochen gewandt sagt sie: »Sie haben aber zu dem gegebenen Zeitpunkt die Aussage gemacht. Sie werden sich doch wohl noch entsinnen können.«

»Keine Ahnung, vielleicht haben die Polizisten meine Aussage manipuliert.«

»Das sieht denen ähnlich«, entfährt es mir.

Die Staatsanwältin läuft rot an. »Sie müssen sich nicht noch mehr disqualifizieren, als Sie es mit Ihrem Erscheinungsbild schon tun.«

Auch mir steigt jetzt das Blut in den Kopf. Ich trage eine schwarze Bluse und einen Jeansrock, meinen Iro habe ich gewaschen und auf rechts geföhnt. Nur meine abgewetzten Lederstiefel haben vorn ein Loch. Das nächste Mal werde ich mich für das Gericht nicht mehr so schick herrichten.

»Herr Pichel, Sie werden unvereidigt entlassen.« Der Richter nickt den Begleitpolizisten zu. Jochen wird wieder in Gewahrsam genommen.

»Da wäre noch was.« Jochen räuspert sich.

»Was denn?« fragt der Richter ungeduldig.

»In der Aussage steht, dass ich Silvia in der Psychiatrie kennengelernt habe. Ich bin nie dort gewesen.«

Anschließend wird jener Polizist befragt, der Jochen am 2. September vernommen hat. »Die Aussagen von Jochen Pichel waren vollkommen glaubwürdig«, bestätigt er. »Er war sehr redselig, wirkte aber klar und nüchtern. Der vorgenommene Promilletest bestätigte das.«

»Aber der Promilletest wurde doch am nächsten Vormittag gemacht,« wende ich ein.

»Ich bitte um Ruhe.« Der Richter klopft auf den Tisch.

»Nicht einen Moment lang können Sie sich zurückhalten«, giftet die Staatsanwältin mich an. »Wenn ich mir so anschaue, dass Leute wie Sie Abitur machen können, sehe ich schwarz für dieses Land.«

»Bitte?« Ich muss mich wohl verhört haben. In diesem Moment bereue ich, mir nicht wenigstens einen Pflichtverteidiger genommen oder mich besser vorher informiert zu haben, etwa bei der Roten Hilfe. Das hier ist kein Spiel.

»Wie ich aus den Akten ersehen kann«, sagt der Richter zu mir, »laufen derzeitig noch andere Ermittlungsverfahren wegen Sachbeschädigung und Hausfriedensbruch in Oldenburg gegen Sie. Man könnte von einer kriminellen Neigung sprechen.«

Ich glaube langsam, ich spinne. Für einen bayerischen Richter ist vermutlich alles, was außerhalb des Freistaats liegt, sozialistisch unterwandert; Osnabrück oder Oldenburg, das macht dann auch keinen Unterschied mehr.

»Das sind Ermittlungsverfahren, die in der Luft hängen, haltlose Vorwürfe wie das Kasperletheater, das hier abgezogen wird«, erwidere ich aufgebracht. Tatsächlich werden die Osnabrücker Ermittlungsverfahren kurz darauf eingestellt. Meine Zeugin aus Würzburg, Daisy, ist danach nur noch eine Farce, eine unwichtige Statistin. »Ich kenne Jochen schon länger«, beginnt sie ihre Ausführungen. »In der besagten Nacht war der so besoffen, der hat nicht einmal mich einordnen können.« Der Richter dankt der Zeugin am Ende ihres Berichts halbherzig. Nachdem die Staatsanwältin das Zuchtmittel Jugendarrest für mich beantragt hat, erteilt der Richter mir das letzte Wort.

»Ich habe nichts gemacht«, erkläre ich. »Der Zeuge, auf dessen Aussagen hin meine Anklage formuliert wurde, hat diese soeben zurückgenommen. Er ist daher völlig unglaubwürdig. Ich beantrage für mich Freispruch.«

Ich werde nach draußen gebeten, um kurz darauf wieder hereingerufen zu werden. Der Richter räuspert sich und verkündet das Urteil im Namen des nicht anwesenden Volkes: »Die Angeklagte ist der Sachbeschädigung für schuldig befunden. Die Angeklagte wird geahndet mit dem Zuchtmittel des Jugendarrests in Form von vier Tagen Kurzarrest. Es wird davon abgesehen, der Angeklagten Kosten und Auslagen aufzuerlegen. Meine Damen, meine Herren, ich wünsche einen guten Tag.«

»Eine Kriminelle in der Familie!« Mein Vater ist außer sich, als ich ihm von dem Urteil erzähle. Von Unregelmäßigkeiten und Unausgewogenheiten in der Verhandlung will er zunächst nichts wissen. »Ein Gericht nennt sich Gericht, das hat wohl damit zu tun, dass es *Recht* spricht.«

»Recht?« Ich schnaube auf. »Hast du dir schon mal überlegt, wer die Gesetze gemacht hat? Und wem sie nützen?«

Mein Vater winkt ab. »Mit deinen anarchistischen Verschwörungstheorien kannst du deinen asozialen Punkerfreunden kommen, mir nicht.«

»In dem Prozess gab es tatsächlich mehr als nur eine Ungereimtheit«, widerspricht ihm überraschenderweise meine Mutter. »Ich habe mir alles notiert.« Nun ist mein Vater erst einmal still. In den nächsten Tagen holt er selber Informationen ein, schaut sich auch den »Tatort« an und stimmt mir schließlich zu, dass ich die Scheibe nur hätte eintreten können, wenn die Naturgesetze für mich nicht gelten würden. Im Internet recherchiert er zu vergleichbaren Gerichtsurteilen. Als er später das Protokoll der Verhandlung liest, ist er endgültig überzeugt, dass hier ein Urteil gefällt, aber nicht Recht gesprochen wurde. Sein festgefügtes Weltbild, dass es in unserem Rechtsstaat gerecht zugeht, wird dauerhaft erschüttert.

»Herzlichen Glückwunsch, Sie dürfen in Zukunft die Straßen unsicher machen.« Der Prüfer lächelt verhalten, vielleicht hat er Angst, mir demnächst vor das Auto zu laufen. Immerhin hat er mich fast durch die Prüfung rasseln lassen – nicht ohne Grund. Jetzt fehlt nur noch der Bus, und dann kann ich mein Kleinstadtintermezzo endlich zu Ende bringen.

Über eBay werde ich fündig, gleich am nächsten Wochenende kann ich nach einer mehrstündigen Zugfahrt mein neu erstandenes Wohnmobil im Ruhrgebiet abholen und zahle 1876 Euro in bar. Mein Vater begleitet mich, er traut der ganzen Sache nicht. Auf der Rückfahrt hält er mir vor: »Ein Fahrzeug ersteigert man nicht im Internet. So etwas schaut man sich vorher an. Kein Unfug kann dir groß genug sein.«

Ich schalte die Ohren auf Durchzug, immer macht er mir alles madig. Außerdem habe ich genug damit zu tun, den Bus in der Spur zu halten, der ganze 2,8 Tonnen wiegt, da hält sich das Lenkrad schwer in den Händen. Leider stellt sich schon bald heraus, dass mein Vater Recht hatte. Für diesen Metallhaufen habe ich genau 1876 Euro zu viel bezahlt.

In den nächsten Tagen versuche ich, den Bus einigermaßen zu reparieren, decke Roststellen ab, isoliere die Hintertür, versuche einen Klapptisch und Stühle anzuschrauben und die Spüle anzuschließen, was mir mehr schlecht als recht gelingt.

Endlich soll meine Reise losgehen. Ich trage meine Habseligkeiten – Decken, Kissen, Kleider, Fotoalbum, Bücher sowie den halben Werkzeugkasten meines Vaters – in den Bus. Auch den Regenmantel und die Gummistiefel vergesse ich nicht, und eine Gitarre meines Onkels, die jahrelang auf unserem Dachboden verstaubte, darf ebenfalls mit. Zu guter Letzt packe ich meinen Plüschhasen auf den Beifahrersitz. Sonst nichts. Alten Ballast, wie verkorkste Beziehungen und falsche Freundschaften, will ich nun endgültig hinter mir lassen. Das rede ich mir zumindest ein, als ich in dem Fotoalbum blättere, in dem ich die wenigen zerknitterten Fotografien meiner letzten bewegten Jahre sammele und ein Bild von Timo und mir sehe, natürlich auf einer Demonstration. Im Hintergrund fordert ein großes Transparent »Autonome Zusammenhänge stärken – dem Staat die Zähne zeigen«.

Meinen Eltern lasse ich einen Zettel da: »Liebe Mama, lieber Papa, trotz vieler Meinungsverschiedenheiten in den letzten Jahren möchte ich mich für euer Engagement bedanken, besonders jenes, mich in die Welt gesetzt zu haben. Ich habe es euch nicht leichtgemacht, ihr mir aber auch nicht. Jetzt werde ich meinen eigenen Weg gehen, will versuchen, in einer anderen Stadt Fuß zu fassen. Ich werde mich aber in regelmäßigen Abständen melden, damit ihr wisst, dass es mir gutgeht. Viel Glück, eure Tochter.«

Was ich nicht wissen kann: Meinen Vater werde ich früher wiedersehen, als mir lieb ist.

Dann geht es los, Richtung Berlin, auf in mein neues Leben. Weil das Radio im Bus nicht richtig funktioniert, drehe ich meinen alten Kassettenrecorder auf volle Lautstärke und höre *Die Hamletmaschine*, ein Theaterstück von Heiner Müller mit Musik von den *Einstürzenden Neubauten*: »Herr, brich' mir das Genick im Sturz von einer Bierbank.« Herrlich! »Man sollte die Weiber zunähn, eine Welt ohne Mütter. Wir könnten einander in Ruhe abschlachten…«

Besser kann man das gar nicht auf den Punkt bringen. Abrupt werde ich aus meinen Gedanken gerissen, denn plötzlich rumpelt es im Fahrgestell und will nicht aufhören. Es scheppert und kracht in regelmäßigen Abständen, fast rhythmisch. Ich fahre von der Autobahn hinunter ins nächste Dorf, um mir Hilfe zu suchen. Die Werkstatt, die ich schließlich finde, scheint mir wenig vertrauenswürdig zu sein. Dicke Spinnweben am Eingangstor deuten darauf hin, dass sich seit längerer Zeit kein Kunde mehr an diesen Ort verirrt hat. Der Mechaniker ist ein wortkarger Kauz, der sich aber sofort unter dem Wagen zu schaffen macht. Ich sitze daneben, die Chemikalien und der Ölgeruch in der Luft benebeln mich.

»Wie heißt denn dein Schutzengel?«, fragt der Mann, während er wieder unter dem Wohnmobil hervorkommt, völlig verschmiert.

»Wie bitte?« Ich verstehe nicht.

»Du weißt nicht, wie dein Schutzengel heißt? Das solltest du aber schleunigst herausfinden und dich bei ihm bedanken. Zehn Kilometer weiter auf der Autobahn mit diesem Ding« – dabei schlägt er so heftig gegen die Karosserie, dass ich schon protestieren möchte –, »und du wärst nicht mehr.« Er knallt mir ein Stück Metall vor die Füße. »Weißt du, was das ist?« Ich schüttele den Kopf. »Mädel, wie willst du so ein Teil herumkutschieren, ohne auch nur die geringste Ahnung von Tuten und Blasen zu haben? Das hier« – er hebt den Metallbrocken wieder auf – »ist eine Radschraube, und nicht nur die war locker.«

Er nimmt mich an der Hand, was mir unangenehm ist, und führt mich um den Bus herum. Die lose Schraube hat ein großes Loch in die Radkappe geschlagen. »Das muss ausgewechselt werden, genauso wie Felge und Reifen.« Er wischt sich mit der Hand über die Stirn, ein Ölstreifen bleibt zurück. »Ich hoffe, du hast was auf der Tasche.«

Zähneknirschend zahle ich ihm den gewünschten Betrag, bevor er sich an die Arbeit macht. Bald werde ich einen Job brauchen, wenn ich weiter so viel Geld ausgeben muss. »Ach ja, übrigens …« Als ich nach der Reparatur mein Gefährt wieder besteigen will, pfeift mich der Mechaniker zurück. »Lass demnächst mal die Bremsleitungen und vor allem die Lichtmaschine überprüfen. Das könnte bald Ärger geben. Am besten, du suchst dir 'nen ordentlichen Kerl, der es für dich richtet.« Bevor ich mich mit einem Idioten wie dir umgebe, lerne ich das lieber selbst, denke ich trotzig, sage aber nichts.

Nach zwei Stunden Unterbrechung bin ich schließlich wieder auf der Autobahn. Ich komme mir vor, als hätte ich die Initiationsprüfung zum Erwachsenwerden bestanden. Schon bei der nächsten Autobahnraststätte fahre ich gleich wieder raus, nicht weil ich unbedingt eine Pause bräuchte, mir ist nur langweilig. Vielleicht kann ich einen Tramper mitnehmen. Diese selten gewordene Spezies läuft zwar allmählich Gefahr, auszusterben, aber heute ist mir das Schicksal wohlgesinnt. Tatsächlich laufen mir zwei junge Männer über den Weg, den einen davon kenne ich sogar. »Mensch, Pit!« Ich freue mich, den Kochazubi, den ich in Berlin getroffen habe, wiederzusehen.

»Na, Abitur bestanden?«, fragt er.

»Klar. Wohin soll es bei euch gehen?«

»Nach Jena, zum Grenzcamp.«

»Ach, ist das dieses Jahr in Jena? Letztes Jahr war ich deswegen in Frankfurt am Flughafen.«

»Dann kannst du doch auch nach Jena mitkommen!«

Das lasse ich mir nicht zweimal sagen, Berlin muss noch ein wenig auf mich warten.

Es regnet unentwegt, und schnell hat sich die Wiese, auf der das Camp aufgebaut ist, in ein Schlammloch verwandelt. In meinem Bus sitzen ständig die verschiedensten Leute, Afrikaner, aber auch ein paar Frauen aus dem Wendland. Jeden Abend umrunden uns Neonazis, trauen sich aber nicht, auf den Platz zu kommen. Sie können nicht einschätzen, wie viele wir sind.

Zusammen mit einer Gruppe von jungen Frauen und Männern schneide ich Gemüse für die sogenannte Volksküche am Abend. Jeder ist eingeladen, bei dieser Arbeit zu helfen, wenn auch die Küchencrew ein eingespieltes Team mit eigenem Equipment ist, das politische Camps, Protestveranstaltungen und -meetings mit veganem Essen versorgt.

Ich fühle mich in diesem Mischmasch von Menschen äußerst wohl. Anstatt mit nassen Stiefeln herumzurennen, bin ich wieder barfuß unterwegs, wie früher. Kinder spielen im Matsch. In einem Zelt werden Workshops abgehalten, in denen man über aktuelle Entwicklungen in der deutschen Migrationspolitik redet. In einem anderen bereitet man konkrete Aktionen vor, so soll es am nächsten Tag eine Demonstration vor den Zeiss-Werken geben, heute Jenoptik genannt, einem wichtigen Arbeitgeber in Jena. Dieser Konzern stellt nicht nur Brillengläser und Kameralinsen her, sondern auch technische Überwachungsinstrumente, mit denen an der Südgrenze Europas relativ unbemerkt von der mitteleuropäischen Öffentlichkeit eine militärisch abgeschirmte Grenze aufgebaut wird.

Während wir demonstrieren, machen ein paar von uns mit ihren Kameras Fotos. Wer wohl die Linsen dafür hergestellt hat, frage ich mich. Es fällt mir zunehmend schwer in Schwarz-Weiß-Kategorien zu denken. Ich sehne mich für einen Moment in jene Welt zurück, in der die Einteilung in Gut und Böse funktionierte.

Auf der Demo werden – wie üblich – ein paar Leute verhaftet, und wir marschieren anschließend zur Polizeistation, um unsere Solidarität mit ihnen zu bekunden. Auf dem Weg dorthin sammeln wir Nacktschnecken ein, die wir auf der Station aussetzen. Das bringt mir ernsthafte Diskussionen mit einigen Tierschützern ein. Ich verziehe mich zu den Afrikanern. Sie können nicht verstehen, wie man sich über eine solche Bagatelle streiten kann.

Am liebsten mag ich eine Frau aus dem Senegal. Sie wohnt in einem Flüchtlingslager in Markersdorf, nahe Gera. Araba darf nicht aus ihm heraus, verstößt also mit ihrem Engagement in Jena gegen die Residenzpflicht, einer europaweit einmaligen Vorschrift, die es jedem Flüchtling verbietet, den von der Ausländerbehörde zugewiesenen Bezirk zu verlassen. Das Übertreten der Bezirksgrenze ahndet der deutsche Staat mit einer Freiheitsstrafe bis zu einem Jahr. Bei mehrmaligem Übertreten kann es zu einem direkten Abschiebeverfahren kommen. Verstöße gegen die Residenzpflicht gehören zu den Vergehen, die die Statistik der »Ausländerkriminalität« in die Höhe treiben. »Nächsten Monat werden wir eine Veranstaltung machen, eine Karawane«, erzählt Araba. »Du hast einen Bus, willst du nicht mitmachen? Es geht um mehr Rechte für Flüchtlinge, mehr Rechte auf ein normales Leben.« Ich muss mir das erst noch überlegen.

Zunächst einmal fahren wir nach Markersdorf, eine weitere Aktion des Grenzcamps. Das Flüchtlingslager liegt mitten im Wald. Hier wohnen nicht nur Afrikaner, sondern ebenso viele Menschen aus ehemaligen GUS-Staaten und dem Kosovo. Auch ein paar Südamerikaner sind in den viel zu engen und schlecht isolierten Zimmern eines ehemaligen DDR-Ferienlagers eingepfercht. Ich bin geschockt, so etwas Verkommenes habe ich noch nie gesehen. Die sanitären Anlagen sind in einem katastrophalen Zustand, oft fließt kein Tropfen Wasser aus den Leitungen. Als Duschen dienen einfache Rohre, die in der Wand eingelassen sind. Klobrillen fehlen, Spülungen lassen sich kaum betätigen. In der Gemeinschaftsküche funktioniert die Hälfte der Herdplatten nicht, zwei andere können nicht mehr ausgeschaltet werden. »Wozu braucht es da noch brandsatzwerfende Nazis?«, fragt Pit zynisch. Kabel liegen herum, teilweise sind sie nicht richtig geerdet. Stromschläge gehören hier zum Alltag. In einigen Zimmern gibt es keine Betten, die Leute müssen auf dem Fußboden schlafen. Bis zu zehn Personen teilen sich einen Raum, der kleiner ist als mein altes Kinderzimmer.

Ich fühle Scham aufkommen angesichts der unwichtigen Diskussionen, die ich jahrelang erbittert mit meinen Eltern geführt habe. Im Vergleich zu diesem Ort hatte ich das Paradies auf Erden. Ich nehme mir vor, in Zukunft meine eigenen Ansprüche herunterzuschrauben und mehr für andere da zu sein.

Einer der Organisatoren des Grenzcamps hält eine Rede, die sich ziemlich lange hinzieht, da jedes Wort ins Englische, Französische und Russische übersetzt wird. Ich erfahre, dass das Lagergeschäft, für das es Gutscheine im Wert von 128 Euro pro Monat gibt, doppelt so teuer ist wie die Läden außerhalb dieser Einrichtung. Um in die zuständige Ausländerbehörde nach Greiz zu gelangen, müssen die Flüchtlinge auf die einzig erreichbare Busverbindung zurückgreifen, die ein Umsteigen in Gera, einem anderen Landkreis, nötig macht. Will ein Flüchtling zur Behörde, ohne gegen die Residenzpflicht zu verstoßen und eine Strafe zu riskieren, so muss er einen Urlaubsschein beantragen. Wird dieser verweigert, können die Leute nicht zur Ausländerbehörde, um ihre Fragen zu klären. Vierzehn Euro gibt es für jeden monatlich in bar, erzählt der Redner weiter. Um die auszugeben und den nächstgelegenen Laden außerhalb des Lagers zu erreichen, ist wiederum ein Urlaubsschein nötig. Als wäre das nicht schon alles absurd genug, erfahren wir zudem, dass sich auch die in drei Gehminuten vom Lager entfernte Telefonzelle bereits jenseits der Landkreisgrenze Greiz befindet. Will man hier also mit Familie und Freunden in Kontakt bleiben, ist das ein krimineller Akt, wenn man sich nicht jeden Gang zur Telefonzelle genehmigen lässt. Die Polizei soll bevorzugt in den Abendstunden um die Telefonzelle herum patrouillieren und willkürlich Dokumente verlangen.

Die Kinder der Flüchtlinge scharren langsam unruhig mit den Füßen. Nach einer Weile gehen sie wieder zu den Teppichstangen, um daran zu baumeln – ihr einziger Freizeitvertreib. Den Flüchtlingen ist es verwehrt, eine Arbeit anzunehmen, um ihre Lebenssituation zu verbessern, solange sie keinen Duldungsstatus innehaben. Ein Sprachkurs ist ebenso wenig vorgesehen, um aus dieser entmündigenden Situation herauszukommen. Der Lageraufenthalt ist offensichtlich ein Instrument deutscher Flüchtlingspolitik, die Asylsuchenden dazu zu bewegen, sich freiwillig zurück in ihr gefährliches Herkunftsland zu begeben.

Nach und nach berichten Flüchtlinge von ihren persönlichen Erfahrungen, von Problemen mit der Lagerleitung und wie sehr sie sich eingeschüchtert fühlen. Trotz Sprachproblemen kommen wir uns schnell näher. Wir veranstalten ein Picknick, spielen mit den Kindern Ball und Frisbee. Die meisten von ihnen gehen in keine Schule, dazu haben sie keine Erlaubnis.

Nach ein paar Stunden bereitet die Polizei unserem Zusammensein ein Ende.

Sie liest uns Grenzcampern Anzeigen wegen Hausfriedensbruch vor. »Wir haben nur Freunde eingeladen«, ruft Araba. Niemand geht darauf ein. Sie schreit jetzt laut und wirft sich auf den Boden. »Das ist Deutschland, das ist Freiheit!« Ich habe Angst, dass sie gleich anfängt zu hyperventilieren.

Wir sollen das Lager nun geschlossen verlassen. Ohne weitere Konsequenzen, versichert man uns. Ein fauler Trick! Der Ausgang ist gesperrt, man möchte alle Personalien sehen. Erst nach über einer Stunde und zähen Verhandlungen mit der Polizei erreichen wir, dass nur fünf Leute nähere Angaben zu ihrer Person machen müssen und eine Anzeige erhalten, während der Rest unbehelligt bleibt. Jahre später, als man die Fußballweltmeisterschaft 2006 mit dem Slogan »Die Welt zu Gast bei Freunden« bewirbt, denke ich immer wieder an diese Episode zurück.

Knapp einen Monat später kommen wir wieder in Makersdorf vorbei. Diesmal im Rahmen der Karawane für mehr Rechte für Flüchtlinge, ich hatte mich entschlossen, an ihr teilzunehmen. Nach allem, was ich gesehen habe, erscheint mir nichts dringlicher, als die Flüchtlinge zu unterstützen. Ich habe meine Klapperkiste dabei, bei der mittlerweile der Auspuff abgefallen ist und die deshalb noch lauter als ohnehin über die Landstraßen röhrt.

Hauptsächlich dient die Karawane zur Vernetzung von Flüchtlingsfamilien. Man will die meist völlig verschreckten Menschen zusammenbringen und mobilisieren, Hilfe zur Selbsthilfe geben, Adressen von Anwälten und Immigrantenorganisationen austauschen. Zu unserem Trupp gehören Menschen aus vierzehn verschiedenen Ländern, mindestens fünf Religionen sind zusammen unterwegs. Die Polizei weiß Bescheid, greift aber nicht ein, obwohl sie es wegen Verletzung der Residenzpflicht bei einigen mitfahrenden Flüchtlingen tun könnte. Für viele ist es die erste Gelegenheit, sich ein Bild von ihrer neuen Wahlheimat zu machen. Die Stimmung ist trotz der Brisanz und der teilweise erschütternden Aussichten gut.

In Makersdorf sehen wir, dass sich die Zustände in der Zwischenzeit nicht gebessert haben, im Gegenteil. Heute werden wir gar nicht erst aufs Grundstück gelassen. Die Polizei schirmt alles ab. »Ein Gefängnis ist das, kein Zuhause«, rufen wir. Wir haben Spielsachen für die Kinder gesammelt und wollen sie den Lagerbewohnern überreichen. Doch nur ein paar von ihnen trauen sich, uns außerhalb der Umzäunung zu treffen und mit uns zu reden. Um sie nicht weiter in Gefahr zu bringen, drücke ich einer Mutter, die drei kleine Kinder bei sich hat, schnell den Sack mit den Plüschtieren in die Hand.

Die letzte Karawanenstation ist Berlin, wo wir ein sogenanntes Zentrales Auffanglager inmitten eines Industriegebiets nahe dem Siemensdamm besuchen wollen. Vorher rollt unsere Karawane aber noch einige hundert Kilometer durch die blühenden Landschaften Ostdeutschlands. Wir treffen auf selbstbewusste Flüchtlinge in einem Lager im sächsischen Zwickau, dessen Heimleitung uns immerhin auf das Gelände lässt. In Weißenfels, einer Stadt in Sachsen-Anhalt, die von den ortsansässigen Rechten gern als »national befreite Zone« gefeiert wird, lernen wir die fast ausschließlich schwarzafrikanischen Insassen eines Lagers kennen, die am Rande der Kleinstadt, bewacht von Mitarbeitern der Arbeiterwohlfahrt, ihr Dasein fristen. Wir veranstalten eine bunte Demo mit vielen Trommlern durch die Straßen von Weißenfels, stoßen aber nur auf Desinteresse. Nicht anders ergeht es uns in Neubrandenburg. Die Vorhänge der Plattenbaufenster schließen sich während unserer Demo wie von Geisterhand, Menschen wechseln die Straßenseite, wenn sie uns kommen sehen. Ich wundere mich über die Lebensfreude und Gefasstheit, die sich die meisten Flüchtlinge angesichts ihrer schwierigen Situation bewahrt haben.

Das Zentrallager in Berlin können wir nur von außen betrachten, auch hier sehen wir uns dubiosen »lagerinternen Regelungen« ausgesetzt. Es scheint fast ein Verbrechen zu sein, sich für Asylbewerber und ihre Belange zu interessieren und einzusetzen. Die Mainstream-Medien übergehen unsere Pressemitteilungen, entlang der Karawane tauchen nur gelegentlich Mitarbeiter von freien Radiosendern und linken Blättchen auf.

Nach ein paar weiteren Aktionstagen in der Hauptstadt ist die Tour beendet. Wir schlafen im Veranstaltungsraum eines mittlerweile geräumten Hausprojekts, der York 59. Die Stimmung ist gedrückt, jeder wird wieder seiner eigenen Wege gehen. Beim Abschied von den Flüchtlingen wird deutlicher als zuvor, dass uns Welten trennen. Wir gehen zurück an unseren Arbeitsplatz, an die Uni oder aufs Sozialamt. Wir denken darüber nach, das Studienfach zu wechseln, wir überlegen uns, ob wir ein Jahr nach Südamerika reisen wollen, um die Welt und das Leben besser zu verstehen. Wir sorgen uns um den Blick, den unser Freund gestern einer anderen Frau nachgeworfen hat, und ob wir unser neues Laptop lieber in Raten zahlen oder doch eine schicke Digicam erstehen wollen. Unsere neugewonnenen Freunde haben dagegen oft seit vielen Jahren keine Muße, über die Banalitäten des Lebens nachzudenken, auch nicht in Deutschland. Die meisten von ihnen werden ebenfalls bald reisen, allerdings nicht ver-, sondern ausreisen. Zwei Algerier haben gerade einen Anruf von ihrem Anwalt erhalten. Er teilte ihnen mit, dass man ihrem Antrag auf Bleiberecht nicht stattgeben konnte, da die Situation in ihrem

Heimatland nicht als gefährlich eingestuft wird. Ihnen stehen Tränen in den Augen. Wir umarmen uns alle ein letztes Mal, wahrscheinlich werden wir uns nie wiedersehen.

Es ist Sonntagnachmittag, ein warmer Herbsttag 2002, ich bin endlich in Berlin und stehe unschlüssig vor meinem Bus. Mittlerweile zieren ihn mehr Dellen von missglückten Ein- und Ausparkversuchen, als ein durchschnittlicher Jugendlicher Pickel vorzuweisen hat. Was können die nächsten Schritte sein, um meinem Ziel näher zu kommen, überlege ich. Und wie sieht das momentan überhaupt aus? Ich hole einen kleinen Block hervor und notiere: »Freunde finden. Kai finden!!! Einen Wagenplatz finden. Einen Job finden. Schweißen lernen (auch besser tischlern können). Eine Band finden und in ihr als Schlagzeugerin spielen.«

Ich lese mir noch einmal durch, was ich aufgeschrieben habe. Es geht viel ums Finden, als ob ich etwas verloren hätte. Dabei habe ich doch jetzt alles, was ich mir immer gewünscht habe – und will immer noch mehr. Hatte ich nicht gerade mit den Flüchtlingen gelebt, und jetzt dachte ich nur an die Erfüllung eigener Sehnsüchte. Ist das ein menschlicher Zug, sich niemals zufriedenzugeben mit dem, was man hat? Oder ist das nur meine Perspektive, weil ich in dieser konsumfixierten Welt aufgewachsen bin? Wie frei bin ich wirklich? Und inwieweit belüge ich mich tagtäglich selbst? Kann man überhaupt gegen die Gesellschaft sein, wenn man gleichzeitig ein Teil von ihr ist? Mein Kopf schwirrt, ich fühle mich diesen Fragen hilflos ausgeliefert.

10
Eine andere Armut

»Hey, gibt es hier noch einen Platz für einen armen polnischen Landstreicher?« Lukas, ein verrückter Pole mit wuscheligen braunen Haaren, der mit einem kleinen Stoffbeutel und einer Wandergitarre an der Karawane teilgenommen hat, reißt mich aus den Gedanken.

»Klar«, antworte ich. »Wohin soll es denn gehen?«

»Wohin wohl? Warschau City natürlich.«

Ich lache. »Das ist doch nicht dein Ernst!«

Drei Stunden später befinden wir uns an der Grenze nach Polen. Ich habe mich wieder einmal breitschlagen lassen, mich ohne jegliche Vorbereitung in ein Abenteuer zu stürzen. Es kann ja nicht immer nur um mich gehen. Lukas, der fünfzehn Jahre älter ist als ich, hat große Pläne, er will sich in Polen eine neue Existenz aufbauen, nachdem ihm dies in Deutschland in den letzten zehn Jahren nicht gelungen ist. »Ein Stück Land finden und mich selbständig machen«, das ist sein Credo. Ich hätte gern seine Leichtigkeit. Er singt und pfeift die ganze Fahrt über.

Ganz anders sieht die Angelegenheit für Angelika aus, eine Anhalterin, die wir in Frankfurt (Oder) mitnehmen. Sie wirkt mit ihren dünnen blonden Haaren und dem blassen Teint ein wenig verhuscht, ist Lesbe und sehr stolz darauf. Da alle Männer in ihren Augen potenzielle Vergewaltiger sind, hat sie kein leichtes Leben. Dass sie Lukas nicht besonders schätzt, wird schon nach wenigen Minuten klar. Warum sie aber dennoch darauf besteht, mitzufahren, ist mir nicht ganz klar. »Ich war bislang nie in Polen und reise gern«, lautet ihre Antwort. Zwischendurch überlege ich, ob sie eventuell dabei ist, sich in mich zu verlieben. Oft versucht sie, meinen Blick aufzufangen. Ich drehe mich immer schnell weg, wenn ich das merke. Ich bin mir unsicher, was meine Gefühle Frauen gegenüber betrifft.

Dass die Reise eine Schnapsidee war, dämmert mir kurz nach dem Grenzübergang. Auf einem Schild lese ich: »Warszawa 500 km«.

»Hast du nicht gesagt, von Berlin aus seien es nur 300 Kilometer?«

Lukas versucht, zerknirscht zu wirken. »Sorry, hab' mich wohl ein bisschen verschätzt.«

»Dann kannst du aber auch mal das Lenkrad übernehmen, ich spiele hier nicht die ganze Zeit den Chauffeur.«

»Mit Vergnügen, aber wenn wir in eine Kontrolle geraten, könntest du Ärger bekommen. Ich habe nämlich keinen Führerschein.«

»Das kann doch nicht wahr sein!« Auffordernd drehe ich mich zu Angelika um, die jedoch ihre Augen niederschlägt. »Ich hab' leider auch keinen.«

Ich fahre an den Rand der landstraßenähnlichen Autobahn und stelle den Motor ab. Ein Lkw fährt mit lautem Hupen an uns vorbei.

»Um nach Warschau zu gelangen und wieder zurück nach Berlin, brauche ich mindestens hundertzwanzig Euro fürs Tanken. Hat jemand von euch so viel Geld?«

»Nein«, sagt Lukas. »Aber ich kann fünfzig Euro beisteuern.«

Angelika kramt aus ihrer Tasche weitere zwanzig Euro hervor.

»Das reicht zwar bis Warschau, aber was dann?«, frage ich.

»Kein Problem, wir können dort Kohle machen. Ich verspreche dir hoch und heilig, dass ich die Spritkosten auftreiben werde.« Lukas wirkt in diesem Moment überzeugend auf mich. Leider. Eigentlich wollte ich die nächste Ausfahrt nehmen und wieder umkehren. Stattdessen strecke ich zähneknirschend das Geld an der nächsten Tankstelle vor. Mit Tempo neunzig geht es weiter Richtung Warschau, und ich fühle mich auf dieser polnischen Landstraße wie eine Rennfahrerin. Alle zehn Minuten überhole ich einen Traktor oder ein nahezu schrottreifes Auto, und keiner drängelt hinter mir wie auf bundesdeutschen Straßen. Als wir zweihundert Kilometer später anhalten, brennen mir die Augen, und ich falle erschöpft in mein Bett im Alkoven. Angelika muss sich unter heftigem Protest das zweite Bett mit Lukas teilen.

Ich denke an Schlumpf. Lange habe ich sie nicht mehr gesehen, aber in diesem Moment vermisse ich ihre erfrischend-praktische Art. Mit ihr würde diese Tour vielleicht sogar richtig Spaß machen. So ist es eher eine Flucht, eine Flucht vor Entscheidungen, vor Verantwortung, vor dem Niederlassen an einem Ort. Ich bereue plötzlich, dass ich nicht umgedreht bin und meinen ursprünglichen Plan verfolgt habe. Selbst wenn die anderen die Dieselkosten mit mir teilen, trage ich mit dem Spritverbrauch dazu bei, dass der Krieg in der Welt weitergeht. In den letzten Wochen habe ich in den Flüchtlingsheimen viele Nigerianer kennengelernt, die mir eindringlich schilderten, wie im Nigerdelta die Ölmultis gegen das Volk kämpfen und wie wir alle in der Verantwortung stehen mit unserem ausschweifenden Lebensstil. Was habe ich in Warschau verloren? Und habe ich mich überhaupt jemals für Polen interessiert? Ich bin doch nur eine Möchtegern-Aktivistin, die mehr redet, als dass sie handelt. Große Traurigkeit erfüllt mich. Wenn selbst Leute wie ich, die wochen-, ja, monatelang nichts anderes konsumieren als Kapitalismuskritik und die an die Ursachen des ganzen Übels derart nahe herangeführt werden, nichts an ihrer Lebensweise ändern, wie soll es dann jemals zu einem Umdenken in der breiten Masse kommen? Hatte Schlumpf nicht immer einen mit Wasserstoff betriebenen Bus konstruieren wollen? Ach, Schlumpf, ich habe Sehnsucht nach dir.

Am nächsten Morgen fahren wir durch Poznań, später passieren wir hässliche, vereinzelt in der Landschaft herumstehende Wohnsilos, bis wir endlich Warschau erreichen. Ich habe mir die Stadt vollkommen anders vorgestellt. Die Innenstadt ist übermäßig herausgeputzt, so als ob auf diese Weise die Armut der Trabantenvorstädte kompensiert werden soll. Auf übergroßen Werbepostern flüstern verführerisch rote Lippen, um was es hier geht: Man möchte in die glitzerbunte Welt der Europäischen Union aufgenommen werden. »Fassade, alles nur Fassade«, bin ich versucht zu rufen. Aber keiner würde zuhören. Aus den Geschäften der Innenstadt dudelt englische Chartmusik, und die Bauarbeiter, die neue Shopping-Center für ein familienfreundliches Einkaufsvergnügen errichten, lärmen derart, dass man nicht dagegen ankommt.

Lukas will als Erstes seinen alten Kumpel Zbiegniew besuchen. Wann er ihn zum letzten Mal gesehen hat, daran kann Lukas sich nicht mehr erinnern. Die Frau, die in Zbiegniews ehemaligem Apartment wohnt, vermag nichts über dessen derzeitigen Aufenthaltsort zu berichten. »Wohin gehen wir denn jetzt?«, fragt Angelika, als wir wieder draußen sind. »Ich kenne ein besetztes Haus«, sagt Lukas. Angelika und ich stöhnen beide auf. »In dem warst du zufällig vor zehn Jahren, oder was?«

»Nein, nein, ich kenn' einen anderen Freund, der wohnt da. Er hat mir erst vor kurzem die Adresse gegeben.«

Lukas nennt die Straße und weist mich durch die polnische Hauptstadt. Wir verfahren uns unendliche Male, bis wir schließlich das gesuchte Gebäude finden. Doch welche Enttäuschung: Kein soziokulturelles Zentrum mit drei Bandproberäumen, keine hauseigene Presse und kein Permakulturgarten warten auf uns. Das besetzte Haus ist ein mehrstöckiges Fabrikgebäude und heißt passend »Fabryka«, wenigstens steht das über dem Eingangstor. Es gibt keinen Strom, kein fließend Wasser, kein Licht und anscheinend auch kein Leben in diesem Gebäude. Unsere Schritte hallen auf dem trostlosen Innenhof wider. Auf dem halb eingestürzten Dach einer weiter entfernt liegenden Fabrikhalle schlagen Menschen mit Hämmern auf Eisen ein. Wir betreten das Gebäude und tasten uns an kalten Betonwänden Stockwerk für Stockwerk nach oben vor.

»Bist du dir sicher, dass hier jemand wohnt?«, frage ich. Ganz geheuer ist mir die Sache nicht.

»Klar, hier wohnt Hendryk«, ruft Lukas, schon zwei Stockwerke weiter als Angelika und ich. In diesem Moment stürmt eine Meute aggressiver Hunde auf uns beide zu. Mir bleibt nur, erschrocken zur Seite zu springen. Die Tiere fletschen die Zähne und schnappen nach allem, was sich bewegt. Lukas stürzt die Treppen herunter, in der Hand eine zusammengerollte Zeitung. Er wirbelt mit dieser herum und gibt seltsame Laute von sich, bis sich die Köter endlich trollen. »Na, ist das nicht toll, wenn so ein blöder Schwanzträger im rechten Moment da ist und hilft?«, fragt er Angelika, die noch immer zitternd am Treppengeländer steht. Ausnahmsweise hat sie keine passende Antwort parat.

Endlich finden wir einen Raum, in dem sich Menschen aufhalten, die in der Dunkelheit auf dem kalten Boden hocken. Lediglich eine Kerze und ein kleiner Gaskocher dienen als Licht- und Wärmequelle. Die offensichtlich zu ihnen gehörende Hundebande hat sich wieder friedlich zusammengerollt. Lukas wird aufgeregt begrüßt. Schließlich bieten sie uns Tee und eine Art Haferschleimbrei an. Letzteren lehnen wir dankend ab. Komfortabel sei es hier nicht gerade, erzählen sie uns auf Englisch, aber wir könnten gern bleiben. Wir drei sind uns schnell einig, dass wir lieber in unserem Bus nächtigen. Dass Angelika sich freiwillig bereit erklärt, noch eine weitere Nacht mit Lukas in einem Bett zu schlafen, will schon etwas heißen.

Die Polen drängen mit uns nach draußen, und schon bald ist unser Bus von einem Dutzend junger Leute umringt – endlich einmal Abwechslung in der Tristesse. Später servieren wir ihnen Tee und unterhalten uns über das Leben in Warschau, was als Anarchist und Punk nicht unbedingt ein Zuckerschlecken zu sein scheint. Am Tag zuvor war eine NATO-Tagung in der Stadt, die Demo hatten wir gerade verpasst.

»Alles Faschisten hier«, erzählen die Polen, am schwersten hätten es die Homosexuellen unter ihnen, es gäbe manchmal richtige Hetzjagden. Angelika ist empört, als sie das hört. Ich betrachte währenddessen neugierig Lukas' Freunde, sie sind insgesamt ein wenig blass um die Nase. Aber wenn man in dem dunklen Kasten hier wohnt, ist das auch kein Wunder. Insgeheim muss ich schmunzeln über ihre Uniformität: Alle tragen schwarze Klamotten mit Aufnähern, und die Haare, so kurz sie auch sein mögen, sind zu kleinen Dreads gerollt.

Was die Männer dort auf dem Dach machen, frage ich und deute auf die Gestalten mit den großen Hämmern. »Sie sammeln Eisen und schlagen es so zurecht, dass sie es für etwas Geld verkaufen können.« Sechshundert Kilometer von Berlin entfernt scheint die Welt eine andere zu sein.

Am nächsten Morgen brechen wir mit ein paar von den Punks und einigen Hunden auf. Wir wollen in die Innenstadt, um Geld zu verdienen. »Mit Welpen bekommt man mehr«, erklären sie mir. Ich bin froh, dies zu hören, vielleicht erhalte ich endlich den versprochenen Spritbeitrag von Lukas. Doch die Touristensaison ist vorbei, und so nehmen die Punks mit ihren kleinen Flöten, die kaum gegen den eisigen Wind ankommen, wie auch Lukas mit seiner Gitarre wenig ein. Es reicht gerade für Hundefutter und ein paar Brötchen. Ich kaufe noch ein größeres Stück Käse, den die Polen aber ablehnen. Sie leben vegan.

Wir schlendern an dem Ufer der Weichsel entlang. Ich fühle mich nicht wohl in dieser Stadt. In dunkelbraune und graue Mäntel eingehüllt, huschen die Menschen nach Hause, den Blick auf den Boden geheftet. Hier fehlt etwas in den Straßen und in den Köpfen. Am liebsten würde ich mit einem großen Farbeimer durch die Stadt laufen und die Menschen von Kopf bis Fuß bepinseln. Noch lieber würde ich allerdings augenblicklich abreisen. Aber dann bitten uns die Polen, noch ein paar Tage zu bleiben, weil sie am Wochenende eine Food-not-Bombs-Aktion haben.

Food-not-Bombs-Netzwerke existieren seit fast dreißig Jahren in verschiedenen Ländern, aber in Osteuropa ist es eine besonders wichtige Aktionsform, erklären mir die Punks. Hauptsächlich geht es darum, übriggebliebene Nahrungsmittel aus Kantinen, Supermarktfilialen und von Märkten zu einer großen Suppe zu verarbeiten und kostenlos an die Bevölkerung zu verteilen. Die Botschaft ist simpel: In unserer Gesellschaft ist genug zum Essen da, nur falsch verteilt. Die Menschen leiden nicht unter Hunger, weil es zu wenig Lebensmittel gibt, sondern weil sie nicht erschwinglich für sie sind. Lieber lässt man Tonnen an landwirtschaftlichen Erzeugnissen verrotten, um die Marktpreise zu halten, als sie den Armen zu geben.

Schon früh am Morgen laufe ich mit Angelika und zwei polnischen Frauen über den Markt. Angelika und ich haben aufgrund unserer mangelnden Sprachkenntnisse lediglich eine passive Rolle, lächeln im Hintergrund und ziehen kleine, selbstgezimmerte Handwagen hinter uns her, die sich immer schneller mit aussortiertem Gemüse voller Druckstellen füllen. Ich kann nicht beurteilen, inwieweit die freundlichen Marktleute die antikapitalistischen und gesamtgesellschaftlichen Motive unserer Aktion erkennen oder in uns einfach nur junge, arbeitslose Menschen sehen, die ohne ihre Hilfe Hunger leiden müssen. Die Sprache eines Landes nicht zu verstehen macht mich ganz wahnsinnig. Ich fühle mich wie ein Kleinkind – ohne Einfluss und Verständnis.

Wir bringen die Sachen in eine Wohnung in der Nähe der Weichsel. Die dort schon anwesenden Leute reden aufgeregt durcheinander, erst später verstehe ich, was das Problem ist: Die Person, die normalerweise den großen Kochtopf bringt, ist heute noch nicht aufgetaucht. Keiner kann sie erreichen. Irgendjemand schwingt sich auf ein Fahrrad, um sie aufzutreiben. In der Zwischenzeit übersetzt mir jemand ein Flugblatt über das Food-not-Bombs-Netzwerk. Es wurde in den achtziger Jahren von Studenten in den USA gegründet. Jeder kann eine Gruppe aufmachen, wo immer er auch lebt, solange sie auf den Prinzipien der Konsensfindung basiert und das Essen vegan oder vegetarisch ist und frei verteilt wird. Es überrascht mich, zu hören, dass Food-not-Bombs-Initiativen in Amerika auf Terroristenlisten zu finden sind und ihr Gründer als einer der hundert gefährlichsten Einwohner der Vereinigten Staaten eingestuft wird. Er wurde schon unzählige Male inhaftiert, als er Mahlzeiten an Arme ausgab. »Hier in Polen reagiert die Polizei nicht so drastisch auf die Essensausteilung«, erzählen die Leute.

Und so erlebe ich es dann auch, als wir mit zwei Stunden Verspätung den schließlich ausfindig gemachten Topf mit heißer Gemüsesuppe auf einen Platz bringen, ganz in der Nähe eines McDonald's-Restaurants. Der Platz füllt sich zu meiner Überraschung rasend schnell mit vorwiegend alten Leuten, die zum großen Teil ihre eigenen Suppenteller mitbringen und sie uns nun entgegenhalten. Die meisten von ihnen können kaum mehr feste Nahrung zu sich nehmen, ihnen fehlen fast sämtliche Zähne. Wieder bedauere ich es, dass ich nicht mit den Polen reden kann.

Außer ein paar naseweisen Hip-Hoppern, die auf schicken Rädern ihre Kreise um den Platz ziehen und vermutlich unfreundliche Bemerkungen über uns fallen lassen, verirrt sich kein Jugendlicher hierher, es sei denn, er ist mit den Food-not-Bombs-Leuten befreundet. Nach einer Stunde ist die Aktion vorbei, und wir bringen die Sachen in die Wohnung zurück, spülen die Teller und Löffel und nehmen einige Gemüsereste mit in die Fabrik. Dort angekommen, kreist der Wodka; ich trinke mit, will nur noch abschalten und das Gesehene verdauen. Am nächsten Morgen erscheint nach und nach die gesamte Besetzerbrigade, um uns zum Abschied zu winken. Man schenkt mir noch eine anarchistische Zeitung mit Berichten aus ganz Osteuropa – *Abolishing the boarders from below* heißt sie, was mich sehr neugierig macht. Ich will nun den Motor starten, doch er springt nicht an. Bei einem weiteren Versuch passiert erneut nichts. Auch die nächsten Starts bleiben erfolglos. Schließlich steige ich aus. »Hast du in den letzten Nächten oft das Licht im Bus angeschaltet?«, fragt mich einer der Polen. Ich nicke und wundere mich über meine eigene Dummheit. Natürlich leert sich die Batterie bei meinem Stromverbrauch an dunklen Herbstabenden schnell, wenn das Auto nicht von Zeit zu Zeit bewegt wird. Jetzt wird einträchtig angeschoben – und tatsächlich schaffe ich es nach einer Weile, die Kupplung im richtigen Moment kommen zu lassen. »Du musst mehrere Stunden durchfahren, damit die Batterie es wieder packt«, ruft man uns noch nach. Lukas holt seine Gitarre hervor und grölt: »Help, I need somebody, help …« Und mir fällt ein, dass er doch eigentlich in Polen bleiben wollte. Schließlich war sein Existenzgründungswunsch der Anlass für unseren Ausflug nach Warschau. »Lass mich hinter Poznań raus. Da leben Verwandte von mir«, ist seine Antwort.

Die weitere Fahrt verläuft schweigsam, jeder hängt seinen Gedanken nach. »Wie viele Stunden sind wir schon unterwegs?«, frage ich schließlich in die Stille hinein. Mein Fuß liegt wie ein Stein auf dem Gaspedal, und mein Kopf schmerzt vom lauten Röhren des Motors.

»Vier, fünf Stunden dürften es sein«, meint Angelika.

»Denkt ihr, ich kann den Motor jetzt mal ausschalten?« Es herrscht allgemeine Ratlosigkeit, keiner hat einen blassen Schimmer von Kfz-Technik. Da ich kein Risiko eingehen will, parken wir den Bus mit laufendem Motor an einer kleinen Raststätte. Picknickende Familien, die sich aufgrund des stinkenden Auspuffs schon bald kleine Servietten vor den Mund halten, werfen uns vorwurfsvolle Blicke zu. Ich fange an, mich unwohl zu fühlen, und dränge darauf, weiterzufahren. Nach weiteren zwei Stunden bin ich so erschöpft, dass ich von der Landstraße abfahre. Kurz vor dem nächstgelegenen Dorf schalte ich einfach den Motor ab. Ein erleichtertes Aufatmen geht durch den Bus. Doch als ich nach einer längeren Pause den Motor wieder starten will, muss ich leider feststellen, dass sich die Batterie nicht wieder aufgeladen hat. Nichts tut sich. Es vergehen ein paar Stunden, bis Lukas mit ein paar hilfsbereiten Polen zurückkehrt, denen es mit Hilfe eines kleinen Transporters und einem Starterkabel gelingt, den Bus wieder zum Laufen zu bringen. Die Menschen applaudieren und winken uns nach, als wir davonfahren. Lukas genießt seinen königlichen Status.

Die nächste Nacht verbringen wir auf der Spitze eines Hügels. Am Morgen habe ich nur einen Versuch, beim Herunterrollen des Busses im rechten Moment zu schalten und die Kupplung kommen zu lassen. Für eine Expertin wie mich selbstverständlich eine Leichtigkeit. Unter dröhnendem Motorengeräusch verläuft der Abschied von Lukas am nächsten Tag in einer Ortschaft hinter Poznań recht undramatisch. Noch zweihundert Kilometer sind es bis nach Deutschland, die wir ohne Rast durchfahren. Selbst beim Tanken stellen wir den Motor nicht mehr ab. Völlig erschöpft erreichen wir am Abend die Grenze. Die Polen winken uns durch. Vor dem Grenzposten der Deutschen entdecke ich jedoch ein großes Schild: »Bitte den Motor ausstellen«. Ich ignoriere es.

»Ausweis bitte, und den Motor ausstellen.« Der Grenzbeamte schaut mich auffordernd an.

»Hören Sie«, beginne ich umständlich zu erklären, »es mag vielleicht seltsam klingen, aber ich kann den Motor nicht ausmachen, da die Batterie leer ist.«

Der Grenzer blickt verständnislos. »Ausweis bitte, und den Motor abstellen«, wiederholt er. Manchmal hat man auch Verständigungsschwierigkeiten, wenn man dieselbe Sprache spricht.

»Ich habe Ihnen doch gerade gesagt, dass es mir nicht möglich ist, den Motor auszumachen.«

»Sie fahren jetzt hier rechts ran, stellen den Motor ab, und wir werden Ihr Gefährt näher untersuchen.« Ich hole tief Luft und lenke den Wagen zu jener Stelle, die man mir angewiesen hatte. Der Motor läuft noch immer. Ein paar Beamten vom Bundesgrenzschutz tauchen auf und teilen mir mit: »Bitte stellen Sie den Motor ab und öffnen Sie die

Seitentür.« So freundlich wie möglich gebe ich ihnen zu verstehen: »Ich habe schon versucht, das Ihrem Kollegen zu erklären. Die Batterie meines Busses ist leer, und wenn ich den Motor ausmache, kann ich mich nicht mehr vom Fleck rühren.« Aber auch jetzt beiße ich auf Granit. »Motor abstellen, jetzt aber ein bisschen zackig, sonst erledigen wir das, und Sie erhalten zudem einen Bußgeldbescheid.« Ich versuche einzulenken. »Gut, ich stelle ihn aus. Aber garantieren Sie mir, beim Anschieben zu helfen oder einen Anlasserkabel zu besorgen?« Eine Antwort bleibt man mir schuldig, und so drehe ich mit einem Seufzer den Schlüssel im Schloss um, der Motor stirbt mit einem leisen Gluckern ab.

Man wirft nur einen flüchtigen Blick in den Wohnbereich meines Busses, so komme ich wenigstens um weitere drohende Bußgelder herum. »Wodka, Treibstoff, sonstige Dinge zu verzollen?« Ich verneine. Und so lautet die nächste Anweisung, weiterzufahren und den Verkehr nicht aufzuhalten. Meine Anlassversuche bleiben aber natürlich erfolglos, woraufhin uns die Grenzbeamten wiederum ein Bußgeld androhen, dieses Mal, weil wir mit dem Nichtentfernen des Wohnmobils von der Grenze die Arbeit der Bundesrepublik Deutschland maßgeblich beeinträchtigen.

Gegen Mitternacht gleitet ein nagelneuer Mercedes-Benz über die Grenze. Die Insassen, ein junges Paar, zeigen sich freundlich und hilfsbereit. Doch selbst der leistungsstarke Motor dieses Gefährts ist den 2,8 Tonnen Gewicht meines Busses nicht gewachsen. Wir schaffen es gerade, das Wohnmobil auf einen kleinen, nahe gelegenen Parkplatz abzuschleppen, wo er sich in guter Gesellschaft mit verschiedenen Polizeiautos befindet. Vorsichtshalber kläre ich unter Anwesenheit meiner Zeugen mit ein wenig verständnisvolleren Beamten ab, dass ich den Bus von dort binnen einer Woche entfernen werde. Sie sichern mir zu, ihn nicht abschleppen zu lassen. Ich packe meinen Bildband *Gefühl und Schärfe* sowie ein paar Wechselunterhosen hastig in einen kleinen Rucksack, bevor wir kurz darauf mit hundertsechzig Stundenkilometer von der Grenze wegfahren, Richtung Berlin.

11
Berliner Desillusionen

Acht Wochen sind seit dem Abschiedsbrief an meine Eltern vergangen – und schon bin ich wieder zu Hause, im schönen Frankenland. Meine robuste Karosse hat das Grenzland schließlich wieder verlassen können. Geholfen hat mir dabei ausgerechnet mein Vater. Das, ich muss es zähneknirschend zugeben, war ein feiner Zug von ihm. Noch besser war, dass er meinen Schilderungen, wie sich der Bundesgrenzschutz uns gegenüber verhalten hat, Glauben schenkte. Er runzelte sogar die Stirn und meinte: »Die sollen sich mal nicht so wichtig nehmen mit ihren Vorschriften und lieber ab und zu mal ihren Verstand gebrauchen.« Es war der revolutionärste Ausspruch, den ich bislang von ihm gehört hatte.

Jetzt offeriert er mir sogar, die Kosten für die Reparaturen zu übernehmen, was mein Stolz mir aber verbietet anzunehmen. »Ich fahre nach Berlin, wo ich eine Selbsthilfewerkstatt kenne. Dort werde ich den Bus eigenhändig reparieren – eine Lichtmaschine ein- und wieder ausbauen, das bekomme ich noch hin.« Mein Vater ist müde geworden, mir etwas zu entgegnen, er schüttelt nur den Kopf.

Auf dem Weg zu meinem neuen Leben in Berlin, das ich nun ernsthaft in Angriff nehmen will, besuche ich Schlumpf in Halle. Sie lebt in einem braunkohleverfärbten Altbau mit Außentoilette, ein kleiner Welpe pinkelt gerade in den Flur, als sie mir schwungvoll die Wohnungstür öffnet. Es tut gut, sie zu sehen. Schlumpf streckt die Arme aus, hält mich auf Abstand und pfeift durch die Zähne: »Hübsch biste geworden, 'ne richtige junge Dame mit deinen neunzehn Jahren.«

Während sie in der karg eingerichteten Küche einen Tee für uns kocht, betrachte ich sie eingehend von hinten. Sie ist so attraktiv! Gern hätte ich auch ihre langen Beine, mit solchen Beinen sieht man immer gut aus. Man kann sogar eine Jogginghose tragen und macht dennoch alle Männer verrückt.

Ich sehe mich in der Küche um. Die Wände sind kahl, hellgelbe Farbe blättert an manchen Stellen ab, jemand hat »Mein Iro ist wichtiger als Deutschland« groß hingekritzelt und daneben einen Punker gemalt, der einen brennenden Molli in der Hand hält. In einer Ecke steht eine vertrocknete Pflanze, ein verloren wirkendes Plakat, das über ihr hängt, kündigt an, mit rechten Strukturen aufzuräumen: »United against Burschis«. Die Demo, so lese ich weiter, soll kommendes Wochenende in Eisenach stattfinden.

»Was sind denn Burschis?«, frage ich.

»Das sind Burschenschaften, Studentenverbindungen, total rechts. Ist 'ne alte Sache, aus dem letzten Jahrhundert. Am Anfang waren die mal progressiv, hatten sich an der Revolution 1848 beteiligt, aber jetzt sind das total konservative Spinner. Viele von ihnen studieren Jura, um später einmal über Gedeih und Verderb unserer Gesellschaft entscheiden zu können. Und selbstverständlich dürfen auch nur Männer in diesen Vereinen mitmachen.«

»Und was passiert auf dieser Demo?«

»Das weiß ich auch nicht so genau, ich habe nicht an der Vorbereitung teilgenommen. Ich denke, man will die Leute vor Ort über diese Typen informieren. Irgendwas muss man machen, nicht wahr?«

»Ob sich dadurch viel ändert?« Die kleinen Kampagnen bringen es doch nicht, überlege ich. »Bomben bauen, Waffen klauen, den Bullen auf die Fresse hauen«, das waren die Punktexte aus den frühen Achtzigern. Und hatte ich mir nicht immer wieder den Bildband *Gefühl und Schärfe* angeschaut, die Fotos von umgestürzten Autos und von Polizisten, die unter ihre Schilder geduckt versuchen, einem Steinhagel zu entgehen. Teilweise trugen sie noch nicht einmal Helme. Während danach Polizei und Militärapparat aufgerüstet und aufgebläht wurden, haben die Aktivisten nichts dazugelernt, sind bei ihren Strategien geblieben. Wer heute kritisiert, verstrickt sich nur in eigene Widersprüche. Oder gibt es doch noch etwas anderes, etwas, das ich nicht kenne?

»Wollen wir nicht eine zweite Ausgabe von unserer Zeitung *Passiv-Aggressiv* in Angriff nehmen?«, frage ich voller Euphorie, während ich in dem dünnen Tee herumrühre. »Die erste ist mir geradezu aus den Händen gerissen worden. Und ich habe in der Zwischenzeit so viel erlebt, das muss einfach aufgeschrieben werden.«

»Können wir machen«, entgegnet Schlumpf ein wenig lahm. »Aber ich hab' so viel zu tun.« Sie lebt von Sozialhilfe und arbeitet ehrenamtlich bei einem Radiosender. »Sozialhilfe ist ein Fulltimejob«, sagt sie. »Früh aufstehen, auf Knopfdruck freundlich sein und auch noch alle seine Papiere zusammenhalten, das liegt nicht jedem.« Sie grinst mich vielsagend an, als ob sie mir damit meinen gerade beginnenden Traum aus dem Kopf schlagen wollte, ebenfalls ein monatliches Grundeinkommen zu beziehen.

»Von Luft und unerwiderter Liebe kann ich aber auch nicht leben«, antworte ich. »Es wäre toll, wenn einfach jeder im Monat genug bekommen würde, um sein Überleben sichern zu können. Alles Weitere wäre dann optional«, überlege ich weiter. »Ich meine, was hab' ich in den letzten Monaten nicht alles für diese Gesellschaft getan:

Kulturveranstaltungen, Kinderbetreuung, Event-Managing, Kampagnen und Seelenberatung, nur zahlt mir dafür keiner einen Pfennig.«

Schlumpf runzelt die Stirn. »Ja, schön wär's schon, wenn es ein Grundeinkommen gäbe, aber darauf kannste lange warten. Glaubst du, die Reichen wollen etwas abgeben, damit du dafür bezahlt wirst, Häuser zu besetzen?«

Ich muss schmunzeln. »So lange ist eben Kreativität gefragt.«

»In der Überflussgesellschaft kann man auch gar nicht verhungern«, erwidert Schlumpf. »Kreativität kannst du haben, und zwar beim Containern.« Was ist denn das schon wieder? Meine Freundin bietet mir einen Schnellstudiengang an, so kann ich mir ein weiteres Zertifikat für mein Punk-Diplom sichern. Beim Containern geht es darum, an die entsorgten Lebensmittel der Supermärkte heranzukommen.

Mit zwei großen Seesäcken ziehen wir los. »Es gibt einige Supermarktfilialen, da hast du nicht die geringste Chance, an die Mülltonnen zu gelangen«, erklärt Schlumpf. »Andere Läden aber haben sie draußen stehen, wie hier.« Sie deutet auf eine grüne Tonne, auf der schon halb verblasst das Wort »Kompost« zu lesen ist. Es kostet mich einiges an Überwindung, in die schmierige Paste aus verfaulten Tomaten und vergorener Milch zu fassen, mich blind weiter hinunterzuwühlen, um schließlich einen halbwegs ansehnlichen Blumenkohl hervorzaubern zu können. Danach stoße ich auf Joghurtbecher, die das Haltbarkeitsdatum noch nicht überschritten haben, in Plastikfolie eingepackte Gemüsebratlinge, einen Briekäse und auf drei Netze mit nicht verschimmelten Orangen.

Als wir schwer bepackt wieder vor Schlumpfs Wohnungstür stehen, versuche ich meine Freundin zu begeistern: »Lass uns doch einen Artikel über das Containern schreiben!

Damit alle wissen, was da für eine Sauerei abläuft, dass die Käufer an der Kasse für den Müll mitzahlen müssen, obwohl der noch völlig in Ordnung ist.«

Schlumpf sieht mich an: »Bist du verrückt? Wenn wir das publik machen, kann ja jeder Vollidiot kommen und die Mülltonnen durchsuchen. Für uns bleibt dann nichts mehr übrig.« Sehr solidarisch klingt das nicht, denke ich enttäuscht. Das passt überhaupt nicht zu Schlumpf, ihren persönlichen Vorteil über die gesamtgesellschaftliche Perspektive zu stellen.

Um mich von dieser Erkenntnis abzulenken, beschäftige ich mich mit dem Welpen; er hat es mir angetan. Schon immer habe ich mir einen Hund gewünscht. Gern hätte ich einen wie diesen, aber der kleine Kerl ist der letzte seines Wurfs gewesen. Schlumpf fällt ein Typ ein, der möglicherweise seine Welpen loswerden will. Ich dränge sie, sofort mit mir hinzufahren. Wir nehmen die Straßenbahnlinie 3 nach Trotha und laufen ein Stück in Richtung Schrebergartensiedlung, über deren Eingang stolz die Deutschlandfahne im Wind flattert. Schlumpf erzählt unbekümmert über eine bestimmte Interviewtechnik im Radio. Schließlich sagt sie: »Der Typ mit den Hunden ist ein bisschen seltsam.« Alles andere hätte mich auch gewundert.

Abraxas hat seinen nackten, muskulösen Oberkörper nur mit einer Fellweste bedeckt. Er muss Ende zwanzig sein und wohnt in einem Bauwagen, dem der halbe Boden abhandengekommen ist. Eine schweigsame Frau, die uns argwöhnisch mustert, sitzt neben ihm.

»Die Hunde sind dort, Huskymischlinge«, sagt Abraxas mit stark sächsischem Akzent und zeigt auf einen Baum, unter dem sie in einem großen Schuhkarton liegen. Er vermeidet jeglichen Augenkontakt. »Was wollt ihr, Junge oder Mädchen?« Ich weiß es sofort: »Ein Mädchen.«

Der Mann geht zum Karton, holt mit geübtem Griff einen Welpen heraus, betrachtet seine Bauchseite und legt ihn wieder zurück. Schließlich greift er sich einen anderen und drückt ihn mir in die Hand. Ich kann keinen Unterschied zwischen den Geschlechtern erkennen.

»Wie alt sind die Hunde denn?«, frage ich.

»Vier Wochen, gestern haben sie die Augen aufgemacht.« Abraxas zieht die Nase hoch und schüttelt seine verfilzten Haare.

»Sind die nicht zu jung, um sie wegzugeben?«

»Ach was.«

»Und was machst du mit den Welpen, die wir nicht mitnehmen?«

»Na, totschlagen natürlich.« Er wundert sich über meine dummen Fragen. »Und jetzt guck nicht so belämmert, das ist der Lauf der Welt. Ich kann es mir nicht leisten, den ganzen Haufen durchzufüttern.«

Schlumpf kann sich auf dem Rückweg gar nicht beruhigen. »Anarchoprimitivist«, sagt sie verächtlich. »Früher war er mal Künstler, aber dann meinte er auf einmal, es wäre absurd, Bilder gegen den Kapitalismus zu malen. Ständig hat er seine Parolen verbreitet: ›Die Stadt kann niemals Ausgangspunkt einer Revolution sein, wir alle müssen uns von den Fesseln der Technologie befreien, weg mit dem Materialismus, hin zur freien Liebe.‹«

»Ich kann daran nichts Schlimmes entdecken«, wage ich einzuwenden. »Ein bisschen weniger Technologie könnte uns wirklich nicht schaden.«

»Völliger Quatsch! Diese Romantisierung von alten Zeiten! Das Einzige, was wir lernen müssen, ist, die Technologie richtig zu nutzen. Abraxas ist doch total weltfremd, und er ist feige. Er geht beispielsweise nicht im Wald jagen, sondern hetzt auf Weiden mit seinen Hunden die schwächsten Schafe einer Herde zu Tode, um sie anschließend über dem Feuer zu grillen. Memme!«

So ganz kann mich Schlumpf mit ihren Ansichten nicht überzeugen. Ich glaube nicht an die Durchsetzungsfähigkeit der Vernunft des Menschen und damit auch nicht an die »richtige Nutzung« der Technologie.

»Lass uns darüber doch einen Artikel in unserer Zeitung schreiben«, sage ich ein weiteres Mal voller Feuereifer.

»So jemandem auch noch ein Forum geben, nein.« Schlumpf ist empört.

Ich kratze mich am Kopf. Bislang habe ich schon fünf Beiträge für die zweite Ausgabe unserer Zeitung verfasst, meine Freundin noch keinen einzigen. Ich höre ständig nur ihr Gemecker, egal, worüber ich auch schreiben will.

Bei ihr zu Hause angekommen, falle ich erschöpft ins Bett. Zum Schlafen komme ich aber kaum, alle zwei Stunden quiekt der Welpe, will seine Ersatzmilch und auf den Hinterhof. Schon bald wird mir die neue Verantwortung zu viel und meine Pflege nachlässiger. Schlumpf reagiert darauf empfindlich. Sie sagt zwar nichts, schaltet aber pünktlich morgens um sieben Uhr ihren vorsintflutlichen Staubsauger an, mit dem sie dann laut gegen mein Bett klappert.

»Kannste mich nicht mal pennen lassen?«, entgegne ich wütend.

»Wer Sozi beantragen will, muss früh aufstehen.«

»Will ich doch gar nicht«, gebe ich zurück.

»Sei froh, dass ich wenigstens die Hinterlassenschaften deines Hundes beseitige, wenn du schon nicht in der Lage dazu bist«, giftet sie mich an.

Ich verstehe die Welt nicht mehr. Will meine Freundin mich erziehen?

Eines Morgens schlage ich die Augen auf und erblicke einen Typen, ungefähr Mitte dreißig, der mich an ein Stück vergilbte Tapete erinnert.

»Hallo, ich bin Bolle mit der dicken Knolle.« Er streckt mir wurstige Finger entgegen.

»Was ist das denn für 'n Typ?«

»Mein Mitbewohner«, antwortet Schlumpf knapp. »Du müsstest jetzt auch dein Bett räumen, es gehört nämlich ihm. Kannst aber auf dem Sofa im Flur schlafen.«

Bald erhärtet sich mein Verdacht, dass Bolle nicht nur Mitbewohner ist, sondern Schlumpfs Liebhaber. Auf jeden Fall lässt sie sich von ihm ziemlich herumkommandieren. Das passt alles nicht mehr zusammen, ich fühle mich täglich unwohler in dieser Wohnung.

»Ich mach' dann mal weiter, nach Berlin«, sage ich zum sang- und klanglosen Abschied.

»Mmmhhh.« Meine Freundin schaut kaum von ihrer Kaffeetasse auf. »Schreib mir 'ne Karte, wenn du angekommen bist.« Die zweite Ausgabe unserer Zeitung liegt halb fertig auf dem Küchentisch. Ich strecke die Hand danach aus. »Lass das«, sagt Schlumpf. »Die mach' ich schon zu Ende.«

Ich bin mir da nicht sicher.

Endlich bin ich wirklich dort angekommen, wo ich schon so lange hinwollte. Berlin erinnert in diesem späten Herbst des Jahres 2002 allerdings wenig an die attraktive Metropole, die ich knapp ein halbes Jahr zuvor am 1. Mai und während der Anti-Bush-Demos kennengelernt hatte. Manchmal muss ich mich mit einem Blick auf die Straßenschilder vergewissern, dass ich mich tatsächlich dort befinde. Voller Wut schreibe ich imaginäre Briefe an die Stadt, in der ich sie als Hure bezeichne, die mich unter falschen Versprechungen hergelockt hat und nun ihr wahres Antlitz zeigt:

»Bei lebendigem Leib verfaulen wir in deiner dreckigen Grotte; hier ist kein Platz für Liebe, kein Platz für irgendein Gefühl – außer Hass.«

Ich gehe bald auf dem Zahnfleisch, da kann mich auch Lolita wenig aufheitern. Den Namen gab ich meiner Hündin aufgrund ihres frühreifen Verhaltens. In Ermangelung einer Mutterzitze hatte sie mit Hingabe am Penis von Schlumpfs Welpen gesaugt. In der Zwischenzeit ist sie kräftig gewachsen und begleitet mich auf meinen nächtlichen Trinktouren. »Selbst schuld«, gibt man mir in dunklen Punkerkneipen zu verstehen, als ich über mein Leid klage. »Keiner zieht während dieser beschissenen Jahreszeit hierher. Im Winter zeigt sich erst, wer ein echter Berliner ist und wer nur zum Spielen gekommen ist.« Danach wendet man sich wieder dem Sternburg Export zu, liebevoll »Sterni« genannt, Überlebenselixier im Großstadtdschungel für Ureinwohner und Flüchtlinge aus Süddeutschland, wie mich.

Mir ist es ernst, ich will eine echte Berlinerin werden, und wenn es auch noch so anstrengend ist. Ich besuche alle möglichen Demos, Konzerte und Workshops, die im alternativen Veranstaltungsverzeichnis Berlins, dem *Stressfaktor*, aufgeführt sind, um Kontakte zu knüpfen, was mir jedoch nicht so recht gelingen will. Es ist dennoch immer viel los, und schon bald leide ich unter Freizeitstress. Nachmittags lerne ich in einem Café, verschlüsselte E-Mails zu verschicken, oder unternehme einen Kiezspaziergang, um gegen die Stadtumstrukturierung am Spreeufer zu protestieren. Abends trifft man mich auf einer Solidaritätsparty, um Cocktails schlürfend für die Hamburger Bambule-Wagenburg einzutreten, die bald dem dort regierenden Rechtspopulisten Ronald Schill und seinem Säuberungswahn zum Opfer fallen soll. Eine Soliparty macht aus einem Massenbesäufnis eine hochpolitische Angelegenheit. Das eingesammelte Geld geht dabei hauptsächlich an linke Rechtsanwälte, um Leute zu verteidigen, die nicht so blöd sind wie ich und allein vor Gericht treten, sondern sich im Vorfeld Unterstützung aus der Community holen. Und so zahle ich gern für meinen »Smash-Capitalism-Cocktail« 50 Cent mehr.

Meinen Bus habe ich am Volkspark Friedrichshain geparkt, mit Aussicht auf Berlins Jogger-Elite, die von morgens bis abends an meinem Fenster vorbeihechelt. Wasser hole ich von einem nahen öffentlichen Straßenanschluss. Ganz altmodisch muss man dabei die Pumpe betätigen. Mein tägliches Geschäft verrichte ich im Tankstellenklo oder im Park, neben Lolita hockend. Die sagenhafte Truma-Einbauheizung hat vermutlich genauso wie alles andere in diesem Bus noch nie funktioniert, und so schlafe ich in all meinen Kleidern unter drei Decken. Morgens drehe ich den Gasherd auf, um etwas Wärme zu verspüren, bis mir ganz schwummrig ist.

Mit Punkrock hat das nicht mehr viel zu tun, eher mit einem behelfsmäßigen Überleben. Und ich will doch eine Alternative finden. Tagsüber klappere ich zu Fuß alle mir bekannten Berliner Wagenplätze ab und bitte um Asyl. Die sind aber alle schon bis ans Limit belegt. In den neunziger Jahren waren die meisten Wagenplätze unter Führung von Innenminister Jörg Schönbohm geräumt worden. Angeblich hielt man sie für zu dreckig, für einen Drogensumpf, sah sie gleichsam als »Gefahr für die Umwelt«. Oder ein Investor hatte ein profitables Konzept, wie er das Grundstück verwenden konnte. Die wenigen noch übriggebliebenen Wagenburgen werden aufgrund der unklaren Gesetzeslage nur geduldet und müssen daher ständig um ihr Fortbestehen bangen. Ihre Sorgen kann ich nachvollziehen, nicht jedoch, dass mir keiner von ihnen Hilfe anbietet. Stattdessen sehe ich mich mit derselben Verwertungslogik konfrontiert, die man in linken Kreisen so anprangert. Ein Typ, der ein Gesicht zieht, als hätte er zu viele Sauerkirschen gegessen, sagt: »Wir sind voll. Wenn wir überhaupt noch jemanden aufnehmen, dann nur eine Person, die etwas von Kfz-Technik oder vom Gartenbau versteht.« Andere Wagenplätze, auf denen man mich eventuell nach einer Probezeit aufnehmen würde, liegen mir zu weit draußen.

Einer Gruppe von Kleinbusbesitzern und Lkw-Bewohnern, die immer wieder spontane Besetzungen startet und mit dem Bezirksamt in Verhandlung um eine citynahe Freifläche steht, kann ich mich nicht anschließen. Ich bin nicht wirklich mobil. Mein Bus hat offensichtliche Mängel, von dem abgefallenen Auspuff angefangen bis hin zu nicht funktionierenden Rücklichtern und der wankelmütigen Batterie. Da würde die Polizei gleich ein kräftiges Bußgeld kassieren wollen. Aufgrund meines hektischen Tagesablaufs habe ich es noch nicht in die Selbsthilfewerkstatt geschafft, um mich der maroden Lichtmaschine anzunehmen. Als es der Gruppe dann tatsächlich gelingt, einen Platz in Friedrichshain zu bekommen, fühle ich mich außen vor und traue mich nicht, nach einem Stellplatz zu fragen.

Nach der euphorischen Aufbruchstimmung des Sommers habe ich wieder einmal das Gefühl, dass die ganze Welt gegen mich ist. Alles ist falsch! Ich habe Zahnschmerzen – bei einem unglücklichen Sturz ist mir ein Vorderzahn abgebrochen –, mein Geld wird immer knapper, und mir fällt nichts ein, wie ich neues auftreiben könnte. Hier zählen Ideen, und wer die nicht hat, bleibt auf der Strecke.

Ich beobachte, wie die anderen ihr finanzielles Auskommen sichern. Sie jonglieren, spucken Feuer, gestalten aus Luftballons kleine Tiere für Kinder – alles Talente, die ich nicht habe. Sie ziehen ausgefallene Gewänder an und erzählen auf der Straße noch phantasievollere Märchen. Oder sie verkaufen irgendwelche Obdachlosenmagazine. Das ist auch nicht mein Ding. Ich will nicht auf einer Stufe mit den Junkies und dem Alkivolk stehen. Ich habe ganz andere Vorstellungen davon, was ich in der Welt erreichen möchte, und bevor ich mich bei den Spießern anbiedere, verhungere ich lieber.

Vom Alex, dem sagenumwobenen Platz für dahergelaufene Punks aus der ganzen Welt, bin ich enttäuscht. Man sieht mich nur selten dort. Ich will mich keiner Clique mehr anschließen, um meine eigenen Unzulänglichkeiten verstecken zu können. Lieber halte ich mich in Friedrichshain auf, da gibt es unter den Punks wenigstens noch einen gewissen politischen Anspruch. Sehnsüchtig schlendere ich an all den Hausprojekten vorbei, irgendwo muss es doch einen Platz für mich geben. Aber auch hier läuft ohne monatliche Mietzahlungen nichts mehr. Die Revolution ist aufgekauft und befriedet, da hilft es nichts mehr, die Fassade mit Farbbeuteln zu bespritzen.

Trotz Schlumpfs eindringlicher Warnung versuche ich es mit einem Sozialhilfeantrag. Nach längeren Irrwegen auf verschiedenen Ämtern schickt man mich nach Hohenschönhausen, einem berühmt-berüchtigten Neonazibezirk. Ganz mulmig ist mir, als ich in der entsprechenden S-Bahn stadtauswärts sitze, doch neben mir knutschen nur zwei harmlose Jugendliche.

Architektur ist Kriegsführung mit anderen Mitteln, denke ich, als ich aus der Bahn steige und mich einer Ansammlung von grauen Betonblocks gegenübersehe. Die Leute schleichen mit verkniffenen Gesichtern über die windumtoste S-Bahn-Brücke. Schwadronierende Banden von umherschweifenden Neonazikids, von denen man mir lebhaft erzählt hat, kann ich im Moment zwar nicht ausmachen, dennoch ziehe ich mir die Kapuze meiner Jacke, die ich am Prenzlauer Berg in einer Freebox – einfache

Regalkonstruktionen in oder vor Kultur- und Wohnprojekten, die jedem zugänglich sind und wo man alles abgeben oder eben auch mitnehmen kann – gefunden habe, über meinen Iro und versuche in meine Gangart etwas Cool-Beschwingtes zu legen.

Im Sozialamt tausche ich meine Identität gegen die Nummer 423 ein, die mir nur wenige Stunden später dazu verhilft, am Schalter 4 einem schlechtgelaunten Bürokratiefreak gegenüberzustehen. Dieser Beamte kann leider nicht zu einer Verbesserung meiner Lebenssituation beitragen. Ich bin überfordert mit all den Papieren, habe meine Urkunden nicht dabei, kann nicht sagen, wie viel meine Eltern verdienen. Wieder an der abgasverpesteten Luft draußen, mit mehreren Papierbündeln in der Hand, komme ich zu dem Entschluss, dass meine Bestimmung definitiv in anderen Bereichen liegt, die ich nur noch nicht kenne. Vielleicht sollte ich Stadtplanung studieren und die Gegend rund um das Sozialamt befrieden.

Ein betrunkener Mann stolpert mit mir in die S-Bahn Richtung Mitte. Früher ist er sicher einmal Punker gewesen, einige Buttons an seiner Tasche sollen wohl noch eine Szenezugehörigkeit verdeutlichen. Er ist mir peinlich. Der Typ vergießt sein Bier erst auf dem Boden, dann in den Schoß einer Passantin. »Enschuligung«, lallt er. Ich überlege, ob es wirklich eine gute Entscheidung war, nach Berlin zu gehen, und was eine ernst zu nehmende Alternative darstellen könnte. Am Ostkreuz steigt ein junger Mann ein, der in der Hand ein Schild hält: »Suche kein Geld, suche Weed. Bitte in den Becher tun!« Sein Schild hat er mit einem Marihuanablatt verziert, um seinem Wunsch optisch Nachdruck zu verleihen. Wie soll man das alles aushalten! Ich brauche dringend Schnaps.

»Könnte ich bitte mal in Ihre Tasche sehen?« Scheiße, ich bin in letzter Zeit zu unvorsichtig geworden. »Sorry, war nur ein Versehen, wollte gerade meinen Geldbeutel suchen, da muss die Schnapsflasche wohl in meine Tasche geraten sein …« Während ich weiter zu meiner Verteidigung ansetze, hebe ich meinen Blick zögerlich. Das ist doch kein Ladendetektiv oder …? »Kai«, rufe ich erschrocken. Er braucht ebenfalls einen Moment, um mich zu erkennen. Danach bekommt er den Mund fast nicht mehr zu. »Das gibt es doch gar nicht, was machst du denn hier?« – »Ich kaufe ein«, antworte ich. »Das sehe ich.« Kai grinst immer noch so hübsch wie früher, ansonsten hat er sich sehr zu seinem Nachteil verändert, sieht ausgemergelt, blass und ungesund aus. Seinen Augen ist abzulesen, dass er ungefähr dasselbe von mir denkt. »Lass uns in einer Stunde in der Bäckerei gegenüber treffen«, sagt Kai und fügt hinzu: »Ich hab' auch nichts gesehen.«

Ich setze mich auf eine Parkbank und genieße meinen offiziell gestohlenen Schnaps. Für solche Luxusgüter gebe ich schon seit langem kein Geld mehr aus. »Natürlich klaue ich normalerweise nicht in kleinen Geschäften, ist doch Ehrenkodex«, erkläre ich später, als ich mit Kai über einer Tasse Kaffee sitze. »Aber so ein kleiner Flachmann …« Ich versuche zu lächeln. »Hab' heute echt 'nen krassen Tag hinter mir.«

Kai springt nicht darauf an. »Es ist schon schwierig genug, uns im Kiez zu halten. Seitdem das Ring-Center aufgemacht hat, bleiben die Kunden aus.« Er seufzt. »Geh' doch lieber in dem Center klauen. Und im Übrigen sind wir nicht nur irgendein kleiner Laden, sondern eine selbstverwaltete Getränkekooperative. Also doppelte Schande auf dein Haupt!« Er gibt sich aber einen Ruck und vertieft seine moralische Predigt nicht weiter. »Was hast du denn in den letzten anderthalb Jahren so getrieben?«, fragt er stattdessen.

Ich muss mich erst einmal sammeln. Ich lebe so sehr im Hier und Jetzt, dass ich den grauen Brei meiner unmittelbaren Vergangenheit überhaupt nicht mehr auseinanderdividieren kann. Schließlich erzähle ich von München, vom besetzten Haus, meiner Verurteilung, dem Wagenplatz, von meinen Erlebnissen in Polen und mit Schlumpf, springe dabei hin und her. »Und jetzt sitze ich hier richtig in der Scheiße«, beende ich meine Geschichte. »Ich frier' mir den Arsch ab, hab' keine Bude, meine Zähne müssen unbedingt behandelt werden. Und das Schlimmste ist, ich weiß nicht einmal, was ich hier soll.«

»Das musst du schon selbst herausfinden«, entgegnet Kai. »Projekte, die Leute gebrauchen können, gibt es mehr als genug. Nur mit der Kohle sieht es meistens mau aus.«

Ich betrachte Kai eingehend. Seinen Iro hat er abgeschnitten, kurze Stoppeln umrahmen sein eingefallenes Gesicht, an der Stirn entdecke ich eine kleine Narbe, die ich noch nicht kenne. Seine Finger sind gelb, vermutlich vom Tabak. Ich finde ihn überhaupt nicht mehr attraktiv, und ich weiß nicht, ob ich mich über unser Wiedersehen freuen soll. Tränen schießen mir in die Augen. Kai legt seine Hand auf meine. »Hey, du wirst schon etwas finden, was dir Spaß macht. Berlin ist 'ne Bombenstadt. Anfangs bin ich auch ein wenig herumgerudert. Aber jetzt hab' ich einen halbwegs zuverlässigen Job, und mein Chef ist mein bester Kumpel. Zudem gibt es da meine Band, und ich wohne in einem geilen Projekt. Nimm es locker, deine Zeit kommt noch.« Er versucht, mich aufmunternd anzusehen, was ihm aber nicht so recht gelingt. Ich werde das Gefühl nicht los, dass sein »lockeres« Leben gar nicht so einfach ist.

Mich interessiert, wie es einigen Punks aus der damaligen Szene geht, zu denen ich keinen Kontakt mehr habe. »Der eine oder andere schlägt hier manchmal auf, die Welt ist klein«, sagt Kai. Genaueres weiß er aber auch nicht. Mir kommen in diesem Moment die Zeiten mit Kai und den Kleinstadtpunks meiner fränkischen Heimat so unschuldig vor. Ob sie sich bewusst sind, wie sehr sie damals meine Vorbilder waren?

Heute Nacht bleibt mir keine Zeit für weitere Grübeleien. Es ist eine Party angesagt – und Kai, Lolita und ich ziehen los, um zu sehen, was im Kiez sonst noch los ist. Kai und ich laufen Arm in Arm durch die Straßen. Jetzt, wo ich nichts mehr von ihm will, kann ich mich endlich fallen lassen. Wir gehen durch Hinterhöfe und hinein in einen Keller, der einem Künstlerkollektiv gehört. Gerade noch rechtzeitig kommen wir zu einer Lesung, bei der der Vortragende in einem sich mir leider nicht erschließbaren ironischen Text sein Problem mit benutzten Taschentüchern und Antideutschen zum Besten gibt. »Was sind Antideutsche?«, frage ich in die Runde und produziere einen nicht enden wollenden Lachanfall. »Die Antideutschen haben 'nen totalen Schaden weg mit Israel«, erklärt mir Kai. »Für sie gilt immer noch: ›Lang lebe der Kommunismus!‹, und wenn du sie kritisierst, bis du gleich ein Antisemit. Sie finden sogar die Amis gut und gehen mit dem Sternenbanner auf Antifa-Demos. Die Bomben auf Afghanistan und bald auch auf den Irak sind für sie ein antifaschistischer Akt, weil die großartige amerikanische Zivilisation mit dem Islamfaschismus aufräumen wird. Und das Krasseste ist eben, dass sie sich selbst als Linke ausgeben.«

Linke mit USA-Flaggen? George Bush ein Antifaschist? In Berlin wohnen wirklich seltsame Menschen. Die Lesung endet mit einer Überkopplung im Bassverstärker, im

Anschluss daran soll es draußen eine Feuershow geben. Mit all den anderen dränge ich mich durch das Kellerlabyrinth, wobei ich kurzeitig sogar Lolita verliere. Die Feuerspieler ziehen mich in Bann, sie scheinen überhaupt keine Schmerzen zu haben, wenn sie sich ihre brennenden Fackeln direkt auf die nackte Haut halten. Gleich danach wirbeln sie diese durch die Luft, alles kreist, dreht sich, überschlägt sich. So etwas möchte ich auch können. Wo haben die das nur gelernt? Nervöse Technoklänge locken mich zurück in den Keller. Nach dem eben Gesehenen tanze ich wie von Sinnen dazu. Plötzlich prostet mir ein Typ zu. Es ist die Sauerkirsche vom Wagenplatz. Kai schleift ihn zu mir herüber und sagt: »Hey, darf ich dir meinen Kumpel Olaf vorstellen?«

»Danke, kenn' ich schon«, antworte ich trocken.

Der fragende Blick von Kai ist dem Sauerkirschentyp sichtlich unangenehm. »Sie hat auf unserem Platz nachgefragt, ob sie ihren Bus bei uns abstellen kann.«

»Und kann sie das nicht?« Kai zieht die Stirn in Falten.

»Na ja, wir sind eigentlich voll, hab' ich ihr erklärt. Aber wenn's nur für kurze Zeit ist, sollte es schon klargehen.« So komme ich um fünf Uhr morgens endlich zu meinem langersehnten Stellplatz.

Als wir mit knapp einem Dutzend Leuten aus dem Keller herausstolpern, ist die Sonne längst aufgegangen. Lachend laufen wir durch Straßenzüge voll von Graffiti. Die Luft riecht frisch und vor allem nach Abenteuern, die noch erlebt werden möchten. Übermütig ziehe ich mir meine Schuhe aus und tanze zwischen Scherben, Hundehaufen und Taubenkot über den winterlich-kalten Asphalt. »Berlin, ich liebe dich«, rufe ich laut, und keiner meiner neuen Bekannten scheint daran etwas ungewöhnlich zu finden.

Mein Erwachen gleicht einem langsamen Dahinsiechen. Hat mir irgendjemand etwas ins Bier gemischt, oder hat mir der Sahneschnaps morgens um halb zehn doch nicht mehr so gutgetan? Ich wanke in die Küche, Kai hat mir auf dem Tisch einen Zettel dagelassen. »Guten Morgen Prinzessin! Ich hoffe, Sie haben gut genächtigt. Ich muss Geld verdienen, meinen Arbeitsplatz kennen Sie ja bestens. Sie sind immer herzlichst willkommen. Au revoir, Kai.« Ich nehme mir den Stift, der auf dem Tisch liegt, und kritzle darunter: »Nie wieder« und »Scheiß Suff« mit zehn Ausrufezeichnen. Danach nehme ich den Umzug auf den Wagenplatz in Angriff. Muffige Luft schlägt mir entgegen, als ich die Bustür öffne, es wird wirklich einmal Zeit durchzufegen, nicht nur im Gefährt, sondern in meinem ganzen Leben.

Benebelt steuere ich Richtung neue Heimat. Auf dem Platz entdecke ich keinen Menschen, den ich fragen kann, wo ich mein Wohnmobil hinstellen soll. Und so suche ich mir einfach einen freien Flecken nahe einer Mauer aus. Um ein Zeichen zu setzen, beginne ich sofort mit einer Entrümpelungsaktion. Was sich in den letzten Monaten alles angesammelt hat! Kleidungsstücke, die derart groß sind, dass ich darin zelten könnte, vermutlich noch von Teilnehmern des Grenzcamps, Bücher in Sprachen, die ich niemals sprechen werde, politische Pamphlete, ein Demo-Aufruf: »Auf zum Abschiebeknast in Büren«, Aufkleber der Freien Arbeiter-Union, ein Monatsprogramm vom besetzten Haus Ulrike in Magdeburg, Geschenke von Timo, ein Foto von mir am Nürnberger Burggraben in löchrigen Strumpfhosen. Der Rock ist viel zu kurz, der Po quillt heraus. Timos letzte Postkarte aus Serbien, abgestempelt im Mai 2002. »Arbeite gerade für eine NGO. Ist total spannend. Kannst mich ja mal besuchen.«

»Scherzkeks«, murmele ich. »Nächstes Mal schickste 'ne Adresse mit, damit ich dich auch finden kann.« Das Thema Timo habe ich längst abgehakt – oder rede es mir auf jeden Fall ein.

Alles fliegt raus, der Messie-Berg vor meiner Wohnmobiltür wächst. Morgen, denke ich und gähne, morgen sortiere ich die Sachen alle und packe sie geordnet irgendwohin. Zufrieden strecke ich mich auf meinem Bett aus, eine Kerze verbreitet eine wohlige Atmosphäre. Lolita hat sich schon mit dem Hund der Nachbarin, die in einem ausgebauten Zirkuswagen wohnt, angefreundet, ganz im Gegensatz zu mir. Ich kann weder sie noch ihren hässlichen Köter ausstehen. Später mache ich mich auf zum Küchenwagen. Heißes veganes Chili verspricht der Speiseplan. Heftig wird über die Bambule in Hamburg diskutiert, sie soll in den nächsten Tagen tatsächlich geräumt werden, die Aktionstage sind schon angelaufen. Wieder einmal steht ein soziokulturelles Projekt einer rechten Regierung im Weg, die sich profilieren muss. Ich kann mir jetzt schon vorstellen, was passieren wird. Im Rahmen der Aktionswoche versteht man sich blendend und kann ein paar Zeichen setzen. Bei der Demo rollen Wasserwerfer und Räumpanzer an, die Intellektuellen unter den Demonstranten reden von »Vertreibungspolitik«, »Rechtsruck« und »Gentrifizierung«, während die Geräumten selbst auf der Straße hocken. Scheiben werden eingeworfen, Mülltonnen angezündet. Die Mainstream-Presse steht sofort parat und macht daraus eine Story, die auch den letzten Zweifelnden davon überzeugt, dass ein Wagenplatz eine schlimmere Umweltbelastung darstellt als alle Atomkraftwerke Deutschlands zusammen und die Bewohner in Quarantäne gesteckt werden müssen. Schließlich gehen die Demonstranten wieder nach Hause, und einige von ihnen schreiben einen Artikel für *Indymedia*. Der Senat wiederum macht einen Haken hinter die Sache – und nimmt sich das nächste alternative Projekt vor.

Ich bin wenig motiviert, zusammen mit den anderen vom Platz am nächsten Morgen zum geplanten Räumungstermin in die Hansestadt aufzubrechen. Ich weiß noch nicht, dass sich mein Pessimismus dieses Mal nicht bewahrheiten wird. Der wahre Grund, warum ich nicht mitkommen will, ist aber ein anderer: Kaum einer redet mit mir, und ich fühle mich ausgeschlossen. Ich weiß nicht, wie ich mich geben soll, cool-gelangweilt, sozial-interessiert oder doch lieber individualistisch-hochbeschäftigt. Aus diesem Grund beschließe ich, zurück zu meinem Wagen zu gehen und mich unter der Bettdecke zu verstecken. In der Nacht werde ich von heftigen Regengüssen geweckt, die nicht aufhören wollen. Ich versuche zu lesen, doch die Fingerkuppen schmerzen beim Umblättern, so kalt ist es. Ich dämmere vor mich hin.

Am nächsten Tag stürmen Tausende von Menschen durch Hamburg. Sie sind wütend, die Wagenburg wurde in den frühen Morgenstunden ohne nennenswerte Verteidigung mit einem völlig überzogenen Polizeiaufgebot geräumt, die Fahrzeuge und Bauwagen beschlagnahmt und die Bewohner festgenommen. Ein schnell ausgehobener Graben am Anfang der Straße zum Bauwagenplatz soll eventuelle Neubesetzungen verhindern, nun ist der Weg frei für die weniger von den Anwohnern als vielmehr vom Senat gewollten »äußerst wichtigen Kleingartenparzellen«.

»Schill muss weg!«, brüllt es am Abend aus dem Fernseher von Kais Wohngemeinschaft, in die ich mich bibbernd gerettet habe.

»Geile Demo«, rufen die WG-Mitglieder, einschließlich Kai. »Lasst uns hinfahren.«

»Kann nicht, muss arbeiten«, entgegnet Kai. »Und wie sieht's mit dir aus?«, fragt er mich.

»Weiß nicht, ist doch eh schon vorbei, geräumt und gegessen wie immer.«

»Hola! Wie alt bist du denn, schon vierzig?«, bemerkt eines der WG-Mitglieder.

»Nee«, antworte ich. »Aber ich fühl' mich so. Seit ich versuche, anders als der Mainstream zu leben, werde ich ausgegrenzt. Und was habe ich davon? Dass ich nun ohne Kohle auf der Straße leben und auf Knien um die sonst so hochgepriesene Solidarität der Szene flehen muss, um nicht zu erfrieren.« Ich bin wütend, die Enttäuschungen der letzten Wochen brechen aus mir heraus. »Manchmal denke ich sogar, dass meine Eltern nicht ganz falschliegen. Ich sollte mir einen normalen Job suchen, ein nette Wohnung einrichten und mein Leben genießen. Die Welt geht sowieso zugrunde, egal, ob ich mich für Alternativen einsetze oder nicht.«

Kai legt den Arm um mich und setzt zu einer seiner typischen Predigten an. »Ich denke, du profitierst mehr von all den Errungenschaften, die im Lauf der letzten Jahrzehnte erkämpft worden sind, als du dir bewusst bist. Natürlich sind viele Projekte gescheitert, und nicht jeder ist immer nett. Wir alle sind in einem System von Egoisten groß geworden, das kann man nicht von heute auf morgen abschütteln, auch wenn man im alternativsten aller alternativen Projekte wohnt.« Er sagt das mit diesem väterlichen Unterton, der mir in den letzten Tagen schon öfter aufgefallen ist und der mir überhaupt nicht behagt, so als ob er mir damit sagen will: »Sei nicht so selbstbezogen, die Welt ist nicht nur gemein zu dir.« Kai ist noch nicht fertig: »Das heißt aber keinesfalls, dass es sich nicht lohnt weiterzumachen oder dass wir auf dem falschen Weg sind. Der Kapitalismus hört auch nicht einfach auf, bloß weil ein Konzern pleitegeht oder aufgekauft wird. Nur die Linken denken bei einer Niederlage immer gleich an Selbstmord, an die Apokalypse oder das Vierte Reich.«

»Und was hilft das den Leuten in Hamburg?«

Kai sieht meinen ungläubigen Blick. »Wirst schon sehen, die Sache ist noch nicht ausgestanden. Ich hab' für so etwas einen Riecher.«

Er soll Recht behalten. Schon nach wenigen Tagen ist klar: Bambule wird Geschichte schreiben, weit über die Tore der Hansestadt hinaus. Fast täglich treffen sich bis zu tausend Menschen, um zu demonstrieren, eine ganz neue Bewegung entsteht, alte Politaktivisten kriechen wieder auf die Straße, neue stoßen hinzu. Auf die Damen und Herren der Koalitionsregierung von FDP, CDU und Rechtsstaatlicher Offensive unter dem Ersten Bürgermeister Ole von Beust wartet jeden Tag eine neue Überraschung: autonome Laternenumzüge, Sleep-ins, Fußballturniere in der Fußgängerzone und andere Aktionen. Die Anwohner des Bambule-Viertels, die laut Innensenator Schill so sehr unter den Beeinträchtigungen des Wagenplatzes gelitten haben, solidarisieren sich fast ausschließlich mit den ehemaligen Platzbewohnern. Sie können die Härte nicht verstehen, mit der gegen ein paar Hippies vorgegangen wird, die bislang friedlich auf einer kleinen Wiese am Rande des Karolinenviertels gelebt haben. Irgendwann lasse ich mich von der Stimmung anstecken und fahre im Zug mit einer Gruppe von Aktivisten zu einer groß angekündigten bundesweiten Demonstration nach Hamburg; Lolita bringe ich bei Kai unter.

Die Demo unter dem Motto »Wir sind die Guten« ist laut und kraftvoll. Sie findet an einem Samstag statt, einem vorweihnachtlichen Shoppingtag. Der Umsatz bricht infolge der Aktion ebenso ein wie der Verkehr zusammen. Am Ende werden die zehntausend Demonstranten in einem gigantischen Kessel von der Polizei lahmgelegt.

Ich setze mich vorher ab, um zum Platz der sagenumwobenen Bambule selbst zu gelangen. Nachdenklich betrachte ich den sauber eingezäunten Rasen. Die Räumungsfirma hat ganze Arbeit geleistet, kein Staubkorn erinnert mehr an die einstige Lagerfeuerromantik. Doch etwas wurde übersehen, vor mir glitzert eine Kette mit einem eingefassten Tropfen im Gras, vielleicht im Eifer des letzten Gefechts verloren. Ich greife durch den Zaun nach ihr, sie wird fortan mein Glücksbringer sein.

Abends strömen die Leute noch einmal zusammen, formieren sich. Aus mehreren tausend Kehlen klingt es vereint: »Gegen Gesetze, gegen die Hetze.« Und aus den Fenstern höre ich die Anwohner antworten: »Für mehr Bauwagenplätze.« Hier bewegt sich etwas, und das kann nun kein Politiker mehr rückgängig machen. Mir läuft es eiskalt den Rücken herunter.

Aus dem einen Tag wird eine ganze Woche, die ich ihn Hamburg bleibe und die wie im Fluge vergeht. Wir besetzen Häuser und Plätze. St.-Pauli-Fans, Studenten und andere Schill-Gegner liefern sich Scharmützel mit der Polizei, wir initiieren die Mahnwache »Wahnmache« an einer vielbefahrenen Straßenkreuzung und tanzen auf Solikonzerten in besetzen Räumen der Universität. Die Revolution, mein Traum – zum Greifen nah und doch so fern. Die Diskussionen an der »Wahnmache« holen uns in die bundesdeutsche Realität zurück, und die ist bekanntlich hart und solide. Oft hören wir: »Ich verstehe euch ja, Kinder, aber müsst ihr denn immer mit euren Demos die Hauptverkehrstraßen im Berufsverkehr blockieren?« Beim Angewiesensein auf den öffentlichen Nahverkehr hört die deutsche Revolutionsbereitschaft auf.

Ich tanze zurück nach Berlin, den Kopf voller Ideen, mit neuer Motivation im Herzen. Langsam, aber stetig geht es anscheinend doch voran. Jeder Schritt zählt. »Bambule, Randale, Linksradikale«, singe ich aus voller Brust, obwohl das Wetter grau ist. Zurück auf dem Berliner Wagenplatz vergeht mir meine Ausgelassenheit sehr schnell. Ein Zettel steckt unter dem Scheibenwischer des Wohnmobils: »Wir sind keine Müllkippe! Mach, dass du deinen Krempel hier fortschaffst, bevor du noch die Ratten anlockst. Und vergiss nicht, deinen Bus gleich mitzunehmen.« Ich blicke mich um, weit und breit ist niemand zu sehen. Soll das ein Scherz sein? Ich hatte im Eifer des Gefechts vergessen, mich um meinen aussortierten Messieberg zu kümmern. Aber muss man mir deswegen gleich so kommen?

»Hallo, ich brauche Hilfe.« Keiner scheint sich auf dem wie ausgestorben daliegenden Platz zu befinden, bald schon sind meine Finger vor Kälte steif gefroren. »Selbst schuld«, höhnen die Wolken, die mit finsterem Blick über mir hängen. Hastig werfe ich all die Sachen, die vom Berliner Regen nicht zerstört sind, in meinen Bus.

Kai ist wenig erfreut, als ich bei ihm in der Getränkekooperative auftauche und ihm erzähle, was passiert ist. »Ich hab' Kunden zu bedienen«, fertigt er mich ab und übergibt mir Lolita. »Warte draußen auf mich, ich habe bald Mittagspause.« Ich setze mich wieder einmal auf die kleine Parkbank und warte, dass Kai kommt. »Ich versteh' nicht, wie du dich so gehenlassen kannst«, sagt er bei seinem Erscheinen, ohne dass ich eine weitere Erklärung abgegeben habe. »Da hast du einen guten Platz zum Wohnen –

und versaust dir alles. Gerade jetzt, wo die Wagenplätze im Brennpunkt der Medien stehen.«

Ich fange an zu heulen. »Du brauchst mir nicht noch mehr weh zu tun. Das weiß ich doch alles selbst.« Ich beschließe, den Kontakt zu Kai abzubrechen. Zwei Wochen halte ich mein mir selbstauferlegtes Besuchsembargo aufrecht, danach stehe ich rufend vor seiner Haustür. Eine Klingel gibt es nicht. Eisiger Schneeregen klatscht mir ins Gesicht. Kai ist nicht überrascht, als er mich sieht. »Komm rein«, sagt er. »Wo hast du denn deinen Bus gelassen?«

»Neben einer leeren Bierbrauerei. Ich will nicht mehr in ihm wohnen.«

»Wieso? Woran hakt es denn?«

»Ich krieg' das Ding einfach nicht mehr sauber. Die meisten meiner Sachen sind immer noch nass, alles modert und müffelt. Und das Gas ist mir auch ausgegangen …«

»Ist schon gut«, unterbricht er mich und seufzt. Vermutlich hat er schon mehr als einmal bereut, mich in Berlin getroffen zu haben. »In unserem Gästezimmer ist eine Matratze frei, da wohnt aber noch ein Typ aus Rumänien, mit Hund. Er heißt André, der Typ, nicht der Hund. Vielleicht könnt ihr euch arrangieren.« Kai führt mich in den Raum. »Ciao«, sagt André zur Begrüßung, es hört sich wie »Che Hatschi« an.

In unserem Zimmer wird es nie richtig warm, egal, wie viel Kohle wir in den kleinen Ofen nachlegen. Das hat hauptsächlich mit den völlig undichten Fenstern zu tun. Das Haus, in dem Kai lebt, ist bislang von einer Sanierung verschont geblieben, was bedeutet, dass die Mieten bezahlbar sind. Es hat aber auch zur Folge, dass André und ich den ganzen Tag aufgrund von mehreren vor dem Fenster angebrachten Decken im Dunkeln sitzen und uns Blicke voll stummer Verzweifelung zuwerfen.

Kai sehe ich in den nächsten Tagen nur selten, er übernachtet woanders. Dass er mich dennoch in dem kalten Zimmer sitzen lässt und mir nicht sein Bett anbietet, neben dem ein gut funktionierender Kachelofen gemütliche Wärme verbreitet, nehme ich ihm übel. Ich schließe daraus: Er will mich auf Abstand halten.

Am Tag vor Weihnachten nimmt mich André zu einem Treffpunkt für obdachlose Jugendliche mit. Im KLIK, dem Kontaktladen für Straßenkinder in Krisen, gefällt es mir auf Anhieb. Das Ganze ähnelt eher einem Jugendzentrum für ausgeflippte Punks als einer der sonstigen Anlaufstellen für gescheiterte Existenzen, in denen Männer und Frauen den ganzen Tag lang stumm einen Plastikbecher mit Kamillentee umklammern. Ein Typ mit langen Rastas, in die liebevoll »Sterni«-Bierdeckel eingeflochten sind, werkelt an einer alten Kommode herum. Wie flink der mit den unterschiedlichsten Werkzeugen umgehen kann! Ich fühle Neid aufsteigen, gern würde ich das auch können, um meinen Mehrwert auf dem Markt der begrenzten Möglichkeiten zu steigern. Er bemerkt meinen Blick. »Ist alles Sperrmüll«, erklärt er. »Mach' ich wieder fit und verkauf's danach als überteuerte Antiquität an Yuppies.«

Beeindruckt von so viel Geschäftsgeist, frage ich den Typ, der sich als Ricardo vorstellt, ob ich mich ihm anschließen kann. So ziehen wir gemeinsam mit seinem Leiterwagen durchs nächtliche Berlin auf der Suche nach brauchbaren Möbeln. Bei diesen Sperrmülltouren ist es mir auch egal, dass er fast so müffelt wie meine nassen Sachen im Bus und nach dem Niesen komische Geräusche von sich gibt. Am Ende einer langen Partynacht landen wir auf meiner Matratze. Danach weiß ich, dass er auch beim Sex komische Geräusche von sich gibt. Der Rumäne wartet währenddessen geduldig in der Küche.

Die Altmöbellage erweist sich in Berlin allerdings nicht als besonders günstig. »Zu viele mit der gleichen Idee«, sagt Ricardo. Was bedeutet: Unsere finanzielle Situation verschlechtert sich zusehends. Bald schon muss ich im KLIK andere abgerissene Gestalten um 50 Cent anschnorren, so viel kostet dort ein warmes Abendessen. »Jetzt reicht's«, entscheidet Ricardo schließlich. »Jetzt verdienen wir unser Geld eben wieder auf gute alte Schnorrerart.«

Angesichts meiner kläglichen Erfahrungen vor dem Nürnberger Burggraben stelle ich mich auf frustriertes Frieren und beschämendes Hinhalten eines Pappbechers ein. Doch Ricardo hat eine andere Taktik. Er bleibt am Ausgang einer U-Bahn stehen und fragt vorbeieilende Passagiere: »Ham Sie 'nen Fahrschein übrig?« Ein paar der Angesprochenen bleiben tatsächlich stehen und kramen in Hand-, Hosen- und Jackentaschen herum, nesteln schließlich einen gebrauchten Fahrschein heraus. »Mit denen kann man zwei Stunden kreuz und quer durch die Stadt fahren«, erklärt er mir. »Die meisten nutzen den Schein aber gerade mal eine halbe Stunde. Also kann man ihn noch locker weiterverkaufen.«

Meine anfängliche Skepsis weicht bald einem Höhenflug, meine Taschen sind schnell gefüllt mit Münzen. Der eine oder andere Passant steckt mir sogar mit einem Zwinkern etwas mehr zu, andere entschuldigen sich sogar: »Tut mir leid, ich hab nur ein Monatsticket. Aber hier hab ich was für deinen Hund.«

Zugleich ziehe ich mir die Missgunst der Punkerbrigade vom gegenüberliegenden Ausgang zu, wo das Geschäft anscheinend nicht so gut läuft. »Hey, du Zecke, dat is unser Platz hier, mach uns ma nicht unsa Jeschäft kaputt!« Die Kleine, deren Gesicht man hinter den Piercings kaum noch erkennen kann, stemmt die kurzen Arme wütend in die

Hüften. Ich kenne sie flüchtig aus dem Punkerladen. Nein, ich werde nicht klein beigeben, denke ich, das ist nicht Barbie, und ich bin mittlerweile wer, wenn ich auch immer noch nicht so genau weiß, wie ich diese Person beschreiben würde. Jedenfalls habe ich mich in Berlin einigermaßen etabliert und kann weiter an meinem Lebensentwurf experimentieren.

12
Hasta la Revolución Siempre!

Ricardo und ich sind mittlerweile zusammengezogen und teilen uns ein Bett. Mich hatten eher pragmatische Erwägungen zu dieser Entscheidung getrieben, sein Motiv: »Liebe.« Wir leben in einem Haus, in dem wir die erhöhte Zweizimmerparterrewohnung mit Blick auf den Mülleimerpark im grauen Hinterhof still besetzt haben. Die Briefkästen in der Tordurchfahrt, an deren Eingang man noch die verblasste Inschrift eines Kohlefachgeschäfts erkennen kann, sind teils aufgebrochen. Die Engel, stumme Zeugen eines bewegten Jahrhunderts, blicken ein wenig traurig von der Stuckdecke des Hauseingangs, sie haben schon viel gesehen, hier, im Scheunenviertel, wo früher Händler- und Kleinkriminelle auf besser situierte Juden trafen. Die Wunden des Zweiten Weltkrieges wurden während der Jahrzehnte der Deutschen Demokratischen Republik nur notdürftig geflickt. Ein hastig aufgesprühtes Hakenkreuz neueren Datums hat jemand mit Sinn für subversive Kunst in ein Fenster mit Blumen umgestaltet.

Das Haus, in dem wir wohnen, ist das letzte seiner Art, es hat den sicheren Sanierungstod vor Augen. Die Bäckerei im Vorderhaus ist schon lange geschlossen. Wer will heutzutage in Mitte noch Schrippen kaufen? Jetzt geht es um Kunstkommerz, und deshalb werden so gut wie alle ehemaligen Ladengeschäfte in hippe Galerien umgewandelt. »Lasst sie doch!«, sagen die Gutmenschen. »Jeder nach seiner Fasson.« Leider geht diese Rechnung immer nur für eine Seite auf, meist zugunsten der Menschen mit Lebensentwürfen, die auf dickeren Konten basieren.

Block um Block pflügen sich die Entkernungskommandos und Abrissbirnen durch das Viertel, rumpeln die Bagger, werden Gerüste hochgezogen. Die alteingesessenen Bewohner mit günstigen DDR-Mietverträgen stören da nur. So platzt schon mal die Wasserleitung mitten im Winter, oder es riecht im Hausflur so seltsam nach Buttersäure – der Phantasie in der Immobilienbranche sind so gut wie keine Grenzen gesetzt.

»Ein paar Wochen wird das noch gutgehen.« Ricardo versucht mich zu beruhigen, wenn meine Angst wächst, wieder einmal überstürzt alle Zelte abbrechen zu müssen. Ich will ihm glauben, also pinsele ich mit Farben, die wir bei unseren nächtlichen Streifzügen im Keller eines leerstehenden Hauses aufgetrieben haben, fröhliche Zeichnungen an die Wände, unter dem Motto: »Süßes Leben 2003«. Ricardo, André und ich gehen nun regelmäßig zu einem Punkertreffpunkt, bei dem ich unter Anleitung einer dort angestellten Tischlerin meine eigenen Möbel baue. So ein großes Geheimnis ist das gar nicht, merke ich und gewinne neues Selbstvertrauen. Zudem tobe ich mich stundenlang an einem wackeligen Schlagzeug im Bandproberaum dieses Treffpunkts aus, zusammen mit anderen Musikamateuren. Die restliche Zeit verbringe ich beim Billardspiel und beeindrucke die anderen mit meinem Können – wofür die Psychiatrie doch gut sein kann.

Als ich mich eines Tages zum Schnorren aufmache, spricht mich am U-Bahnhof eine Zeitungsreporterin an. Sie sagt, dass sie über die armen Straßenkinder im Prenzlauer Berg schreiben möchte. »Ich bin aber aus Mitte«, entgegne ich. Sie lächelt gekünstelt: »Ach was, das ist doch nebensächlich.« Ich mag die Frau nicht. Dennoch lasse ich mich von ihren zwanzig Euro ködern und erkläre mich zu einem Interview bereit.

Warum? Vermutlich will ich die vermeintliche Chance nutzen, alle Underdogs Berlins einmal in einem anderen Licht erscheinen zu lassen. In einem halbstündigen Gespräch lasse ich mich über Besitz und eine von Privatisierung zerstörte Gesellschaft, überhöhte Managerlöhne und prügelnde BVG-Kontrolleure aus und erkläre meine Arbeit als einen aktiven Beitrag zur Zersetzung des Kapitalismus im Allgemeinen und zum Aufbau von solidarischen Netzwerken im Besondern. »Die Gesellschaft, die ich anstrebe, funktioniert ohne Geld und Misstrauen. Da muss ich dann auch nicht mehr den Rest meines Lebens Fahrscheine verkaufen.«

Plötzlich taucht ein Fotograf auf, der mich ablichten will. »Haste doch nichts dagegen?«, fragt die rasende Reporterin. »Mmmhhh.« Ich zucke mit den Schultern. »Na denn!« Ich wundere mich, in welchen Posen man mich zusammen mit den Fahrkartenautomaten ablichten möchte. Ein Pornostar müsste sich nicht mehr verrenken. »Wir haben's«, strahlt der Fotograf endlich und entschwindet mit der Journalistin im nächsten Taxi.

Tags darauf kann ich mich auf Papier betrachten. Besonders gut getroffen finde ich mich nicht. Ich sehe aus wie ein Zombie, aber das ist vermutlich kein Zufall. Ricardo reißt mir die Zeitung aus den Händen: »Hola, die Waldfee, wie sexy sie ist!« Anschließend zitiert er aus dem Artikel: »Das Geld reicht nicht immer für etwas Essbares, den leeren Magen stopft sich Silvia mit Drogen voll.«

»Gib her«, sage ich gereizt. In dem Bericht steht, völlig aus dem Kontext gerissen, dass ich nicht den Rest meines Lebens Fahrscheine verkaufen möchte, sonst entdecke ich kein Wort von dem wieder, was ich der Reporterin erzählt habe. Der Artikel über die armen Straßenkinder vom Prenzlberg war wohl schon fertig geschrieben, die Frau hat nur noch ein Bild gebraucht.

Seit diesem Zeitungsartikel bin ich nur noch selten am U-Bahnhof. Stattdessen verbarrikadiere ich mich in meinem Zimmer und hänge meinen Gedanken nach. Meine Wandgemälde überpinsele ich mit schwarzer Farbe und schreibe darauf: »Die gleiche Scheiße wie immer – 2003«, und: »Berlin, du kannst mich mal!«

In regelmäßigen Abständen erhalte ich Briefe von meinem Vater, in denen er mich daran erinnert, doch endlich eine Ausbildung zu beginnen: »Es scheint dir nicht bewusst zu sein, in welch bescheidener Lage du dich befindest. Jetzt bist du schon fast zwanzig Jahre alt und immer noch nicht zur Vernunft gekommen.« Ich schmeiße die Post routinemäßig in den Mülleimer vor meinem Fenster und schreibe statt einer Antwort lieber selbstmitleidige Gedichte in mein Tagebuch.

»Du bist doch nicht mehr ganz knusper in der Birne, schon seit zwei Wochen sitzt du in deinem Zimmer herum.« Ricardo schüttelt den Kopf. »Patty und ich haben uns überlegt, Urlaub zu machen.« Patty, eine rothaarige Bulimikerin, hat er irgendwann mit nach Hause geschleppt, weil sie anscheinend liebeswilliger ist als ich. Es kränkt mich, dass ich so leicht zu ersetzen bin, obwohl ich nicht in Ricardo verliebt bin. »Schön für euch Turteltäubchen!«, knurre ich. »Und was hab' ich damit zu tun?«

»Ich dachte, es würde dir guttun, auch mal wieder rauszukommen.« Fast schon freue ich mich über so viel Anteilnahme, dann aber wird mir schnell klar, warum man auf meine Anwesenheit so viel Wert legt.

»Können wir nicht …?«, fragt er.

»Können was?«

»Na, mit deinem Bus fahren?«

»Nein, können wir nicht. Er ist nicht mehr einsatzfähig.«

»Nun, dann müssen wir eben trampen«, meint Ricardo. Patty, die hinter ihm aufgetaucht ist, zieht einen Schmollmund. »Ist gut für die Figur«, sage ich zu ihr. Sie wirft mir einen vernichtenden Blick zu.

Den Rest des Abends sind die beiden mit Packen beschäftigt. »Wie lange habt ihr denn vor wegzubleiben?«, frage ich höflich-interessiert. »Keine Ahnung«, antwortet Patty. Hoffentlich für immer, denke ich und male mir meine zukünftigen Wochen allein in dieser Wohnung aus.

»Ciao, mach's gut.« Mein Exfreund umarmt mich.

»Wo geht's denn eigentlich hin?«

»Nach Barcelona.«

Die Tür kracht ins Schloss. Mein Kopf summt, verarbeitet Informationen, ich denke an Timo und seine *YoMango*-Initiative. Noch bevor alles richtig in meinem Gehirn angelangt ist, laufe ich in Strümpfen hinaus auf die Straße. »Halt, wartet auf mich! Ich komme mit!«

Mein Rucksack ist schnell gepackt. Ausgangsziel unserer Unternehmung ist eine Tankstelle in der Nähe des Schlachtensees. Bald sehen wir ein, dass wir zu dritt mit Hund noch nicht einmal eine Ausfahrt weiter kommen. So endet unser gemeinsamer Urlaub erst einmal wieder. »Wir müssen uns wohl oder übel aufteilen«, bemerkt Patty. Ihr Unterton verrät, dass sich ihr Bedauern in Grenzen hält. Ich seufze.

»Wie können wir uns in Barcelona treffen?«, frage ich.

»Wer als Erster eintrifft, schreibt eine Mail.«

Anfangs sieht es bei mir und Lolita gut aus. Ein junger Türke erklärt sich sofort einverstanden, uns mitzunehmen. »Hasta la vista, babys.« Hämisch winke ich den beiden, die noch an der Tankstelle herumstehen, zu. »Viel Spaß beim

Warten!« Der Fahrer scheint jedoch leider nicht zu wissen, dass es sich bei seinem Gefährt um ein Auto und nicht um eine Rakete handelt. Ich versinke tief im Rücksitz, die schweißnassen Hände ins Polster gekrallt. Ich bin viel zu jung zum Sterben, denke ich, als ich angsterfüllt die Tachonadel beobachte und wir millimeterbreit andere Autos beim Überholen schneiden. Nebenbei fuchtelt der Fahrer mit seinem Handy herum, schreit seinen Gesprächspartner mal auf Türkisch, mal auf Deutsch an. Am liebsten würde ich ihm anbieten, seine Telefonate zu übernehmen, damit er sich besser auf die Straße konzentrieren kann.

»Vielen Dank fürs Mitnehmen, aber mein Hund muss sich jetzt mal die Beine vertreten.« Ich schüttele ihm bei einer Pause die Hand und mir die Schweißperlen von der Stirn. Immerhin bin ich an einer Raststelle kurz vor Leipzig. Bald treffe ich auf ein paar Hippies, die meinen Hund und mich in ihr ohnehin schon überfülltes Auto stopfen. Sie sind auf dem Weg in die Schweiz, zu einem Anti-Weltbank-Gipfel in Davos. Einen Moment lang frage ich mich, ob ich meine Pläne nicht ändern soll, doch ich entscheide mich gegen die Demo. Mein Halbjahressoll an Protestaktionen habe ich meiner Ansicht nach überschritten. Auch ein Hardcore-Aktivist hat ein Recht auf Ferien!

In der Nähe von Freiburg lassen mich die Hippies raus, und sie sind so nett, mir noch ein wenig Proviant mit auf den Weg zu gegeben. Die nächste Tankstelle erreiche ich schnell, aber alle wollen von hier aus nach Basel, was mich nicht wirklich weiterbringt. Ein Blick auf die Landkarte, die aushängt, verrät mir meine ungemütliche Situation. Ich fange an zu frieren. Kalter Wind weht durch meinen Pullover. Der Frühling hat noch nicht begonnen. Ich verbringe die Nacht mit dem Kopf auf einem Tisch, der vor der Raststätte steht, direkt neben der Tankstelle. Hunde sind in dem

Lokal nicht erlaubt, und ich lasse Lolita bestimmt nicht vor der Tür winseln. Im Morgengrauen laufe ich in Richtung französische Grenze, möglichst in Autobahnnähe. In einem Dorf nimmt uns jemand mit, aber nur bis zur nächsten Ortschaft. Tagelang dauert es, bis ich schließlich in einem Internetcafé in Barcelona ankomme.

Ricardo beantwortet meine am Morgen geschriebene Mail noch am selben Tag, sodass wir uns am Nachmittag in der Nähe eines Parks treffen, in dem viele Trommler und Jongleure in Aktion sind. Er und Patty haben die Reise natürlich in weniger als vierundvierzig Stunden hinter sich gebracht. Die beiden bringen mich zu einem besetzten Bauernhof am Rand der Stadt, in dem sie schon seit ihrer Ankunft wohnen. Lolita scheucht sofort die glücklichen Freilandhennen auf, und ich spüre, dass ich hier mit Hund nicht besonders willkommen bin. In Gewaltmärschen erkunden wir in den nächsten Tagen Barcelona, da wir mit dem Hund keine U-Bahn betreten dürfen. Dabei durchstreifen wir auch Poblenou, ein altes Industriegebiet. Es riecht nach Meer. Aus den meisten Fenstern hängen Bettlaken, auf denen »Prou Especulació!« geschrieben steht – »Gegen die Spekulation!« Überall auf der Welt dasselbe Problem, denke ich. Das ehemalige Arbeiterviertel soll zum IT-Zentrum Kataloniens umgestaltet werden, danach kann hier keiner mehr wohnen, der noch andere Hobbys hat, als nur für seine Miete zu arbeiten. Wir laufen vom innenstädtisch-touristischen Urquinaona bis nach Vallcarca, einem Mittelklassestadtteil, aufgelockert durch besetzte Häuser oder Squats, wie man sie auch nennt. Außer Lolita haben alle schlechte Laune. Unsere Wohnplatzsuche gleicht mehr einer mühseligen Odyssee als einem inspirierenden Anarchistenurlaub.

Besetzte Häuser gibt es viele, offiziell sollen es hundertzwanzig sein, inoffiziell doppelt so viele. Wir entdecken ein altes Theater, das jetzt als soziokulturelles Stadtteilzentrum fungiert, Fabriken, in deren früheren Büroräumen Menschen auf Druckerpapier schlafen und in deren Hallen Wohnmobile geparkt sind. Es gibt Punk-, Kunst-, Öko-, Autonomen-, Studenten-, Homosexuellen-, Immigranten-, Katalan-, internationale und Modesquats. Doch es scheint wie verhext zu sein, Platz für uns vier gibt es nicht. Entweder sind es Katzen oder andere Hunde, die nicht mit Lolita auskommen können, oder man ist ausgebucht, befindet sich in Renovierungsarbeiten, wenn nicht gar die Räumung ansteht. Szenetouristen wie uns braucht man nicht, davon gibt es hier viel zu viele. Immerhin bieten uns die meisten Squats wenigstens für eine Nacht ein Dach über dem Kopf an. Es ist schwer, sich innerhalb eines Tages nützlich zu machen, und so bleibt uns als Dankeschön oft nur, den Müll oder das Abwasser herauszubringen oder aus den Lebensmitteln, die wir in den Küchen finden, eine Mahlzeit zuzubereiten.

In Gesprächen auf der Straße oder auf Partys sammeln wir wichtige Informationen, beispielsweise über Jugendherbergen, in die man sich hineinschleichen und dort kostenlos das Internet und die heiße Dusche benutzen kann, oder wo es die besten Container für weggeworfene Nahrungsmittel gibt, in welchen Gegenden es sich lohnt, in kleinen Geschäften nach Essensresten zu fragen. »Wie heißt der Satz nochmal, den ich sagen soll?«, erkundige ich mich bei Simone, einer Schweizerin, die ich auf einem Gypsypunkkonzert kennengelernt habe. »Tiene usted algo para reciclar, por favor?«, wiederholt sie geduldig. »Haben Sie bitte etwas übrig?«

Auf einem unserer Märsche geraten wir in eine Demo. »Contra la guerra« wird gerufen, es geht um den militärischen Einsatz im Irak. Tatsächlich hat die Regierung der USA eine Legitimation für den Krieg aus dem Hut gezaubert, um das Problem mit Saddam Hussein auf eigene Weise zu lösen – trotz weltweiten Widerstands. Ohne es geplant zu haben, bin ich auf einer der größten Friedensdemonstrationen gelandet, die es bislang gegeben hat – mit mehr als zehn Millionen Teilnehmern, die sich in über achthundert Städten und Orten weltweit versammelt haben. Es bleibt friedlich, zumindest dort, wo ich mich mit schwerem Rucksack und einem verstörten Hund durchbahnen kann. Ich folge einer Trommlerbrigade, die in einen Park strömt. Suchend drehe ich mich nach Patty und Ricardo um, doch ich habe sie anscheinend verloren. Ich denke nicht weiter darüber nach und bewege mich rhythmisch mit Hunderten von Menschen Richtung Grünfläche. Ich bin wie in Trance, werfe Rucksack, Hundeleine sowie Bedenken über Bord und tanze mich einfach frei.

»Da bist du ja, wir haben dich überall gesucht.« Ricardo steht vor mir, Patty lehnt sich gelangweilt an einen Baum. Sie sieht nicht aus, als hätte sie auch nur eine Sekunde lang nach mir Ausschau gehalten. »Wir wollen weiter nach vorn gehen, da gibt es gerade eine Zirkusvorführung«, erzählt Ricardo. Was soll's, denke ich, die Trommler sind sowieso gerade dabei aufzubrechen. Meinen Rucksack finde ich ein Stück weit entfernt von der Stelle, wo ich ihn abgelegt habe.

Doch etwas fehlt. Der Hund. »Lolita«, schreie ich so laut ich kann. Meine dünne Stimme setzt sich gegen den uns umgebenden Lärm kaum weiter als einen halben Meter durch. Wie konnte ich in diesem Menschenmeer bloß auf die abstruse Idee kommen, meinen Hund laufen zu lassen? Ich blicke verzweifelt um mich. Der Strom der Leute reißt nicht ab. »Lolita!« Ich rufe und rufe, doch Lolita taucht nicht auf. Ricardo schwirrt aus, und sogar Patty beteiligt sich an der Suche.

Am Abend sitzen wir erschöpft unter einem Baum, keiner redet. Ich habe mich leergeweint und bin voller Selbsthass. Warum nur immer ich, frage ich mich im Selbstmitleid, doch die Antwort kenne ich: »Weil du strunzdoof und ohne jegliches Verantwortungsgefühl durch die Welt läufst.«

»Und jetzt?«, fragt Patty in die Stille hinein. »Ewig können wir hier nicht sitzen.«

»Ich werde diesen Ort erst verlassen, wenn ich Lolita gefunden habe«, sage ich.

Patty steht auf und sagt kühl: »Ich komme morgen wieder und bringe dir eine Banane zum Frühstück.« Sie nickt ihrem Freund zu. »Was ist, gehen wir?« Ricardo sieht sich zwischen den Fronten. Er seufzt tief. Wenn er geht, hat er es sich für alle Zeiten mit mir verdorben. Wenn er bleibt, muss er sich mit unflätigen Bemerkungen und unberechenbaren Psychoausbrüchen seitens Patty auseinandersetzen. Ich weiß nicht, wer als Erstes von uns aufspringt und auf Lolita zustürmt, die plötzlich angelaufen kommt. Ich vergrabe mein Gesicht in ihrem Fell und finde noch ein paar Tränenreserven. »Wir müssen ein festes Zuhause finden«, sage ich schließlich. »Ich muss Lolita irgendwo lassen und meinen Rucksack abstellen können.« Die andern nicken, sogar Patty ist ausnahmsweise einmal mit diesem Vorschlag einverstanden.

»Hola, ist jemand hier?« Gerade als wir wieder gehen wollen, öffnet ein grimmig dreinblickender Mann umständlich die Schlösser und lässt uns in das Haus hinein. Obwohl draußen die Sonne scheint, ist es im Eingangsbereich stockfinster. Mich fröstelt. Irgendwie ist es unheimlich. Wir hatten den Tipp von einem marokkanischen Taramboukaspieler erhalten. »Allerfeinste Lage, gerade besetzt, da wird sich bestimmt ein Zimmer für euch finden.« Der Mann nickt uns zu, ihm zu folgen. »Aufzug funktioniert nicht mehr«, sagt er in einem schwer verständlichen Englisch. Wir tasten uns eine Treppe mit wackeligem Geländer hinauf, der Wind pfeift schaurig durch das Gittergerippe des uralten Aufzugschachts. Schließlich gelangen wir in den ersten Stock. Vor einer Tür bleibt der Mann stehen und klopft an. Zunächst passiert nichts. Schließlich hören wir ein Poltern und Rumpeln, und mindestens acht Menschen öffnen gleichzeitig die Tür. Wir werden abschätzig gemustert, danach schmeißen sie die Tür wieder ins Schloss. Als wir uns umdrehen, bemerken wir, dass unser Begleiter uns verlassen hat. »Und was machen wir jetzt?«, frage ich.

»Wir schauen uns einfach weiter um«, schlägt Patty vor.

Ein Stockwerk höher öffnet überhaupt niemand die Tür, erst auf der vierten Etage treffen wir auf eine Frau aus Minnesota. Sie bietet an, uns in der gegenüberliegenden Wohnung unterzubringen. Gekonnt tritt sie gegen die Eingangstür, die sogleich aus den Angeln fliegt. »Here you are.«

Die Räume sind ein wenig staubig, ansonsten sehen sie aus, als hätte jemand sehr Wohlhabendes sie gerade erst verlassen. Die Mäntel hängen ordentlich an der Garderobe, auf dem Tisch im Wohnzimmer stehen Teller, allerdings überzogen mit verschimmelten Essensresten.

Ich entdecke einen langen, nicht enden wollenden Flur, der in den hinteren Teil der Wohnung führt, zwei Bäder und mehrere kleine Räume. »Vorsichtig!«, warnt mich die Amerikanerin, die sich als Tracy vorgestellt hat, als wir um die Ecke eines Schlafzimmers biegen. Vor Schreck falle ich fast über das rot-weiße Absperrband. Die Wohnung hört plötzlich abrupt auf, und man kann in einen riesigen Innenhof sehen, voll mit Geröll und Bauschutt. Die hintere Hälfte des Hauses existiert nicht mehr. »Kleine Gasexplosion«, erklärt Tracy. »Der Besitzer kriegt das Gebäude nicht los, will es aber auch nicht renovieren. Jetzt versucht er's mit Versicherungsbetrug.« Irgendwie fühlt sich das alles nicht so nach einem heimeligen Zuhause an.

Als ich wieder allein mit Ricardo und Patty bin, stelle ich unmittelbar klar: »Ich bleibe hier nur eine Nacht!«

Lolita stupst mich mit ihrer Schnauze an. Es ist Zeit für die Abendrunde. Beim Gedanken, allein durch das Treppenhaus gehen zu müssen, rutscht mir mein Herz in die Hose. »Tut mir leid, Lolita«, sage ich. »Du musst heute hier dein Geschäft erledigen.« Ich lege meinen Schlafsack ganz dicht ans Fenster und schätze noch einmal ab, ob ich im Fall eines Brands den Sprung überleben würde. Vermutlich nicht.

Hurra, ich habe überlebt, ist mein erster Gedanke am Morgen. Ich bin schneller auf der Straße, als die anderen ihre müden Augen öffnen können – und atme erst einmal tief durch. Lolita setzt einen Haufen direkt neben meine Füße.

Und wohin jetzt? In der Nacht habe ich beschlossen, eigene Wege zu gehen, ohne Patty und Ricardo. Mir fällt die Schweizerin Simone ein, die mich eingeladen hat, sie zu besuchen, etwas außerhalb von Barcelona. »Ich wohne in Can Masdeu – einer Lepraklinik«, hat sie scherzhaft gesagt. Schlimmer als diese Gruselbude der letzten Nacht kann das auch nicht sein. Ich schleiche mich durch einen Metroeingang, der selten von Security-Männern überwacht wird, und ohne Probleme erreiche ich die Endhaltestelle Canyelles. Ich muss nur wenige Leute fragen, wie ich nach Can Masdeu komme, jeder kennt das Klinikgelände.

Simone treffe ich auf einem Hometrainer mitten im Garten sitzend an. Erstaunt mustere ich sie, eigentlich war sie ganz vernünftig, als ich sie kennenlernte. »Das ist unsere Waschmaschine«, erklärt Simone, als sie mein verwundertes

Gesicht sieht. »Die Kette hier verbindet die Wäschetrommel mit dem Fahrrad, so kann ich individuell Schleuder- oder Schonprogramm einstellen.« Ich muss das natürlich gleich ausprobieren. Der Ausblick vom Fahrrad auf das Tal, in dem Barcelona liegt, ist umwerfend.

Anschließend führt sie mich herum. »Hier wird das Wasser aufgeheizt.« Sie weist auf Solarkollektoren. Das hauseigene Recyclingsystem unterscheidet allein drei verschiedene Arten von Kompost: normal, Zitrusfrüchte und eine extra Tonne für die Hühner.

»Und was hängt da am Haus?«, frage ich und deute auf ein eigenartiges Ensemble aus Brettern, Betten, Balken und Badewannen, das an der Fassade des ehemaligen Krankenhauses angebracht ist.

»Vor einem Jahr wollten die Bullen das Spital räumen, da wir einen Zivilprozess gegen den Eigentümer verloren haben. Aber mehr als zehn Leute ketteten sich an dieser Konstruktion an«, erzählt Simone. »Die Polizisten, die kein geeignetes Werkzeug hatten, um unsere Konstruktionen zu demontieren, dachten, die Leute würden irgendwann von allein wieder herunterkommen, vor lauter Hunger. Stattdessen stand am zweiten Tag die Presse auf dem Gelände, und europaweit unterstützte man die Besetzung mit Aktionen. Auch die Solidarität der Anwohner war phänomenal. Sie sind unsere Freunde und pflanzen hier zusammen mit uns Gemüse an.«

Ich bleibe einige Zeit bei Simone und ihren Mitbewohnern und helfe ihnen Bäume zu pflanzen. Abends sitze ich mit Menschen aus der ganzen Welt am Lagerfeuer. Mit jedem Tag verstärkt sich dabei in mir das Gefühl, dass ich nichts kann. Ich komme mir wertlos vor. Die meisten, die hier leben, legen Wasser- und Stromleitungen, bauen Duschen, ziehen Gemüse, halten Tiere. Oder sie können jonglieren,

Straßentheater spielen, fließend mehrere Sprachen sprechen. Und ich bin noch nicht einmal in der Lage, richtig auf meinen Hund aufzupassen. Nicht für die Schule, sondern fürs Leben lernt man, erinnere ich mich – fragt sich nur, nach welchen Kriterien man »Leben« definiert, wenn man die Lehrpläne erstellt. Ich jedenfalls hätte die letzten dreizehn Jahre kaum sinnloser verbringen können.

Wie immer in Momenten persönlicher Verzweiflung ziehe ich mein Tagebuch heraus und versuche, meine verqueren Gedanken auf dem Papier in Ordnung zu bringen:

Es war einmal ein kleines Mädchen, das wohnte in der großen Schublade einer Kommode. Doch dann wollte sie eines Tages frische Luft atmen. Sie öffnete die Schublade, krabbelte auf die Kante – und schnappte über. Denn das, was sie außerhalb der Kommode sah, hörte und fühlte, war einfach zu viel für sie. Sie geriet in einen Zustand, der einer Ohnmacht ähnelte, und wartete, auf dem Rücken liegend, auf jemanden, der mit ihr zusammen von der Kommode sprang.

Wohin soll ich nur, überlege ich. Ich bin eine Tochter ohne Kontakt zu ihren Eltern, eine Musikerin ohne Instrument und Band, eine Busbesitzerin ohne Einparkkenntnisse. Warum kann ich hier nicht einfach glücklich sein? Dieses perfekte Kommunenleben, ist es nicht das, wonach ich immer schon gesucht habe, seitdem ich fünfzehn bin?

Am nächsten Tag fahre ich wieder in die Innenstadt, auf der Suche nach weiterem Unglück, und treffe auf Ricardo, der gerade vom Flohmarkt kommt und sich mit zwei großen Reisetaschen abmüht. »Ricardo!«, rufe ich. »Kaum zu glauben! Was machst du denn hier?«

»Frag lieber nicht«, sagt er mürrisch. »Ich wollte Porzellan und Pornos verkloppen, die ich im Haus mit dem Gasunfall gefunden habe, aber mir wurden die Hefte unter dem Hintern weggeklaut. Jetzt hab ich nur noch Plunder, Tassen, Teller – diesen Krempel halt.

Ich bin irritiert. »Und wieso bist du allein?«

Nun wird Ricardo sauer. »Falls du auf Patty anspielst, dann rat ich dir, in Zukunft ihren Namen besser nicht mehr in den Mund zu nehmen.«

Das sind völlig neue Töne, und obwohl ich fast vor Neugier platze, bohre ich nicht weiter nach.

»Willste mir helfen, den Rest zu verticken?« Ricardo deutet auf die Reisetaschen. Große Lust habe ich nicht, aber auch keine passende Ausrede parat. Wir machen uns auf den Weg Richtung Strand. Ricardo kennt sich inzwischen in Barcelona gut aus, wie ich feststelle.

Der hauptsächlich von Marokkanern bevölkerte Markt in der Nähe des Strandes befindet sich in einer riesigen Autowerkstatt, die erst kürzlich aufgegeben wurde; scharfer Geruch von Lacken und Ölen hängt noch in der Luft. Eine bestimmte Anordnung hinsichtlich der Verkaufsstände scheint es nicht zu geben, und so bauen wir unsere Sachen unmittelbar am Eingang auf. Ich trinke einen Schluck Sangria, den uns der Typ vom Nebenstand nach unserem Aufbau freundlicherweise anbietet, ein Franzose mit Schiebermütze. »Hey, pass mal auf das Porzellan auf!« Ricardo scheint etwas eingefallen zu sein und sprintet los. Ich blättere derweil in einem spanischen Sprachführer, den der Nachbar, er heißt Marcel, zum Verkauf ausgelegt hat.

Nach einer Weile kommt Ricardo mit drei Orangen in der Hand zurück und fängt an, sie in der Luft herumzuwirbeln. »Du kannst ja jonglieren.« Ich bin beeindruckt, und in der nächsten Stunde zeigt er mir die Tricks, die er beherrscht. Natürlich habe ich überhaupt kein Talent und alle Orangen purzeln ständig zu Boden. Nach ein paar Versuchen gebe ich auf, mein Gehirn ist für solche Kunstfertigkeiten wohl nicht richtig gepolt. Bald ist Ricardo erneut zwischen den vielen Menschen verschwunden.

»Ich kann dir zeigen, wie das Jonglieren funktioniert«, sagt Marcel auf Englisch. Er muss uns die ganze Zeit über beobachtet haben, jedenfalls greift er zu einer Orange und wirft sie von der rechten in die linke Hand und zwar in einem schönen runden Bogen. »Und jetzt du«, fordert er mich auf. Ich hätte nicht gedacht, dass diese simple Übung Schwierigkeiten bereitet. Aber ich mache Fortschritte, und schon bald werfe ich zwei Orangen über Kreuz. »Und wann kommt die dritte dran?«, frage ich. Er lächelt. »Vergiss es, dafür brauchst du noch ein paar Flohmärkte. Oder du kommst einfach in unseren Squat, da gibt's jeden Tag Zirkuskurse.« Wow, das wollte ich immer schon machen. Ich bin Feuer und Flamme.

»Machen wir einfach Schluss«, sagt Ricardo, der inzwischen zurückgekehrt ist und bekümmert feststellt, dass nicht eine einzige Untertasse den Besitzer gewechselt hat. Auch der Franzose hat genug, und so folgen wir ihm mit unserem ganzen Zeug zu seinem Hausprojekt.

Nach wenigen Minuten sind wir beim bunt angemalten Eisentor des Makabras angelangt, einst eine Fabrikanlage für Gummiplanen, nun ein Kollektiv und Zirkussquat. Eine neue Welt tut sich für mich auf. Ich besuche jeden Tag den Zirkuskurs in einer der geräumigen Hallen. Im hinteren Teil schwitzen junge Frauen am Trapez, daneben stemmen Kickboxer und -boxerinnen Stühle in die Luft, allerlei Jonglierkeulen sausen an meinen Ohren vorbei. Selten fällt ein unnötiges Wort, die Leute sind völlig konzentriert. Ich gebe mir diesmal große Mühe, bei der Sache zu bleiben. Schon nach einer Woche kann ich einige Runden auf dem Einrad drehen. Wieder und wieder steige ich verbissen auf das Rad und schaffe mal die Hälfte, mal sogar die ganze Hallenstrecke. Man lächelt mir anerkennend zu. Ich begreife, dass jeder Fortschritte machen kann, wenn man nur dabeibleibt. Schon bald verlege ich meinen Wohnsitz ins Makabra, es findet sich für mich eine fensterlose Pförtnerloge. Einmal mehr habe ich das Gefühl, endlich zu Hause angekommen zu sein. Ich fühle mich wohl zwischen all den ausgeflippten Künstlern, die in Teddybärkostümen frühstücken und einem mir nichts, dir nichts den Geldbeutel aus der Gürteltasche wegzaubern können.

So vergehen die Tage voller Tatendrang, bis ich einmal hinübergehe in den Nachbarsquat, um meine E-Mails zu checken. Mein Vater hat mir geschrieben. »Dringend! Unbedingt lesen! Sehr wichtig!« steht im Betreff-Feld. Das kann nichts Gutes bedeuten: Tatsächlich geht es um meinen Jugendarrest, den ich in einer Woche antreten soll. »Glaube nicht, dass du mit deinem Lebensstil der Justiz ein Schnippchen schlagen kannst. Die kriegen dich, europaweit, und dann bleibt es nicht bei läppischen vier Tagen«, lese ich. Ausnahmsweise finde ich, dass er Recht hat. Ich seufze. So ein Stress wegen ein paar Tagen Knast. Wie soll ich überhaupt nach Deutschland kommen? Auf eine Tramptour habe ich ebenso wenig Lust wie auf eine nervenaufreibende Schwarzfahrt mit dem Zug.

Am Abend versammeln sich alle Makabra-Bewohner in einem kleinen Raum. Heute ist Jamsession angesagt, zu den Rhythmen von Saxophon, Akkordeon, Geige und Gitarre schlage ich auf eine selbstgebaute Trommel aus Plastikplanen, die ich in der Anlage gefunden habe. Als die Instrumente einen Moment schweigen und ich die anderen auf mein Mobilitätsproblem anspreche, erhalte ich die Adresse von jemandem, der Interrail-Tickets fälscht, gültig für einen Monat und nutzbar in allen Zügen. Das kostet nur einen

Bruchteil dessen, was die Bahn dafür verlangt. Das Geld dafür leihe ich mir zusammen. Schon am nächsten Mittag halte ich mein Ticket in der Hand. Zwei Tage bin ich unterwegs, mit dem letzten Zug treffe ich am Sonntagabend in meiner alten Heimatstadt ein. Pünktlich.

13
Topfit

Montagmorgens um acht Uhr trete ich meine unverdiente Haft an. Mein Aufenthaltsort für die nächsten vier Tage wirkt auf den ersten Eindruck, abgesehen von den obligatorischen Gittern an den Fenstern, eher wie eine heruntergekommene Jugendherberge und nicht wie eine Gefängniszelle. Und es scheint hier zum guten Ton zu gehören, seine sexuellen Phantasien in Form drittklassiger Zeichnungen an der Wand oder den zweistöckigen Bettgestellen zu hinterlassen. Mir wird ein unteres Bett zugewiesen, was klaustrophobische Erinnerungen an das Bett in meinem alten Bus aufkommen lässt.

Ein Spanischübungsbuch habe ich mitgebracht sowie einen dicken Wälzer über eine Verschwörung der katholischen Kirche, den ich bei meinem Vater im Bücherregal gefunden habe, außerdem drei kleine, mit Mehl gefüllte Luftballons, um weiter Jonglieren zu üben. Diese wurden mir allerdings bei meiner Ankunft abgenommen. Zum Lesen komme ich nicht wirklich, da ich ständig durch lautes Gerede und Gelächter meiner Zellengenossinnen aus der Konzentration gerissen werde. Sie sind nur zwei Tage länger da als ich, benehmen sich aber wie Hardcore-Knastis, die schon mindestens ihr halbes Leben in der Zelle verbracht haben.

Das Strafsystem ist wirklich ausgeklügelt. Man merkt sofort, dass hier nicht umsonst jahrhundertelang exzessive Forschung am lebenden Objekt betrieben wurde. Um einem Erholungsurlaub mit Vollpension vorzubeugen, jagt man uns zu den unpassendsten Zeiten aus unseren Zellen.

Eine Stunde pro Tag muss ich zusammen mit anderen fehlgeleiteten Jugendlichen auf dem Gefängnishof herumstehen, ungeachtet der Temperaturen, die trotz kalendarischem Frühlingsanfang noch einmal unter null Grad gefallen sind. »Eine Stunde Hofgang ist Vorschrift«, informiert man uns, als wir dagegen protestieren. Es bleibt uns nichts anderes übrig, als uns so eng wie möglich an eine Mauer zu drücken, um die Ohrläppchen und Nasenspitzen vor Erfrierungen zu schützen. »Auseinander! Bewegung!« Die Stimme des Aufsehers schneidet noch mehr ins Ohr als der eisige Wind. Töricht wie ich bin, verschließt sich mir der pädagogische Ansatz dieser Übung vollkommen. Genauso geht es mir bei einem zweistündigen Vortrag eines robusten Feuerwehrmanns, der an einem Nachmittag aufkreuzt und uns zu ehrenamtlichen Engagement motivieren will. »Als ob ich mir noch nie den Arsch für andere abgearbeitet habe«, murmele ich. Danach müssen wir uns im Fernsehraum *Richterin Barbara Salesch* ansehen, eine pseudodokumentarische Gerichtsshow. Ein weiterer Protestversuch meinerseits bleibt erneut erfolglos: »Ich hab' schon seit vier Jahren nicht mehr ferngesehen, das wird zu irreparablen Interferenzen in meinen Gehirnströmen führen!« Meine Zimmerkolleginnen, die offenbar nur Bahnhof verstanden haben, kichern blöde. »Endlich mal wieder Glotze«, rufen sie begeistert.

Ich beschließe, mich das nächste Mal vor Gericht für verrückt erklären und erneut in die Psychiatrie einliefern zu lassen. Nach vier Tagen Reintegration, als ich das Gefängnis wieder verlassen kann, fühle ich mich sowieso reif dafür.

Schon am nächsten Tag bin ich wieder in Berlin, will zurück in die Wohnung, in der ich vor der Reise nach Barcelona mit Ricardo gelebt habe. Das Haus ist von einem Baugerüst umgeben, aus den offen stehenden Fenstern dringen Geräusche. Wider besseren Wissens gehe ich hinein. Alle Räume sind vollkommen leer, sogar der Boiler in der Küche und der schöne Kachelofen in Ricardos Zimmer sind verschwunden. Ein Handwerker, bedeckt mit einer weißen Staubschicht, macht sich an der Wandtapete zu schaffen, an der ich mich künstlerisch verewigt hatte.

Verwundert hält er inne: »Na, junge Dame, was machen Sie hier?«

»Gestatten, ich wohne hier.«

»Mmh.« Er schaut etwas perplex. »Ich hol' mal den Chef.«

Dieser, ein Berliner Original, erklärt mir, dass er den Auftrag hätte, das ganze Haus zu renovieren. Meine Knie werden weich, als ich das höre. »Aber ... wo sind denn meine Sachen?«, stammele ich.

»Na, wenn de flitzt und Glück hast, dann stehn die noch im Hof, im Container. Musst ein bisschen rumkrabbeln, aber bist ja 'n kleenet Kaliba.«

Ich bedanke mich hastig und renne hinaus. Aus dem rostigen Container fische ich die Gitarre meines Onkels und ein paar andere Habseligkeiten. Ich werde furchtbar wütend, hole meinen Edding hervor und kritzle auf die nächstbeste sanierte Häuserwand: »Berlin-Mitte Büroeinheiten Leerstand: 70 %; Raffgier Investoren: 100 %; Überlebenschance Subkultur: 0,1 %.« Danach fühle ich mich schon ein wenig besser. In ein paar Jahrzehnten, denke ich trotzig, während ich durch Mitte schlendere, werden es die Herren und Damen Denkmalpfleger bitter bereuen, dass ihre Vorfahren um die Jahrtausendwende sämtliche Zeugnisse einer lebendigen Widerstandskultur dem Erdboden gleichgemacht haben, um dem schnellen Profit zu frönen.

»Wir machen aber bald zu.« Emilia, die Sozialarbeiterin aus dem KLIK, ist genervt. »Aber ich muss dringend duschen, bitte.« Ich bettele mit Erfolg. Welch ein Glück, dass es wenigstens noch diesen Laden gibt. Erschöpft stelle ich meine Sachen ab. Draußen stehen einige Punks mit ihren Hunden, die Tierärztin mit ihrer kostenlosen mobilen Praxis ist heute, wie jeden Donnerstag, vor dem KLIK erschienen. Lolita muss bald ihre Tollwutimpfung bekommen, erinnere ich mich. Die Dusche befindet sich in einer Ecke des Waschraums, die Tür besitzt kein Schloss. Das heiße Wasser tut mir nach diesem Schock gut.

Abends komme ich bei Aronal unter, einem Punker, den ich eigentlich nur flüchtig kenne. Er wird so genannt, weil er seinen Haaren früher immer mit der gleichnamigen Zahncreme den letzten Schliff verpasst hat. In seiner Wohnung haben sich eine Menge Leute versammelt, die Musik hören, einen Joint kreisen lassen oder mit Bierdeckeln herumwerfen. Es wird gelacht und gegrölt. »Alles falsch hier«, singt die Münchener Deutschpunkband der ersten Stunde, *A&P*, aus dem Kassettenrecorder. Ja, alles falsch hier, denke ich. Die Szenerie erinnert mich an meine Zeiten in Nürnberg. Es ist sogar noch schlimmer – von diesem Ort gibt es keinen Weg zurück in die Badewanne meiner Großmutter.

Soll ich wieder nach Barcelona gehen? Sehnsucht überfällt mich, gleichzeitig aber auch Angst. Noch einmal den ganzen Weg trampen? Allein? Es scheint, als wären Entschlossenheit und Abenteuerlust aus meinem Körper gewichen. Haben die pädagogischen Maßnahmen im Gefängnis etwa gefruchtet?

Keiner fragt, wo ich in der Zwischenzeit gewesen bin oder wie es mir geht. Beiläufig wird der Tod eines näheren Bekannten erwähnt. Im Schlaf erstickt, vermutlich eine Mischung aus Alkohol und Methadon. »Wie alt war er denn?«, frage ich. »Um die zwanzig.« Eine kleine Schweigeminute, dann ist das Bier wieder an den Lippen, und der Joint kreist weiter.

Ich kann nicht länger bei diesen Leuten bleiben. Krachend lasse ich die Wohnungstür ins Schloss fallen. Wo werde ich heute Nacht schlafen? In einem Park? Im Bankautomatenraum einer Sparkasse? Ich gehe einfach weiter. Bis zum Sonnenaufgang werde ich durchhalten.

Da vorne brennt es! Und wie es brennt! In einem kleinen Park flitzen Feuerbälle durch die nächtliche Luft. Ich trete näher, falle vor Aufregung fast über ein paar Fahrräder. »Hast du noch etwas Lampenöl?«, fragt eine männliche Stimme. Ich höre ein Rascheln, ein Feuerzeug klickt. Nun wird ein Seil angezündet, ungläubig betrachte ich, wie es herumfliegt und dabei nicht verbrennt.

Der Typ mit den Feuerseilen kommt direkt auf mich zu: »Herzlich willkommen im einzigen Mitternachtsfeuerzirkus der Welt. Wie ich sehe, gefällt die Vorstellung unserem erlauchten Publikum!« Er zaubert aus dem Nichts einen Hut hervor. »Möchten Sie den weltberühmten und einzigartigen Feuerpiraten nicht mit einer kleinen Spende behilflich sein?«

Geld kann ich ihnen nicht geben, diesen Feuerpiraten, den Anarchisten unter den Feuerspielern Berlins – als die ich sie bald näher kennenlernen werde. Aber ich frage, ob ich ihnen helfen darf, wenn sie bei Einbruch der Dämmerung ihre Seile und Fackeln mit Kevlar umwickeln, einem nicht brennbaren Material, und schließlich auf den Touristenplätzen Berlins oder auf extravaganten Festivals wie dem *Fusion* die Menschen mit ihrer Kunst in den Bann ziehen.

Jede freie Minute verbringe ich diesen Sommer 2003 in einem Hinterhof in Friedrichshain, der Zentrale der Feuerpiraten. Ich war hier schon einmal vor mehr als einem halben Jahr gewesen, zusammen mit Kai, auf jener skurrilen

Lesung im Keller, bei der es um Antideutsche und benutzte Taschentücher ging. Im Hinterhof wird gekocht, gelacht, trainiert, gegärtnert und gelebt. Die Artisten kommen aus vielen verschiedenen Ländern. Besonders beeindruckt mich Roland Zauberwald, ein Berliner Steinmetz, Maler, Dichter und Pilzesammler. Es fällt mir schwer, ihn, wie auch die anderen, in eine Schublade zu packen. Versuche ich es aus alter Gewohnheit doch, schafft er es immer wieder, die Lade zu öffnen und auf den Rand zu klettern. Dabei rückt er seine Nasenklemmbrille zurecht und droht mir lachend: »Mach das nie wieder!«

In dieser Zeit schaffe ich es auch, meinen Bus zu einer Selbsthilfewerkstatt zu fahren, um die Lichtmaschine auszuwechseln. Nach einer konsequenten Entrümpelungsaktion stelle ich das Wohnmobil wieder an meiner alten Stelle in Friedrichshain ab, bewohne es erneut und lege einen Kräutergarten auf dem Hochdach an.

Ein Jahr später, ich habe mittlerweile meinen einundzwanzigsten Geburtstag gefeiert, erhält mein zwischenzeitlich sehr stabiles Hoch einen empfindlichen Dämpfer. Der Hinterhof der Feuerpiraten wird geräumt, und sie verstreuen sich in alle Winde. Roland Zauberwald und ich arbeiten meist allein weiter und trainieren im Monbijoupark in Berlin-Mitte. Bei Einbruch der Dunkelheit ziehen wir dann los. Am Hackeschen Markt spulen wir besonders gerne unser Programm ab, immer dieselben Tricks mit dem Devil Stick und dem Feuer-Hula-Hoop-Reifen. Zum Finale kreisen Roland und ich auf Feuereinrädern, danach erhalten wir zumindest Applaus. »Für Lampenöl und die Fortführung unserer Kunst erbitten wir uns eine kleine Spende.« Ich klappere mit dem Becher, die meisten Gäste an den Tischen draußen vor den Restaurants drehen unwillig den Kopf weg –

vermutlich sind wir heute nicht die erste Truppe gewesen, die etwas dargeboten hat. Und vielleicht auch nicht die einfallsreichste. Anschließend teilen wir die Einnahmen auf. Meist reicht es gerade für eine Flasche Wein und den Eintritt auf eine Party in einem der letzten besetzten Häuser von Berlin-Mitte, dem Eimer.

Mein Geldproblem wird immer dringender. Im Kopf gehe ich meine potenziellen Geldgeber durch und mache imaginäre rote Kreuze hinter den Personen, die mir vielleicht etwas geben könnten. Nach meiner Auswertung bleiben genau zwei Namen übrig: meine Mutter und mein Vater. Ich sehe ein, dass ein Besuch bei ihnen fällig ist. Vielleicht kann ich dabei auch gleichzeitig ein paar alte Missverständnisse aus dem Weg räumen.

Also sitze ich mal wieder am Esstisch meiner Eltern und bekomme ein Schweineschnitzel serviert. Ich denke an den Raubbau im Regenwald, um Anbauflächen für Soja zu gewinnen. Mit diesem Soja werden dann unsere Schweine gemästet. Aber auf Diskussionen mit Unbelehrbaren habe ich schon lange keine Lust mehr.

»Schmeckt's?« Mein Vater strahlt, er ist sehr stolz auf seine Kochkünste. Eine Antwort erwartet er gar nicht. »Wie lange willst du eigentlich bleiben?«

»Ach, ich weiß nicht.« Das ist eine Lüge. Am liebsten würde ich nach Klärung der Finanzlage gleich wieder fahren. Aber dann würde ich mir sehr schäbig vorkommen. »Wir könnten mal wieder eine Fahrradtour unternehmen, so wie früher. Hat dir doch immer viel Spaß gemacht.« Ich höre Unsicherheit in seiner Stimme, und auf seinem Gesicht erscheint ein Lächeln, als ich nicke.

Mein altes Fahrrad müssen wir erst reparieren. Umständlich nestelt mein Vater sein Flickzeug aus seinem Werkzeugkasten und versucht, mit einem Löffel den Mantel vom Schlauch zu trennen, der immer wieder abrutscht.

»Ich hab' heute keine Ruhe«, sagt er zur Entschuldigung, seine Hände zittern.

»Lass mich das machen.« Schnell ist der Reifen geflickt, das Aufpumpen des Schlauchs überlasse ich ihm, damit er sich nicht überflüssig vorkommt. Er ist erstaunt über meine Geschicklichkeit. »Wo hast du das gelernt?«

»Ach, das ist doch gar nichts, ich kann noch ganz andere Sachen. Wenn man einen Bus hat und auf sich allein gestellt ist, lernt man einiges.«

»Du machst es dir aber auch extra schwer. Du könntest es so einfach haben, wenn du wieder nach Hause kämst und ...«

»Zu Hause ...« Ich falle ihm ins Wort. »Was ist das schon? Meinst du das hier?« Ich zeige auf das Haus, in dem ich aufgewachsen bin und mit dem mich nichts weiter verbindet, jede Lagerhalle auf der Welt könnte dieselbe Bedeutung für mich haben. Das glaube ich zumindest in diesem Moment.

»Was ist eigentlich aus deinem Bus geworden? Hat der überhaupt noch TÜV?« Mein Vater schafft es, zielsicher meine wunden Punkte anzusprechen.

»Hab' ich verkauft.«

»Gott sei Dank!« Mein Vater ist erleichtert. »Hast du wenigstens noch einen anständigen Preis dafür ausgehandelt?«

Mir wird schlecht, wenn ich daran denke, was mit meinem Wohnmobil letztlich geschehen ist. Frustrierte Großstadtjugendliche hatten es gewaltig demoliert. Durch den längst fälligen TÜV wäre es zwar sowieso nicht mehr gekommen. Dennoch hätte ich den Motor noch für gutes Geld verscherbeln können. Ich vermachte es aber lieber einem Punker aus dem KLIK, damit der nicht mehr mittellos auf der

Straße leben musste. Er bezahlte mit einem Verstärker, so groß wie eine Hutschachtel. »Der hat mir versprochen, dass er den Bus wieder flottmacht und durch den TÜV bringt. Doch am Ende hat er ihn einfach ohne Kennzeichen auf der Straße abgestellt, und ich durfte mich mit dem Straßenverkehrsamt herumärgern, weil sie mich die Verschrottung zahlen lassen wollten«, schließe ich die traurige Erzählung über das Ende meines treuen Weggefährten.

»Du tust ständig alles für Leute, die dich nur ausnutzen. Und die, die es gut mit dir meinen, bei denen hältst du es kaum für nötig, dich ab und zu mal zu melden. Eine Postkarte zum Geburtstag erwartet man schon gar nicht mehr.« Er seufzt, während wir uns aufs Fahrrad schwingen. »Du weißt überhaupt nicht, was deine Mutter und ich uns für Sorgen um dich machen. Was willst du eigentlich in diesem schrecklichen Berlin?«

»Mir gefällt's dort, ich hab da meine Freunde …«

»Aber du fasst dort gar keinen Fuß. Wie oft bist du umgezogen?«

Ich rechne kurz nach. »Bestimmt vierzehnmal.«

»Vierzehnmal!« Mein Vater regt sich so sehr auf, dass er fast einen Unfall baut, weil er ein einparkendes Auto übersehen hat. »Ich bin in meinem ganzen Leben nur ein einziges Mal umgezogen.«

»Von meiner Generation verlangt man Flexibilität.«

»Aber keiner verlangt von dir, dass du in einem Bus im Park wohnst oder irgendwelche dunklen Wohnungslöcher besetzt.«

»Ich sehe nicht ein, Miete zahlen zu müssen. Die ist sowieso nur dafür da, Menschen die Zeit zum Rebellieren zu nehmen.«

»So wie du lebst, änderst du auch nichts. Reichen dir die Gerichtsverfahren nicht?«

Mein Vater wird es nie verstehen. Ich kann nicht nur punktuell das System kritisieren und gleichzeitig in einer normalen Mietwohnung leben, Bioprodukte kaufen und die Grünen wählen, in der Hoffnung, dass sie es schon für mich richten werden. Ein wirklich alternatives Leben baut auf einem nicht angepassten Alltag auf, in dem es all das zu vermeiden gilt, was gemeinhin erwartet wird, etwa eine geregelte Arbeit, ein Mietvertrag, eine gemütliche Wohnungseinrichtung – und um all das einen hohen Zaun herum.

Mein Vater schüttelt den Kopf. Ich kann mir vorstellen, was er denkt: dass ich nicht einsehen will, wie sehr ihm mein Lebensstil zusetzt und wie viele schlaflose Nächte er schon wegen mir hatte. Viele seiner Freunde und Bekannten haben ihm schon oft gesagt: »Lass sie doch abziehen«, aber das bringt er einfach nicht übers Herz. In letzter Zeit hat er sich immer intensiver mit meiner Gesellschaftskritik auseinandergesetzt und mir in vielen Dingen Recht geben müssen. Dass es oft mühselig ist, gegen die breite Masse anzureden, das kannte er noch von der Zeit, als er gebetsmühlenartig vor dem Börsengang seines Arbeitgebers, der Telekom, warnte. Keiner hatte es damals wahrhaben wollen, und erst langsam, nach vielen Entlassungswellen, mussten die ehemaligen Kollegen ihm eine gewisse Weitsicht zubilligen. Gerade deshalb versteht er nicht, warum ich mich ihm gegenüber so feindselig verhalte, dem Vater, der nie etwas wegwirft, der alles repariert, immer das Fahrrad benutzt, der Konsum und Materialismus wirklich nichts abgewinnen kann und dabei vermutlich konsequenter agiert als die meisten meiner sogenannten antikapitalistischen Freunde – aber dennoch sein spießiges Kleinstadtleben liebt. Ihm bleibt das revolutionäre Potenzial meiner Aktionen verschlossen. Da lebe ich in besetzten Gebäuden und Wohnungen, angewiesen darauf, von den Hausbesitzern nicht hinausgeworfen zu werden, mittellos, ohne jegliche gesellschaftliche Teilhabe. Das erscheint ihm einfach nur als unsinnig.

Ich weiß ihn schon auch zu schätzen, und gerne würde ich ihm das einmal sagen, wenn er sich nicht ständig berufen fühlen würde, mein Leben in Ordnung bringen zu wollen, alles zu hinterfragen und alles zu kontrollieren. Und tatsächlich, kaum habe ich Luft geholt für eine kleine Nettigkeit, da geht es bereits wieder los.

»Du hättest ein Freiwilliges Ökologisches Jahr auf einem Kinderbauernhof machen können.« Ich weiß, dass ich im letzten Jahr viele Chancen vertan habe, dennoch rechtfertige ich mich: »Der erste Eindruck war einfach abschreckend. Wie da mit den Kindern umgegangen wurde, das fand ich überhaupt nicht gut.«

»Ein Praktikum bei einem Verlag für Straßenkinder, als welches du dich unnötigerweise selbst siehst, hast du auch abgebrochen.«

»Ich kann wirklich nicht so früh aufstehen, wie die das von mir verlangt haben. Ich bin schließlich noch schulgeschädigt.«

»Wenn du nur endlich zur Vernunft kommen und eine Ausbildung anfangen würdest.« Oben auf dem Hügel sieht mein Vater aus, als hätte er gerade die schwierigste Etappe der Tour de France absolviert.

»Und was machst du aus deinem Leben?«, entgegne ich. »Schau dich doch mal an, dir fehlt einfach Bewegung. Und dazu noch dein Fleischkonsum. Gibt es eigentlich eine Mahlzeit ohne Wurst bei dir? Wenn du so weitermachst, stirbst du in ein paar Jahren an einem Herzinfarkt.« Meine Worte klingen barscher, als sie gemeint sind. In Wirklichkeit mache ich mir tatsächlich Gedanken um den Gesundheitszustand meines Vaters. »Und einen Bürojob, wie du ihn hast … niemals! So will ich nicht enden.«

»Es gibt andere Möglichkeiten.«

Jetzt ist endlich der Moment gekommen, denke ich, mein eigentliches Anliegen vorzubringen. »Das ist genau der Punkt, worüber ich mit dir sprechen wollte. Es gibt da eine Sache, die ich gern tun würde.« Mein Herz klopft aufgeregt.

»Bestimmt wieder so eine Schnapsidee«, murmelt mein Vater.

»Ich führe in Berlin mit ein paar Freunden Feuershows auf.«

»Feuershows?«

Ich lasse mich nicht aus dem Konzept bringen. »Wir jonglieren mit brennenden Fackeln, haben eine richtige Choreografie, mit Akrobatik und Tanz. Dabei treten wir auf öffentlichen Plätzen auf, und am Ende lassen wir den Hut herumgehen.« Ich verheimliche, dass unsere Truppe meist nur noch aus Roland Zauberwald und mir besteht.

»Also wieder so ein Betteljob.« Mein Vater schnaubt verächtlich.

»Genau deswegen will ich professionell werden.« Ein verständnisloser Blick seitens meines Vaters. »Es gibt in Berlin eine Schule, da kann man in drei Jahren Artistin mit einer anerkannten Ausbildung werden. Am liebsten würde ich mich aufs Einradfahren spezialisieren. Und auf Hula-Hoop. Schon viele Leute haben mir gesagt, dass ich Talent habe. Ich kann sogar mit vier Bällen jonglieren.«

»Und wo hast du das gelernt?«

»In Barcelona habe ich damit angefangen und dann den Straßenkünstlern bei ihrer Arbeit viel abgeschaut.«

»Das kannst du doch in deiner Freizeit machen. Wichtig ist, dass du tagsüber etwas Anständiges lernst.«

»Die Ausbildung an der Artistenschule hat wirklich Niveau.« Ich gebe nicht so schnell auf.

»Und was kostet der Spaß?«

»Etwas mehr als zweihundert Euro im Monat.«

Mein Vater schluckt. So viel Geld für eine so unsichere Sache. »Und wer sagt mir, dass du das nicht wieder hinschmeißt, wie so vieles in deinem Leben?«

»Aber das ist wirklich etwas, was mir Freude bereitet. Ich hab doch schon im Kindergarten gern Theater gespielt.«

Mein Vater lächelt abwesend, vielleicht erinnert er sich gerade daran, wie seine kleine Tochter jeden Tag zu Hause fleißig übte, um bei einer Aufführung der *Vogelhochzeit* mitzuwirken.

»Ich lass' mir das durch den Kopf gehen. Ich brauche mehr Informationen, über den Ausbildungsinhalt und über das, was du danach in Händen hältst.« Das ist so gut wie eine Zusage. Fröhlich radele ich weiter. Der Besuch bei meinen Eltern scheint ein voller Erfolg zu werden.

Tatsächlich ist mein Vater nach einigen Tagen bereit, mich finanziell zu unterstützen. Nun liegt es an mir, etwas aus meiner Chance zu machen. Zuerst melde ich mich, zurück in Berlin, in einem Fitnessstudio an, einem Ort, den ich noch bis vor kurzem niemals betreten hätte. Ich fühle mich fremd unter all den Körperfreaks. Es kommt mir vor, als wären sie in einem völlig anderen Kulturkreis sozialisiert worden. Erst als ich mich mit ungekannter Verbissenheit durch die Folge der Geräte kämpfe, gelingt es mir abzuschalten und die Blicke der anderen Leute auf meinen bunten Irokesenschnitt zu ignorieren. Ich ächze an den einzelnen Stationen, von denen jede dem Aufbau einer bestimmten Muskelgruppe dient. Meine Muskeln weigern sich jedoch standhaft, auf die Übungen anzuspringen. Nach einem Monat – es naht die gefürchtete Aufnahmeprüfung der Artistenschule – bin ich noch immer nicht in der Lage, einen Klimmzug zu schaffen.

»Mach' dich nicht verrückt«, raten mir meine Mitbewohner, bevor ich mich zum Fabrikgebäude nach Kreuzberg aufmache, in dem sich die Schule befindet. Seit meiner Rückkehr von den Eltern wohne ich in einer WG. Auf dem Weg habe ich das Gefühl, dass meine Zukunft auf dem Spiel steht. Was mache ich, wenn ich die Prüfung nicht bestehe? Darüber habe ich noch nicht nachgedacht, so sehr bin ich fixiert auf mein neues Leben, das ich mir in den schönsten Farben ausmale: Silvia am Trapez, Silvia mit fünf brennenden Jonglierkeulen, Silvia bändigt zehn Hula-Hoop-Reifen, die sich in verschiedenen Bahnen um ihren Körper drehen, Silvia beim Salto rückwärts und vorwärts, frenetischer Jubel, heute in Berlin, morgen in Moskau, Paris oder Seoul. Dazwischen bleibt genügend Zeit für revolutionäre Aktionen, und wenn ich doch Geld benötigen sollte, trete ich an Ort und Stelle mit meiner bahnbrechenden Straßenzirkusshow auf. Diese Aufnahmeprüfung ist mir so wichtig, dass ich mir sogar sämtliche Piercings aus Nase, Augenbrauen und Lippen entfernt habe – nur von meinem Iro konnte ich mich nicht trennen.

Die Jungen und Mädchen, die mit mir zusammen vor den langen Übungsbahnen warten, um ihr Können zu zeigen, bibbern nicht halb so sehr wie ich. Nach den ersten Aufgabenstellungen wird mir klar, warum: Sie turnen von Kindesbeinen an, ich habe damit gerade erst angefangen. Todesmutig rolle ich über die Matten, hänge mich kopfüber ans Trapez, schaffe einen halben Klimmzug. Und obwohl ich in einer Tanzchoreografie die Bewegungsabläufe völlig durcheinanderbringe, reicht es doch aus: »Bestanden, aber nur auf Probe.« Man schüttelt mir die Hand.

Die Ausbildung ist hart, und ich stolpere schon über die erste Hürde: das frühe Aufstehen. Platze ich völlig abgehetzt in den Unterricht hinein, darf ich erst einmal Liegestütze machen. »Und zwar so viele, wie du Minuten zu spät gekommen bist«, ordnet mein Akrobatiklehrer Wladimir an. Aufgrund meiner eklatanten Verspätungen ist das oft ein Ding der Unmöglichkeit. Aber Waldimir kennt keine Gnade, zählt erbarmungslos mit. Er stammt aus Russland und hat wohl selbst ein hartes Training erlebt. Wir sollen lange Bahnen auf Händen laufen, dann uns in einem Grätschgang nach vorne bewegen oder uns gegenseitig als Schubkarren durch die Gegend schieben. Dazwischen dürfen wir elegante Räder schlagen oder über Kästen springen. Nach ein paar Tagen schaffe ich es vor lauter Muskelkater kaum, die drei Stockwerke bis zur Schule hochzugehen. Jede Stufe ist eine Herausforderung, die ich nur unter größten Schmerzen bewältigen kann. Wladimir bleibt unerbittlich: »Selbst schuld, wenn ihr eure Körper jahrelang so verweichlicht habt. Zwei Wochen und die Schmerzen sind vorbei. Danach geht es erst richtig los.« Das anstrengende Training, das wir derzeit absolvieren, ist anscheinend nur eine Art Aufwärmphase.

Zu meiner großen Enttäuschung sind weder Einradfahren noch Hula-Hoop als eigene Unterrichtsfächer vorgesehen, nur während einer offenen Trainingsstunde darf ich auf dem Einrad üben. Die Freude, die ich daran ursprünglich hatte, verblasst mit jedem Tag. Die Feuerpiraten arbeiteten nach Lust und Laune, die Show entstand aus dem Moment heraus. Es gab keine Hierarchie oder Angst vor dem Versagen. Wer nicht ordentlich jonglieren konnte, der spielte eben die Djembe-Trommel zur musikalischen Umrahmung oder ging während der Vorstellung mit dem Hut herum. Ich mache mir bewusst, dass ich vergangene Zeiten verkläre, aber in meinem Missmut kann ich mich nicht mehr erinnern, welche Beweggründe mich eigentlich zur Artistenschule getrieben haben. Sehr bald wird mir klar, dass mein Vater wieder einmal Recht gehabt hat.

Der Erfolg bleibt auch deswegen aus, weil sich herausstellt, dass mein Körper nicht für ein Dasein als Zirkusartistin gemacht ist. Ich bin beweglich, aber nicht gelenkig und stark genug, um auch nur annähernd mit dem Lerntempo der anderen mithalten zu können. Bestimmte Abläufe, etwa beim Salto oder beim Flickflack kann ich mir nicht einprägen, auf dem Trapez kämpfe ich mit Höhenangst, und die Ballettstunden sind der blanke Horror. Ich lege die Grazie eines Transportgauls an den Tag. Zudem habe ich Schwierigkeiten, mit der straff organisierten Unterrichtsform zurechtzukommen. Verbunden mit einem im Vergleich zu meinen Mitschülern schwach ausgeprägten Ehrgeiz und meiner Eigenart, mich von Gruppen generell abgrenzen zu wollen, manövriere ich mich zusehends in eine Außenseiterposition. Ich fühle mich in Gesellschaft dieser sonderbaren Körperkünstler nicht wohl, ihre Gesprächsthemen über die neuesten Kinohits und den letzten Strandurlaub auf Usedom finde ich bodenlos langweilig, und für meine freakigen Anekdoten, mit denen ich Kneipenrunden problemlos einen ganzen Abend lang unterhalten kann, interessiert sich hier niemand.

Um nicht nur zu turnen, beginne ich Spanisch zu lernen und entdecke ein altes und günstiges Hobby wieder: das Lesen. Die anarchistische Bücherei im Prenzlauer Berg wird mein bevorzugter Aufenthaltsort. Meine oft recht grobe Gesellschaftskritik beruht hauptsächlich auf Beobachtungen, Erzählungen und eigenen Erfahrungen, und ich spüre, dass mir ein theoretischer Unterbau fehlt, um gegenüber Normalbürgern wie den anderen Akrobaten meinen Standpunkt glaubhaft vertreten zu können. So lese ich bald überall. Oft verpasse ich meine U-Bahn-Station, weil ich so vertieft in meine Lektüre über den Rechtsruck in Europa, das Ende des Sozialstaats, über Sondereinkommenszonen oder nachhaltige Stadtplanung bin.

Gleichzeitig entwickele ich eine ungesunde Arroganz gegenüber allem und jedem, was mich an mein früheres Leben erinnert. Nur »Bullen auf's Maul hauen« und »Saufen, saufen, jeden Tag nur Saufen« zu brüllen, bringt mich schon lange nicht mehr weiter. Ich will ernst genommen werden. Schnorrern an U-Bahn-Eingängen oder vor Supermarktfilialen gehe ich gezielt aus dem Weg, absichtlich wechsele ich die Straßenseite, um alte Bekannte, die mehr kriechen als gehen, nicht treffen zu müssen. Ich will meine wertvolle Zeit nicht mit in meinen Augen sinnlosen Dialogen verplempern: »Hey, Silvia, Alte, was geht'n?« – »Ich bin jetzt an der Artistenschule.« – »Aha, biste wohl auf'm Fitnessfilm?« – »Na ja, so ein bisschen Bewegung hat noch niemandem geschadet.« – »Ich bin gerade auf Bewährung.« – »Warum denn?« – »Schwarzfahren und so.« – »Das ist scheiße.« – »Ja, ich weiß auch nicht.« – »Mach's gut« – »Ja, tschö, bis die Tage.«

Wie schon so oft in meinem Leben wandele ich zwischen verschiedenen Welten, ohne mich einer von ihnen wirklich zugehörig zu fühlen. Mein Dasein erscheint mir wieder einmal wie ein einziger endloser Strom voll klumpender Milch, die man in Ermangelung besserer nicht in den Ausguss kippen möchte. Müdigkeit und Erschöpfung sind meine ständigen Begleiter, mein Blickfeld wird immer enger, ich setze mir selbst Scheuklappen auf.

Der Wendepunkt kommt im Dezember 2004. Eine Reclaim-the-Streets-Party ist angekündigt, bei der es um Erhalt und Aufbau neuer alternativer Wohn- und Kulturprojekte in Friedrichshain und Kreuzberg gehen soll. An der Vorbereitung sind vornehmlich diejenigen meiner Freunde beteiligt, die mich auf die Ausbildung zur Artistin gebracht haben: die Feuerpiraten.

»Dich hat man ja schon länger nicht mehr gesehen«, sagt Roland Zauberwald. »Dabei ist es so wichtig, dass du auch bei der Parade mitmachst.«

Ich verziehe das Gesicht. »Mmmhh, na ja, ich habe eigentlich Schule.«

»Seid wann leidest du unter Pflichtbewusstsein?«

»Entschuldigung, dass ich mal was wichtig nehme. Nächsten Sommer könnt ihr euch freuen, wenn ihr durch mich mehr verdient.«

»Es wird bestimmt nicht auffallen, ob du einen Tag mehr oder weniger in der Schule bist.«

Ich erwähne nicht, dass mir bereits mit dem Rauswurf gedroht wurde, aufgrund einer beträchtlichen Anzahl von Fehltagen, unentschuldigt natürlich. Hinzu kommen meine ständigen Verspätungen und meine unbefriedigenden Leistungen. Ich murmele nur: »Ich werde es mir überlegen.«

In den nächsten Tagen wird der ganze Kiez mit Postern bestückt. Während ich Plakate klebe, treffe ich Clemens, einen alten Piraten, der für sein Musikfahrrad bekannt ist. Es ist ein beeindruckendes Gefährt, mit dem man eine Ladefläche hinter sich herziehen kann, auf der ein Schlagzeuger samt Instrument und noch zwei andere Musiker Platz haben. Ich habe es schon einmal gesehen, während der Anti-Bush-Demonstration 2001, als auf der Ladefläche eine Mickey-Mouse-Puppe aus Pappmaschee ans Kreuz genagelt war. »Du wirst doch Schlagzeug spielen?« Eine rhetorische Frage, wie kann ich da nein sagen?

Am Tag der Parade versammeln wir uns in der Rigaer Straße, dem Ausgangspunkt. Wo ich hinblicke, entdecke ich alternative Straßenkünstler sowie schwarz vermummte

Hardcore-Autonome. Ein paar betrunkene Punker mit einem Rudel Hunde runden das Bild ab. Zusammen ziehen wir an von Räumung oder Verkauf bedrohten Hausprojekten vorbei. »Wir bleiben alle!«, skandieren wir dabei laut, darauf hoffend, dass es die Hausbesitzer noch in Zehlendorf, einem schicken Villenviertel im Südwesten Berlins, hören und sich auf einen zähen Kampf einstellen.

Ein selbstgebautes Soundsystem verbreitet heiße Reggae-Rhythmen, und die Feuerartisten zeigen ihr Können. Ich bade in der Bewunderung, die mir von allen Seiten zuteil wird. Wer kann schon auf einem brennenden Einrad fahren, mit vier angezündeten Keulen jonglieren und dabei noch lustige Lieder singen? Von Zeit zu Zeit setze ich mich ans Schlagzeug und spiele einen Beat, den ich für Drum 'n' Bass halte. Doch dauernd werde ich aus dem Takt gebracht, neben mir auf der Straße spielt ein junger Typ mit Igelfrisur, Lederjacke und Tote-Hosen-T-Shirt einen grauenhaften Song auf seiner E-Gitarre, irgendeine Hippiescheiße mit *love and peace and harmony*. Ich werfe ihm böse Blicke zu. Mitten in einem schnellen Punkrhythmus wechselt er zu einem schiefen Skatakt, kein Mensch kommt da noch hinterher. Als wir in Kreuzberg auf der Skalitzer Straße angekommen sind und sich die Parade dem Ende zuneigt, schnauze ich ihn an: »Kannst du denn nicht mal mit mir zusammen spielen? Typisch Mann!« Da erst erkenne ich ihn: »Wanja!«, rufe ich aus. »Hätte ich mir ja denken können. Wer spielt sonst so 'ne Hippiemucke?« Wanja und ich hatten im vergangenen Winter eine Band gegründet. Wir nannten uns *Postpunkschrott* und machten entsprechende Musik. Irgendwann trennten sich unsere Wege aber wieder.

»Gut, dass ich dich treffe.« Wanja strahlt über das ganze Gesicht. »Ich hab' ein neues Bandprojekt am Start und sogar 'nen kostenlosen Proberaum. Ist in der Villa Kunterbunt, in

Reinickendorf. Das ist ein selbstverwaltetes Jugendzentrum, da suchen wir auch jemanden, der mal abends Tresendienst mach ... Um es kurz zu machen: Wir brauchen eine Schlagzeugerin.«

Einige Zeit später erhalte ich einen Anruf meines Vaters auf meinem neuen Handy, für das er freundlicherweise aufkommt, weil er mich so besser zu kontrollieren meint: »Wie sieht es denn aus? Geht's in der Schule voran? Machst du Fortschritte?«

Es ist drei Uhr nachmittags, ich trinke gerade ein Bier, halte eine japanische Feinsäge in der Hand und überlege, wie ich die Schalldämmung in der hinteren Ecke unseres Bandproberaums unmittelbar neben der kleinen Fensterluke verbessern kann. Ich bin in der Villa Kunterbunt. Bunt ist sie, aber für eine Villa ein wenig zu klein geraten. Früher diente sie dem Hausmeister einer nahe gelegenen städtischen Einrichtung als Wohnung. Es gibt eine vegetarische Volksküche, ein Kino und Jam-Sessions, seitdem wir mit Verstärker, Schlagzeug und Beschallungsausrüstung in den oberen Stock gezogen sind. Natürlich konnte ich Wanjas Anfrage, wieder in einer Band Schlagzeug zu spielen, trotz meines Zeitmangels nicht abschlagen. Diesmal nennen wir uns *Automatik Nordmilch*.

Seit der Parade ist die Freude in mein Leben zurückgekehrt. Selbst die uns obligatorisch begleitende Polizei war beeindruckt von meinem Können. Das gefiel mir, neue Formen der Auseinandersetzung mit der Macht auszuprobieren, mit Spiel und Spaß zu provozieren statt den üblichen Parolen und Ohnmacht. Das einzelgängerische Streben nach maximaler Leistung, das mich in den letzten Monaten gebannt hat, mag zwar in unsere moderne Gesellschaft passen, aber nicht zu mir. Ich brauche meine Freunde, das

Unperfekte und den Kater am Samstagmorgen. Die Artistenschule will ich schon beenden – zumal ich mittlerweile bereits vier Klimmzüge hintereinander schaffe –, aber nicht heute.

»Ähm, ja, läuft bestens, hab' gerade 'ne kleine Pause.« Es hat etwas gedauert, bis ich meinem Vater eine Antwort gebe. Ich versuche zu improvisieren. »Kommst du Weihnachten?« Oh nein, auch das noch!

»Ich weiß nicht, eigentlich muss ich in den Ferien trainieren.«

»Wirklich?«

Ich spüre Misstrauen in seiner Stimme. »Ja, wir sind gerade in einer heißen Phase, haben bald 'ne Aufführung.«

»Kann man sich die dann wenigstens einmal anschauen?«

»Klar, im Februar ist es soweit.« Alles gelogen.

»Solltest du dich Weihnachten doch für einen Tag freimachen können …« – ich höre ein Seufzen –, »wir würden auch dein Ticket bezahlen.«

Nach diesem Gespräch fühle ich mich elend. Wieder einmal bin ich drauf und dran zu versagen. So kann es nicht weitergehen.

»Leute«, sage ich schließlich zu Wanja und Nicole, der Bassistin, »ich kann ab sofort nicht mehr so oft proben. In letzter Zeit bin ich fast nie in die Schule gegangen. Wenn das so weitergeht, flieg' ich da wirklich bald raus.« Keiner erwidert etwas, nur die Verstärker summen penetrant. Wanja greift in die Saiten, sie klingen nach.

Nicole nutzt den Moment, um ihr eigenes Problem loszuwerden: »Und ich hab' keinen Bock mehr, Bass zu spielen. Ich will auch auf Gitarre umsatteln.«

»Wie stellst du dir das vor?«, fragt Wanja gereizt. »Woher sollen wir auf die Schnelle einen neuen Bassisten bekommen?«

»Ich weiß gar nicht, warum du so stresst, wir haben doch alle Zeit der Welt.«

»Eben nicht, ich hab' 'nen Auftritt klargemacht.«

»Ach«, sagen Nicole und ich aus einem Mund. »Wo denn?«

»Die Köpi feiert ihr fünfzehnjähriges Bestehen.«

Wir schlucken. Die Köpi ist eines der bekanntesten autonomen Wohnprojekte und Kulturzentren in Berlin. Bei einem solchen Anlass werden bestimmt mehrere hundert Leute erscheinen. »Bist du wahnsinnig!« Nicole hat sich als Erste gefasst. »Unsere Mucke ist grottenschlecht, wir sind noch nicht einmal tauglich, um in einem Obdachlosenheim zu spielen; wir sind einfach nur peinlich.«

Mir kommt ein Gedanke. »Wann ist der Auftritt?«

»Ende Februar.«

»Das sind noch mehr als zwei Monate. Das reicht, um die Sache entspannt anzugehen. Ich schlage vor, dass wir die Zeit dazu nutzen, an unserer Peinlichkeit zu arbeiten und sie zu perfektionieren.« Wanja und Nicole schauen mich verständnislos an. »Ich hab' da ein paar Ideen, ihr werdet schon sehen. Das Wichtigste ist jetzt, dass wir einen passenden Bassisten finden.«

Im Internet geben wir eine Anzeige auf. Bei der übernächsten Probe erscheint Daniel. Er übertrifft alle mein Erwartungen, die ich ihn Sachen Peinlichkeit jemals an einen Menschen gestellt hätte. Ständig lacht er an unpassenden Stellen. Eigentlich besteht er aus nichts anderem als Anzüglichkeiten und dummen Sprüchen. Wenn er mich begrüßt, sagt er zum Beispiel: »Silvia, die einzige Frage, die wir noch klären müssen, ist die: Treiben wir es in der Badewanne oder doch auf der Waschmaschine?« Meistens lacht nur Daniel.

In der letzten Woche vor Weihnachten schaffe ich es, jeden Tag pünktlich in der Artistenschule zu sein. Heiligabend streiche ich unseren Proberaum. Auf dem Heimweg umgibt mich große Stille. Nur wenige Autos sind unterwegs, und ihre Geräusche werden von frisch gefallenem Schnee geschluckt. Ich laufe mit Lolita einen Umweg, schaue in hellerleuchtete Heile-Welt-Wohnungen, die nur halb zugezogenen Vorhänge lassen *Lindenstraßen*-Stimmung durchscheinen. Kinder packen riesige Geschenke aus, überall brennen Kerzen, oft höre ich »Stille Nacht, heilige Nacht« aus CD-Playern. Früher hatte ich das immer vor der Bescherung am Klavier gespielt. Im Hintergrund läuten Kirchenglocken zum Gottesdienst.

An einer Telefonzelle bleibe ich stehen. Ich bin versucht, meine Eltern anzurufen, verkneife es mir dann aber. Das ist doch alles Illusion, Friede, Freude, Eierkuchen, eben totale Hippiekacke. Spätestens am zweiten Weihnachtsfeiertag fliegen die ersten Geschenkpapierfetzen und der neue Familienhund wird an der übernächsten Autobahnraststätte ausgesetzt. Tags darauf sitze ich doch im Zug. Mein Vater hat vegetarisch für mich gekocht. Es schmeckt grauenhaft, aber der Wille ist es, der zählt.

Noch im Januar 2005 wird mir in einem vertraulichen Gespräch mit dem Leiter der Artistenschule mein Ausbildungsvertrag gekündigt. Ich habe nicht viel Zeit, Trübsal zu blasen, schließlich bin ich gerade damit beschäftigt, Peter Hartz nachzubauen. Es ist nicht einfach, diesem Mann Form zu verleihen. Seit Tagen sitze ich stundenlang in einem Zimmer der Villa Kunterbunt und bin ich damit beschäftigt, mit Hilfe eines Küchenmessers seine Körperkonturen aus einem Styroporklotz herauszuarbeiten.

»Findest du nicht langsam, dass du übertreibst?« Wanja steckt den Kopf zur Tür herein.

»Hmmpf?« Ich muss erst eine Ladung Styroporkügelchen ausspucken, bevor ich antworten kann. »Was ist los?«

»Du sitzt schon seit vier Tagen an diesem Ding.«

»Das ist kein Ding, das ist Peter Hartz«, erwidere ich empört. »Und der ist für unsere Performance, falls du das vergessen hast. Du könntest dich ruhig auch mehr in die Vorbereitungen einbringen. Es gibt noch genug zu tun.« Tatsächlich bin ich, knapp eine Woche vor dem großen Auftritt, meist allein in der Villa. Um Kopf und Körper von Peter Hartz zusammenzubringen, nehme ich als Verbindungsglied einen Löffel. »Voilà! Fertig ist er!« Stolz stelle ich den Styropor-Peter an meine Seite, er überragt mich um einiges. »Fiesta, Fiesta Hartz-Schikana, heute feiern die Arbeitslosen ein Fest«, singe ich. »Adios, adios, Wohlfahrtsstaat, adios, adios, Krankenkasse. Wer braucht heute noch ein Gebiss? Hossa, hossa, ich treff mit meiner Faust dem Peter ins Gesicht!« Dabei schnappe ich mir Wanja und wirbele mit ihm durch die Villa. »Na, was sagst du jetzt? Das wird eine Show, die es so noch nie gegeben hat.«

Meiner Meinung nach ist das Konzept für die Show nahezu perfekt. Am Anfang wollen wir den Song *Saturday Night Fever* spielen, dazu können alle, die Lust haben, auf der Bühne tanzen. Danach werde ich auf verschiedenen Stühlen Kopfstand mit gespreizten Beinen machen, und zwar in einem futuristischen Look, einer Mischung aus *Clockwork-Orange*-Sackschutz und Hamburger Herbertstraßen-Outfit. Meine Schuhe haben einen Zehnzentimeterabsatz, damit will ich mich anschließend auch ans Schlagzeug setzen. Danach folgen unsere Lieder, wobei wir an den Instrumenten rotieren werden, unterbrochen von einigen Einlagen. Wanja wird, während er am Bühnenrand sitzt, sein Quotenhippielied auf einer Akustikgitarre spielen, und ich will ein Hass-Liebesgedicht vortragen, gerichtet an einen Exfreund, der vermutlich aufkreuzen wird und mit dem ich noch eine Rechnung offen habe. Dazwischen laufen die anderen Bandmitglieder immer wieder mit Schildern über die Bühne, auf denen Kommentare stehen, wie etwa »Hauptsache Hotelfick!«, »Nochmal von vorne!«, »Applaus!« oder »Suche Freundin, ruf mich an«. Zum Schluss wollen wir zusammen »Fiesta Hartz-Schikana« singen, während der arme Peter unter großem Jubel ins Publikum geworfen und fachgerecht in seine Einzelteile zerlegt werden wird. So oder zumindest so ähnlich soll es zugehen – und tatsächlich wird ein Traum wahr.

Die Köpi ist brechend voll, und jedes unserer Lieder wird mit frenetischem Jubel beklatscht. Am Ende wird nicht nur Peter Hartz herumgereicht, sondern auch wir werden auf Händen getragen. »Zugabe« brüllen die Leute, dabei sind wir schon fünfmal auf die Bühne zurückgekehrt. Die nächste Band steht schon in den Startlöchern. Als wir uns endgültig verziehen, begleitet uns nicht abebbender Applaus.

»So, das war's!« Nicoles Lippen sind noch schmaler als sonst.

»Wie meinst du das?« Ich versuche, mich zu konzentrieren, die Cocktails, die man bei solchen Auftritten als Gage erhält, haben es in sich.

»Das war's mit der Band! Die ganze Anlage durfte ich allein zum Auto schleppen. Bei minus achtzehn Grad! Und ihr betrinkt euch!«

»Ich trinke gar keinen Alkohol!«, beschwert sich Wanja, der sich einmal im betrunkenen Zustand den Kieferknochen gebrochen hat und seitdem abstinent lebt. »Aber ich wollte auch sagen: Ich bin raus! Mir ist das alles zu stressig!«

Ich kratze mich an der Nase und versuche, die Situation auf den Punkt zu bringen: »Da Daniel sich seit dem Auftritt überhaupt nicht mehr hat blicken lassen und sich auch sonst, außer im Vernichten der Bierbestände der Villa Kunterbunt, nicht sehr kooperativ verhalten hat, schließe ich daraus, dass *Automatik Nordmilch* soeben in die Geschichte des Punks eingegangen ist – oder?«

Zum ersten Mal seit vielen Wochen nicken wir einträchtig.

»Das ist doch wenigstens echter Punk«, sage ich erfreut. »Reproduktion ist der Tod der Kunst.«

Nach dem Auftritt lande ich bald wieder in der Realität. Als meine Eltern von meinem Schulabbruch erfahren, streichen sie mir sämtliche Zahlungen. »Jetzt musst du schauen, wo du bleibst, unsere Geduld ist am Ende«, teilt mir meine Mutter in einer E-Mail mit. »Wir werden dich lediglich mit einer bezahlten Wohnung finanziell unterstützen, damit du nicht wieder auf der Straße landest. Bleib im Preisrahmen, günstiger als deine Wohngemeinschaft jetzt.«

Ich finde eine kleine Einzimmerwohnung in einem Hinterhaus in Friedrichshain, mit Ausblick auf ein altes Fabrikgelände, unsaniert, mit Duschkabine und Kohleofen. Beste Kiezlage, hier tobt das Leben. Kostenpunkt: 110 Euro. Notdürftig richte ich die Wohnung ein und streiche sie in hellen, fröhlichen Farben. Ich fühle mich wohl.

14
Neue Wege

Die ewige Vibration und der Gleichtakt der Maschinen. Ich beobachte meine Kaffeetasse, wie sie unter dem anhaltenden Dröhnen langsam Richtung Tischkante wandert und schließlich zu Boden geht. Aus dem Muster der Scherben und der Kaffeebrühe versuche ich die Zukunft des heutigen Tages zu lesen. Das alte, ungenutzte Fabrikgebäude gegenüber wird entkernt und zu schicken Lofts umgebaut. Angesichts der Baustelle vor meinem Küchenfenster bin ich zur Expertin für Baumaschinen geworden, kann verschiedene Presslufthämmer voneinander unterscheiden. Besonders rasend macht mich ein »niederfrequenter Bohrschlaghammer«, wie ich ihn nenne, der gerne in der Mittagszeit und samstagmorgens zum Einsatz kommt. Er dröhnt laut und durchdringt alles. Man wird schon nach wenigen Minuten vollkommen irre. Vergeblich informiere ich die Polizei, den Baustadtrat und das Gewerbeaufsichtsamt. Sie sehen keinen Handlungsbedarf: »Natürlich ist das unangenehm, aber Sie müssen verstehen, dass sich das Bauvorhaben in einem völlig legalen Rahmen bewegt.«

Meine Versuche, eine Bürgerinitiative zu gründen, scheitern an den Kiezstrukturen. Der Individualismus hat sich auch hier durchgesetzt, die Anwohner leiden lieber still nebeneinanderher, als auch nur eine einzige wirkungsvolle Aktion gegen den Bauterror auf die Beine zu stellen. Mein Ausweg: so wenig wie möglich zu Hause zu sein. Das fällt mir auch nicht schwer, denn meine Tage sind noch ausgefüllter geworden, seitdem ich nicht mehr auf die Artistenschule gehe. Ich verdiene Geld mit Hundesitting, spiele in einer politischen Samba-Band, *Rhythms of Resistance,* die linke Demos und Aktionen in den nötigen Schwung bringt, habe an der Volkshochschule den Kurs »Kreatives Buchbinden« belegt und bin mittlerweile Vorstandsmitglied in der Villa Kunterbunt. Zudem gehöre ich als Schlagzeugerin den *Stattmatratzen* an, der neuesten und natürlich wichtigsten Avantgarde-Punkband der Republik. Nicole und ich sind uns nach dem Scheitern von *Automatik Nordmilch* schnell einig gewesen, wer dafür verantwortlich gemacht werden musste: die Männer. Und so haben wir eine neue Band gegründet, in der nur Frauen an die Instrumente gelassen werden.

Im Juli 2005 fahre ich in den Sommerurlaub, den ich politisch korrekt mit der Samba-Band in Schottland verbringe. Dies weniger aus einer neu entdeckten Liebe zur Natur heraus, vielmehr wollen wir in den frühen Morgenstunden des 8. Juli die Autobahn nach Gleneagles blockieren, um musizierend den wichtigsten Köpfen der internationalen Politik und ihrem Hofstaat den Weg abzuschneiden. In Gleneagles tagt wieder einmal der G-8-Gipfel, dieses Jahr erstmals unter der Beteiligung von Russland.

Die Aktionen gegen den Gipfel sind laut, bunt und kreativ, und das Protestcamp, in dem ich eine Woche lang wohne, funktioniert mit Solarkraft, Ökoseifen und Komposttoiletten. Sogar eine selbstgebaute Kläranlage gibt es, die auch bei dreitausend Campern nicht kapituliert. Spontan schließe ich mich der *Clandestine Insurgent Rebel Clown Army* (CIRCA) an, einer Art neue Spaßguerilla. »Run away from the circus – join the Clown Army« ist ihr Slogan – wen könnte das mehr ansprechen als mich. In phantasievollen Kostümen, die gleichzeitig auch unserer Tarnung dienen, treiben wir die schottische Polizei an den Rand des Wahnsinns. Wir können ihre Gesetze nicht beachten, geben wir den Beamten zu verstehen, denn wir sind zu dumm, sie zu begreifen. Dennoch stehen wir für Recht und Ordnung, schließlich sind auch wir eine Armee und wollen den Gesetzeshütern unter die Arme greifen. Dass wir da das eine oder andere Mal etwas durcheinanderbringen – so halten wir die lustigen orange-weißen Gummihüte, die überall auf der Straße herumstehen, für Kopfbedeckungen und stülpen sie uns über die Haare –, ist nicht unsere Schuld und kann deshalb nicht geahndet werden. Da bleibt den Polizisten nichts anderes übrig, als aufgeregt hinter uns herzulaufen und die »Hüte« wieder einzusammeln, um die Straße erneut zu sperren.

Die vorübergehend freie Zufahrt auf die Autobahn machen sich die Leute von der Kids-Blockade zunutze. Gemächlich fahren sie mit ihren Wohnbussen zu strategisch wichtigen Punkten und veranstalten mit der großen Schar ihres Nachwuchses, der aus den Gefährten hervorkrabbelt, ein großes Blockadepicknick. Eine Ansammlung von quirligen Kindern mit Wasserwerfern zu bedrohen ist natürlich nicht möglich. Dass man mit knapp dreitausend Menschen allerdings auch kein Spitzenpolitikertreffen komplett vereiteln und die Anreise der Herren Bush, Berlusconi, Blair und Putin auf Landwegen behindern kann, leuchtet ebenso ein. Zumal sie mit Privatjets in eine dreifach mit Zaunanlagen gesicherte Sondermilitärzone eingeflogen werden. »Wäre es nicht besser gewesen, ihr wäret zu Hause geblieben und hättet das Treffen mit Nichtachtung gestraft, anstatt vollmundig Blockaden anzukündigen, die von der Polizei letztlich in null Komma nichts geräumt werden?«, fragt mich ein Journalist am letzten Tag. »Solche Ankündigungen sind symbolisch zu verstehen«, entgegne ich. »Unser eigentliches Ziel haben wir erreicht: eine öffentliche Diskussion um den Sinn dieses Treffens und eine bessere Vernetzung des Widerstands.«

Nach dem Gipfeltreffen reise ich noch wochenlang mit verschiedenen Menschen, die ich auf dem Protestcamp kennengelernt habe, durch Großbritannien, lebe in Kommunen und schlafe am Strand. Meine Tour endet in Südengland, auf einem großen Ökofestival, dem *Big Green Gathering*, wo meine Weggefährten und ich ein politisches Theaterstück zu den Vorkommnissen rund um das G-8-Treffen mit Handpuppen und Partnerakrobatik aufführen wollen. Dazu kommt es aber nicht, denn zwei Drittel unserer Gruppe hat sich in der Zwischenzeit darüber zerstritten, ob unser Eingangslied in Dur oder Moll geschrieben werden sollte. Ich fasse es nicht. Der Ausstieg aus der Gesellschaft ist offenbar eine Illusion, die man noch nicht einmal ein paar Wochen im Sommer aufrechterhalten kann. Alles passt einmal mehr hinten und vorne nicht zusammen. Mitten in einem Lehmhüttenbaukurs, der im Rahmen des Festivals stattfindet, meldet sich auf meinem Handy wieder einmal mein Vater. Er klingt aufgeregt: »Du hast ein Jobangebot.«

»Was? Ein Jobangebot! Ich? Von wem denn?«

»Kannst du dich nicht mehr an die Bewerbungen erinnern, die du im Juni geschrieben hast?« Es stimmt, einen ganzen Stapel hatte ich abgeschickt, in der Hoffnung, ein Freiwilliges Soziales Jahr absolvieren zu können. Ich wollte etwas Neues kennenlernen, einen Job, der möglichst nicht allzu hart sein sollte, den ich mit meinen zahlreichen Interessen in Einklang bringen konnte und bei dem womöglich zur Abwechslung auch einmal Geld heraussprang. So hatte ich mir das jedenfalls noch im Frühsommer vorgestellt. Ich konnte ja nicht ahnen, dass sich mittlerweile wieder völlig neue Horizonte aufgetan hatten.

»Ein Kinderzirkus ist an dir interessiert.« Kinderzirkus klingt nicht schlecht, überlege ich, auch wenn ein geregelter Job eine gewisse Disziplin verlangt, der ich mich immer so gern entziehe. Ich zögere. Schließlich siegt die Neugier auf das neue Abenteuer. »Ich mach's.«

Die Arbeit ist befristet auf zwölf Monate, es ist ein »Freiwilliges Soziales Jahr im Modellprojekt soziale Brennpunkte«. »Brennpunkt« ist das neue Lieblingswort der Berliner Lokalpresse, man ist anscheinend neidisch auf die Ausschreitungen in Paris oder Palästina und möchte auch ein paar waschechte Ghettos und Krisenherde haben. Folglich ist der Berliner Stadtteil Marzahn zum »Lieblingsbrennpunkt« der Medien avanciert, wenn es um Ausländerfeindlichkeit geht. Dabei könnten sie sich beispielsweise genauso gut um Markersdorf Gedanken machen. Wie auch immer, ich freue mich, schließlich habe ich Aussicht, in einem »Vorzeigeprojekt gegen Fremdenhass und für mehr Toleranz« zu arbeiten. Die müssen doch gerade auf eine wie mich gewartet haben!

Das Einstellungsgespräch findet in einem Zirkuswagen statt, der neben einer großen Turnhalle und einem Zirkuszelt auf einem Platz in Marzahn steht. Es verläuft gut. Mein zukünftiger Chef mag unkonventionelle Personen, alles klingt vielversprechend: Betreuung von Kindertrainingsprogrammen, Planung und Durchführung von Aufführungen, Erwerb von verschiedenen Fähigkeiten rund um den Zirkus, dazu Zeit für eigene Projekte. Nach der Unterredung steige ich zufrieden in die S-Bahn und nehme die grauen Plattenbauten der Gegend kaum wahr. Ich denke, dass ich meine Punker-Universität endgültig abgeschlossen habe, »mit Auszeichnung«. Eine neue und spannende Lebensetappe steht mir bevor – nur habe ich meine Rechnung nicht mit Peter Hartz und der Agenda 2010 gemacht.

Irgendetwas hat es mit den Containern auf sich, denke ich, das Motiv des Containers zieht sich durch mein Leben wie ein roter Faden. Im Kindergarten waren wir anlässlich einer Ameisenplage in einen Behelfscontainer ausquartiert worden, die letzten Jahre habe ich einen Großteil meiner Nahrungsmittel aus Containern geholt, und jetzt das: Ich sitze in einem Baucontainer, der auf dem weitläufigen Gelände des Kinderzirkus steht. Vor mir flimmert ein Computerbildschirm, ich schätze ihn auf Baujahr 1985. Hastig tippe ich einige Wörter untereinander:

la oficina – das Büro

el aburimiento – die Langeweile

la merda – die Scheiße

el Un-Euro-Trabajo – der Ein-Euro-Job.

Spanischvokabeln in ein vorsintflutliches Schreibprogramm einzugeben ist das Einzige, was mir in diesem Verhau, Stil Erich Honecker, bleibt, eine kafkaeske Erfahrung irgendwo zwischen Knast und Psychiatrie. Damit schlage ich die Zeit tot. Wenn ich sie wenigstens totschlafen könnte, aber in dem halogendurchfluteten Kasten ist ein Bett leider nicht vorgesehen. Es gibt einen Tisch, einen Stuhl, einen Schrank sowie eine hochexplosive Heizvorrichtung, Modell Moskauer Trabantensiedlung. Ich traue ihr genauso wenig über den Weg wie den Leuten, die da draußen vor meiner Bürotür über den Kies gehen. Vorsichtshalber lasse ich den Rollladen herunter, ich möchte keineswegs beim Nichtstun beobachtet werden.

Doch da öffnet sich die Tür, eine Frau tritt, ohne anzuklopfen, ein. Sie hat wie ich keine Aufgaben, kommt sich aber sehr wichtig vor, weshalb ich es in ihrer Nähe kaum aushalte. Hastig speichere ich meine Vokabelsammlung ab, raffe meine Tasche zusammen und murmele etwas von: »Muss was erledigen.« Danach setze ich mich in die

Umkleidekabine der Turnhalle, in der es noch so herrlich nach Sozialismus duftet und die Mädchenturnanzüge neben der Waschmaschine trocknen, die im Gegensatz zu mir ständig in Bewegung ist. Ich bewege nichts mehr, bin Pfandgut, das man vergessen hat, in der nächstgelegenen Supermarktfiliale abzugeben. Das ist sie also, meine großartige Brennpunktarbeit, für die ich umgehend aus England nach Hause gereist bin. Das Einzige, was hier tatsächlich brennt, ist die Haut unter meinen Fingernägeln, mit denen ich so gern dem einen oder anderen aus dieser großen Happy-Brennpunkt-Familie die Augen auskratzen würde. Selten habe ich mich in meinem Leben derart gedemütigt gefühlt wie hier in den letzten Wochen.

Aus der angrenzenden Turnhalle höre ich Kindergeschrei, etwas Hartes knallt auf den Boden, vielleicht ist jemand vom Rola Bola gefallen, einem Brett, auf dem man das Balancieren üben kann. Ich höre, wie die neue Trainerin »Ruhe« sagt, danach folgt etwas Unverständliches auf Tschechisch. Diese Trainerin arbeitet auf Ein-Euro-Basis, ebenso wie die drei Frauen im Kaffeewagen. Dorthin begebe ich mich jetzt, denn die Luft ist trocken, und mein Hals kratzt vom unterdrückten Gähnen.

»Eine Apfelsaftschorle, bitte«, sage ich laut und deutlich. Keiner reagiert. Die drei Frauen sitzen im hinteren Teil des Wagens an einem Küchentisch und lesen weiter. Ich wiederhole meine Bitte. Die Rotgefärbte mit dunklem Haaransatz legt den *Berliner Kurier* beiseite und steht umständlich auf. Die beiden anderen Frauen tun noch immer so, als hätten sie nichts mitbekommen.

»Macht 50 Cent.« Die Rotgefärbte sieht mich herausfordernd an.

»Wie jetzt? Das war doch für Mitarbeiter bislang umsonst gewesen?«

»Nur für Kinder, die hier trainieren.«

Mit einem bemühten Lächeln lege ich das geforderte Geld auf den kleinen Verkaufstresen. Die Kasse klingelt, ansonsten Stille. Erst als ich die Wagentür hinter mir schließe und der Kies unter meinen Füßen knirscht, wird es drinnen wieder lebhaft. Ich kann mir schon vorstellen, über wen jetzt gerade ausführlich geredet wird. Sie werden dazu Apfelsaftschorle trinken, natürlich ohne dafür bezahlt zu haben. Diese kleinen Psychospielchen machen mir meinen Arbeitsalltag zur Hölle. Normalerweise würde man das Mobbing nennen, doch hier im tiefen Osten versteht man kein Englisch. An diesem Ort geht es sibirisch zu.

Dabei fing alles ganz harmlos an. Arbeitszeitbeginn elf Uhr, das war sogar für mich zu schaffen. Lolita hatte ich bei meinen Eltern untergebracht, so entfiel auch der morgendliche Spaziergang mit ihr. Gleich in der ersten Woche bekam ich in Marzahn eine Schulklasse zugeteilt. Ich sollte den achtjährigen Schülern Akrobatik und Jonglieren beibringen. Das gehörte zu den sogenannten Betreuungsprogrammen. Die Kinder waren anstrengend und zappelig und nach sechs Stunden Rechnen, Lesen und Schreiben nicht mehr in der Lage, sich auf Jonglierabläufe zu konzentrieren. Stattdessen gingen sie ständig aufeinander los, prügelten sich, bewarfen sich mit Bällen oder rannten quer durch die Halle. »Setzt euch doch mal hin«, sagte ich freundlich – und hatte nach fünf Minuten immer noch nichts erreicht. Bei den Akrobatikübungen ignorierten die kleinen Teufel meine Hilfestellung und ließen sich todesmutig auf die Matte fallen. Ich schimpfte: »Dabei kann man sich alle Knochen brechen.« Die Antwort: »Geil! Hoffentlich sterben alle.« Ich beschloss, den nächsten Hippie, der mir mit entrücktem

Lächeln erzählt, dass Kinder die »besseren Menschen« seien, mit zum Training zu schleifen.

Direkt im Anschluss an die Schulklasse stürmte eine Schar Hortkinder in die Turnhalle. Ein paar der Kleinen konnten noch nicht einmal mit den Fingerspitzen ihre eigenen Zehen berühren, geschweige denn ihre vier Gliedmaßen richtig koordinieren. Sie purzelten auf der Matte herum wie frisch geschlüpfte Küken, nur fehlte ihnen deren Niedlichkeit. Währenddessen schlugen die Kids der anderen Trainerinnen formvollendete Räder und standen wie eine Eins ihren Kopf- und Handstand. Wahrscheinlich war das kein Zufall und es hatte eine Vorauswahl stattgefunden, wie auch schon bei der Schulklasse. Ich sollte wohl die hoffnungslosen, verhaltensgestörten Fälle trainieren. Mit den anderen Kindern konnte man punkten, ich erledigte eine Art Beschäftigungstherapie für den chancenlosen Rest. Da passte ich ja prima dazu!

Weitere Aufgaben waren mir danach nicht mehr zugeteilt worden. »Trainier' doch ein bisschen für dich selbst«, riet man mir. Da stand ich dann wieder allein in der großen Turnhalle, ein wenig abseits, und merkte, dass meine Gelenkigkeit den Sommer über nachgelassen hatte. Ich schaffte es einfach nicht mehr, mit lässiger Eleganz in einen Spagat zu gleiten.

Um meiner Beweglichkeit wieder auf die Sprünge zu helfen, habe ich mich nach einem Konzert der *Stattmatratzen* mit einem Groupie eingelassen: Sanne, ein verrückter Däne mit Hang zum Gothic und Vorliebe für dehnungsfördernde Sexualpraktiken. In der Woche arbeitet er auf einem Bau in Dänemark, und am Wochenende besucht er mich in Berlin, auch, um nebenbei an einer Karriere als Industrial-Musiker zu basteln. Immer wieder bietet er mir Drogen an, ich will aber wegen meines Jobs keine nehmen. Diesmal ist es mir ernst.

»Wo kann ich euch denn helfen?« Gutgelaunt betrete ich am nächsten Tag die Nähwerkstatt. Hier sitzen ein paar Frauen, hauptsächlich aus Russland, und blinzeln in fahles Neonlicht. Wenn man mir nichts zu tun gibt, dann muss ich mir meine Tätigkeiten wohl selbst suchen. Die Frauen stoßen sich an, beraten sich auf Russisch, bis sie mir schließlich eine klare Ansage machen: »Wir sind schon genug. Wir brauchen keine Hilfe. Es sind neue Ein-Euro-Arbeitskräfte vom Jobcenter eingetroffen.« Ich schlucke. Fiesta Hartz-Schikana! Also beschließe ich, an einem angefangenen Bühnenbild weiterzumalen. So leicht lasse ich mich nicht wieder abwimmeln. Doch vor diesem hockt eine mir unbekannte Frau. »Hi, ich bin die Neue vom Job-Center, bin auf Ein-Euro-Basis hier.« Sie streckt mir ihre farbverschmierte Hand entgegen. »Ich bin fast fertig.«

Verzweifelt suche ich meinen Chef im Zirkuswagen auf. »Kann ich nicht noch eine andere Trainingsgruppe haben?«, frage ich.

»Im Moment brauchen wir keine Unterstützung, aber trainier' doch ein bisschen.« Dieser Satz klingt mir allmählich vertraut. In mir hat sich so viel Frust aufgestaut, dass ich an manchen Tagen Angst habe, einfach zu platzen. »Egal, was ich hier anpacken will, ständig ist ein Ein-Euro-Jobber vor mir da. Ich fühle mich wie in der Geschichte von dem Hasen und dem Igel.«

Mein Chef geht nicht darauf ein. Wer fordert, müsse auch geben. Er sehe mich nie kleine Aufgaben übernehmen, die selbstverständlich wären und keiner besonderen Einweisung bedürfen.

Damit meint er wohl, dass ich mich nicht nach jedem Papierchen bücke, das die heiligen Turnstars von morgen mit arroganter Miene auf den Kies fallen lassen. Die Ein-Euro-Jobber werden es schon wegräumen, denken sie sich wohl. Zumindest in meinem Fall haben sie sich dabei aber geschnitten. Meinen eigenen Mehrwert bei diesem Projekt würde ich allerdings mittlerweile nur mehr in gefühlten sechs Cent angeben.

In meinen Kreisen sei man es eben nicht gewohnt, sich in Geduld zu üben, fügt mein reizender Chef noch an. Vielsagend deutet er mit seinen Fingern auf meine bunten, verstrubbelten Haare. Bei den kleinsten Problemen gäben wir gleich auf.

Wütend laufe ich nach draußen. Er ruft mir noch nach: »Ich will dir doch nur helfen!« Das klingt noch schlimmer als bei meinem Vater.

Da greife ich doch lieber zur Selbsthilfe und gebe den Gedanken auf, mich in meiner Arbeit verwirklichen zu wollen. Ich blende die täglichen acht Stunden in Marzahn einfach aus, um 19.01 Uhr fange ich an zu leben. Schon in der S-Bahn hole ich mein Bier hervor, das ich mir von zu Hause mitgenommen habe. Ich trinke es genüsslich, höre mir meinen Audiospanischkurs zum vierzigsten Mal an und ignoriere die Glatzköpfe und Poppertussen, die Witze über mich machen. Zurück im Kiez, in meiner kleinen, unordentlichen Wohnung in Friedrichshain, fühle ich mich sicher, die Baumaschinen haben auch schon Feierabend. Vielleicht rattern sie auch nur den ganzen Tag, um die Arbeitslosen auf Trab zu bringen und dankend eine gemeinnützige Tätigkeit auf Ein-Euro-Basis anzunehmen, überlege ich mir.

Oft radle ich abends noch zum Atelier von Txus im Tacheles, um meine Siebdrucktechnik zu verbessern und T-Shirts für das Merchandising der *Stattmatratzen* anzufertigen. Txus gehört zu den Leuten, die mit in Schottland waren. Vor dem Einschlafen schreibe ich einen Artikel für den *scheinschlag*, eine kritische Berliner Zeitung, die sich besonders mit der lokalen Stadtentwicklungspolitik auseinandersetzt. An anderen Tagen fahre ich gleich nach der Arbeit mit der U-Bahn quer durch die ganze Stadt zur Villa Kunterbunt, kümmere mich um Verwaltungsangelegenheiten und probe mit der Band. Jeden Mittwoch treffe ich mich mit der deutschen Gruppe der *Clown Army* in der Offenen Uni und plane neue Aktionen. Ferner habe ich mich für mehrere gestalterischen Angebote an der Volkshochschule eingeschrieben, und ich beteilige mich an einem kostenlosen Spanischkurs in einer Sozialeinrichtung um die Ecke. Leider kommen wir nie über Lektion 3 hinaus, weil ständig neue Leute dazukommen, die erst einmal lernen müssen, sich ordentlich vorzustellen. Freitags, nach Jam-Session und vegetarischer Volksküche in der Villa Kunterbunt, wenn ich erschlagen nach Hause komme, sitzt meist Sanne vor meiner Wohnungstür, um mir stundenlang von seiner Künstlerzukunft in Berlin zu erzählen, bevor wir zum Dehnungsteil kommen. Am Wochenende habe ich oft einen Auftritt mit den *Stattmatratzen*, wobei reichlich Alkohol fließt.

Montagmorgens sitze ich dann wieder in der Umkleide, fast heulend. »Was ist nur mit der los?«, höre ich es tuscheln. »Gar nichts!« Man lacht. »So sind se halt, die Punks. Außer Saufen können die doch nüscht!« Man ist hier unter sich und immer einig.

Ich gehe bald derart auf dem Zahnfleisch, dass mir sogar mein neu erworbenes Vorderzahnimplantat ausfällt, insbesondere wenn ich husten oder niesen muss. Passiert das auf dem Zirkusgelände, dann wühle ich panisch in den Kieselsteinen, bis ich es schließlich wieder herausfische und einsetzen kann. »Was ist denn das für ein Image, das du hier verbreitest?« Mein Chef reagiert zornig auf diese Suchaktionen. Was sollten die Eltern denken, wenn sie zu uns kommen, fügt er noch an. Ich solle doch mal zum Zahnarzt gehen und mir das Ding richtig einkleben lassen. Und wenn wir schon beim Thema Körperpflege seien, meint er, eine Dusche vor der Arbeit habe auch noch niemandem geschadet. Er hält sich vielsagend die Nase zu.

Wütend erwidere ich ihm: »Sie sollten lieber mal ihre Heerschar von Ein-Euro-Jobbern im Zaum halten. Wissen Sie, was neulich, als Sie nicht da waren, einer ihrer Billigarbeitskräfte zur Erheiterung aller im Kaffeewagen losgelassen hat? ›Wenn meine Tochter einen Neger mit nach Hause bringt, dann stoße ich den rückwärts die Treppe hinunter.‹ Und das soll ihr Vorzeigeprojekt für Jugendintegration sein, im Kampf gegen Ausländerfeindlichkeit?«

Mein Chef glaubt mir natürlich nicht. Es ist auch wirklich unvorstellbar, was hier unter dem Deckmantel des Gemeinwohls alles läuft. Noch unvorstellbarer allerdings ist meine Reaktion auf diesen offen rassistischen Ausbruch gewesen. Ich war bereits so abgestumpft, dass ich einfach still sitzen blieb und meine rechte Schuhsohle eingehend betrachtete, in die sich ein Kieselstein eingedrückt hatte.

Nach einer Weile fange ich an, unter Schlafstörungen zu leiden. Meine ausufernden Freizeitaktivitäten und bedrückende Joblage sind nicht die einzigen Gründe dafür. Bei unseren Bandauftritten habe ich immer häufiger Schwierigkeiten, mich mit meinen Fans zu identifizieren. Es sind nette Jugendliche, gerade der Pubertät entronnen. Obwohl sie nur ein paar Jahre jünger sind als ich, gehören sie zu einer neuen Gruppe von Alternativen, der MySpace-Generation. Genua ist für sie so weit weg wie für mich die Wende, ihre Politisierung ist, wenn überhaupt, oberflächlich motiviert durch Spaß und Action, die sie sich davon versprechen. Die meisten von ihnen stellen ihr komplettes Profil ins Internet, Datenschutz ist in ihren Augen etwas für spießige Erwachsene.

Txus hat mir Freundschaft und Mitarbeit in der Siebdruckwerkstatt gekündigt, da er mich aus unerfindlichen Gründen verdächtigt, seine Billigtastatur, die ihm abhandengekommen ist, gestohlen zu haben. Und der *scheinschlag* will meine aufwendig recherchierten Artikel plötzlich nicht mehr abdrucken. Ich mache zu viel und nichts richtig, und deswegen haben die Artikel wahrscheinlich nicht die erforderliche Qualität.

Zunehmend habe ich, wenn ich spreche, das Gefühl, als würde ich nur noch stottern. Mir fallen keine Fremdwörter mehr ein, und sämtliche Töne und Farben sind aus meiner Wahrnehmung verschwunden. Mein bisheriges Leben erscheint mir im Rückblick wie ein einziger epileptischer Anfall. Ich denke ans Aufgeben. Aber dann kommen mir meine Eltern in den Sinn. Ich bin ihnen noch etwas schuldig. Es wird mir langsam peinlich, eingestehen zu müssen, dass sie vielleicht doch nicht so unrecht hatten, als sie mich einst davor warnten, nur in den Tag hineinzuleben. Ich brauche die Arbeit im Zirkus, ich brauche das Geld. Auch wenn ich dabei draufgehe oder zumindest das, was ich bislang für mich selbst gehalten habe. Bald fühle ich mich derart wertlos, dass ich sogar anfange, Kassiererinnen im Supermarkt zu beneiden. Sie wissen wenigstens, was sie von ihrem Leben zu erwarten haben. Nachts werde ich von schrecklichen Alpträumen heimgesucht. Ich laufe durch einen Todespark, und Ein-Euro-Jobber fallen über mich her wie Kannibalen. »Alles kostet hier einen Euro«, begrüßt mich ein grinsender Parkwächter. Selbstverständlich arbeitet er auf Ein-Euro-Basis. »Wir vom Jobcenter bieten Ihnen an, über Leichen zu gehen.« Es klingelt, ich wache auf. Sanne steht vor der Tür.

»Heute ist Dienstag«, sage ich verwundert.

»Hab' die Arbeit geschmissen.« Sanne hat einen großen Seesack mitgebracht und steuert direkt auf meinen Kleiderschrank zu. »Wo kann ich meine Pullover ablegen? Hast du noch ein Fach für mich?«

Ich bin verwirrt, schlaftrunken. »Heißt das, du ziehst hier ein?« Mich fröstelt, die Kohlen in meinem Ofen sind schon wieder ausgegangen.

Als ich zwei Tage später abends nach Hause komme, schallt düstere Kirchenmusik durch mein Wohnzimmer, süßlicher Rauch nimmt mir die Luft zum Atmen. Im flackernden Kerzenlicht erkenne ich schemenhaft meine Möbelstücke, mit dicken Stoffen verhängt. Sanne sitzt vor meinem Computer und ist in ein sinnloses Kriegsspiel vertieft. Ich schalte meine Deckenbeleuchtung ein, sie funktioniert nicht mehr. »Sag mal, hast du meine Lampen rausgeschraubt? Bist du verrückt? Verpiss dich, Alter, aber ganz schnell! Ich bin nicht deine billige Absteige, die du mal eben in eine Scheißsatanistenkirche umgestalten kannst.«

Sanne lehnt sich zurück, völlig unbeeindruckt von meinem Wutanfall. »Du bist aber eine Zicke. Entspann' dich doch mal.«

Augenblicklich werfe ich den nächstbesten Gegenstand, den ich greifen kann, in seine Richtung. Er duckt sich blitzschnell. »Mach, dass du hier verschwindest, sonst bist du schneller in einer echten Gruft, als dir lieb ist. Du bist der widerlichste Egoist, der mir jemals begegnet ist, und glaub' mir, ich hab schon 'ne ganze Menge getroffen.«

Sanne muss in dieser Nacht woanders schlafen.

Am nächsten Tag drückt mir eine Mitarbeiterin vom Zirkus ein Blatt in die Hand und sagt: »Du kannst doch Akkordeon spielen. In dem Weihnachtsstück, das wir gerade proben, haben wir uns eine ganz besondere Rolle für dich ausgedacht.« Ich soll auf dem Instrument »Süßer die Glocken nie klingen« und »Fuchs, du hast die Gans gestohlen« vortragen. Die Pointe ist, dass ich Text und Melodie vertauschen soll. Mit anderen Worten: Ich soll die kleine Nervige geben, die mit ihrem Akkordeon auf die Bühne stolpert, ungefragt Lieder vorspielen will, die sie noch nicht einmal ansatzweise beherrscht, während die anderen Artisten mit ihren Leistungen brillieren dürfen. Sagen darf ich auch etwas, laut Regieanweisung, nämlich den Satz »Ich hab' auch was Weihnachtliches vorbereitet«, und dabei debil grinsen.

Ich frage mich, warum ich wieder einmal nicht in die Vorbereitungen eines Stückes eingebunden worden bin. Stand nicht in meinem Arbeitsvertrag »Planung und Durchführungen von Inszenierungen«?

Bei der Generalprobe singe ich absichtlich so schief, dass mir selbst die Loserrolle wieder abgenommen wird. Anschließend setze ich mich in meinen Bürocontainer, schalte das Licht und das Denken aus und verharre dort so lange, bis ich keine Kieselsteine mehr knirschen höre. Als ich mich um 19 Uhr von meinem Arbeitsplatz entfernen will, ist das Haupttor schon abgeschlossen. Man hat mich einfach vergessen. Ich muss wohl oder übel den wackeligen Maschendrahtzaun erklimmen. Oben am Stacheldraht reiße ich mir die Hose fast bis zum Oberschenkel auf.

Die nächsten Tage fahre ich nicht zu meiner Arbeit.

Am Sonntagnachmittag, an dem das Weihnachtsstück aufgeführt werden soll, erhalte ich einen Anruf von meinem Chef: »Wo bleibst du denn?«

»Ich dachte, ich darf bei der Aufführung nicht mehr mitspielen.«

»Das heißt noch lange nicht, dass du keine Anwesenheitspflicht hast. Hier helfen alle mit. Du kannst Würstchen verkaufen.«

Weil ich zu spät zum Würstchenverkauf erscheine, muss ich Sektflöten und Orangensaftgläser abwaschen. Vor lauter Wut gehen mir mehrere Gläser zu Bruch. Ich schneide mich an den scharfen Kanten. Auf dem Heimweg steige ich am Alex um und komme an einigen Punks vorbei. Schon seit einiger Zeit kenne ich keinen einzigen mehr von ihnen, obwohl sie mir vertraut vorkommen, wie sie da in ihren zerfetzten Klamotten herumhocken, mit schlecht gefärbten Irokesenfrisuren und bekifftem Betroffenenblick. Von einer revolutionären Gegenkultur keine Spur mehr.

»Haste mal wat Kleingeld?«, fragt mich ein Mädchen mit großen Augen, vermutlich ist sie gerade aus irgendeiner Kleinstadt in Brandenburg abgehauen. Es ist mir peinlich, angeschnorrt zu werden. Sehe ich schon so spießig aus, nur weil ich heute keine politischen Anstecker und Wimpel an meiner Jacke habe? Ich gebe mir einen Ruck. Du hast dich früher doch auch gefreut, wenn dir jemand etwas gegeben hat, denke ich.

Ich wühle in meinem Rucksack herum und suche meinen Geldbeutel. Ich kann ihn nicht finden und leere den ganzen Inhalt meines Rucksacks auf einer Treppe aus. Die Punks schauen erstaunt zu. Tatsächlich, mein Portemonnaie ist nicht mehr da, jemand muss es mir gestohlen haben. Auf der Fahrt nach Mahrzahn hatte ich es noch bei mir, da bin ich mir ganz sicher. Hatte denn jemand Zutritt zu dem Raum, in dem ich meine Sachen aufbewahre? Nicht ausgeschlossen. Ich fühle mich wie betäubt und verloren. Tiefer kann es nicht mehr gehen.

Was denken wohl die anderen Fahrgäste über meine tränenverschmierten Augen, überlege ich, als ich wenig später in der U-Bahn sitze. Und was wäre aus mir geworden, wenn ich nicht mit einem schrottreifen Bus durch die Gegend gefahren wäre, nicht in politischen Camps mitgeholfen oder in Barcelona Jonglieren gelernt hätte? Wenn ich stattdessen an die Uni gegangen wäre? Wahrscheinlich hätte ich mittlerweile einen Abschluss gemacht. Und dann? Wäre ich danach nicht genauso in einem zweitklassigen Projekt gelandet, unterbezahlt und überrannt von Ein-Euro-Jobbern? Oder wäre es die einzige Chance gewesen, jemals aus diesem Dilemma, den Gelegenheitsaktivitäten ohne vernünftige Sozialversicherung auszubrechen? Hätte ich früher anfangen müssen, nach einem dritten Weg zu suchen, anstatt mich als Punkerin zu verkleiden und mir zeitweise den Verstand wegzusaufen? Hätte ich mehr auf die Leute hören sollen, die mir geraten haben, ruhiger zu werden und die Dinge mehr hinzunehmen? Oder hätte ich im Gegenteil noch lauter und intensiver in meiner freien Entfaltung sein müssen? Hätte ich einfach nur konsequenter meinen alternativen Lebensstil verfolgen sollen, so wie Ricardo, der weiterhin in Spanien wohnt und Häuser besetzt?

Der Gedanke an Barcelona und Ricardo gibt mir wieder Auftrieb. Ich verstehe selbst nicht, warum ich nicht schon längst wieder nach Spanien zurückgekehrt bin. Wenn es irgendwo auf der Welt einen Ausweg aus meiner Misere geben kann, dann nur dort. Sobald das Freiwillige Soziale Jahr vorbei ist, muss ich da wieder hin, denke ich. Jetzt, in den Weihnachtsferien, könnte ich für zwei Wochen mit irgendeinem Billigangebot hinfliegen. Doch es scheint mir geradezu absurd, mit dem Flugzeug zu reisen, weil ich ein paar Tage Revolutionsluft in besetzen Häusern schnuppern will.

Es kracht an allen Ecken, mein fahles Gesicht wird immer wieder vom Lichtschein der Explosionen erhellt. Je näher es auf Mitternacht zugeht, desto mehr Feuerwerkskörper fliegen mir um die Ohren. Prost Neujahr! Doch mit wem werde ich heute Nacht anstoßen? Vielleicht mit der schwarzen Reinigungskraft mit garantiert prekärem Arbeitsvertrag vom Fast-Food-Lokal, die hinter den Glasfenstern saubermacht, an denen ich gerade vorbeigehe? Selbst mein Galgenhumor kann mich heute nicht aufheitern. Horden von gestylten und aufgekratzten Menschen ziehen an mir vorbei, ich muss Platz machen für so viel gute Laune.

»Gehen wir noch was essen, Schatzi?«

Moment mal, diese Stimme kenne ich doch. »Schlumpf!«, rufe ich.

Die so Angesprochene reagiert überrascht und muss sich erst einmal sammeln, bis auch sie mich zuordnen kann. »Silvia, was machst du denn hier?«

»Ach, das ist eine lange Geschichte.«

Ich freue mich, meine alte Freundin wiederzusehen. Ein vertrautes Gesicht in all dem Schlamassel. Wie schön, dass ich Silvester nun doch nicht allein verbringen muss. Sie ist seit meinem letzten Besuch in Halle noch ein wenig dünner geworden, und es fällt mir auf, dass sie elegant gekleidet ist, was ihr nicht schlecht steht. Bolle, ihr Freund mit der dicken Knolle, ist immer noch an ihrer Seite. Die beiden sind in Begleitung von zwei Männern, die ein wenig blass aussehen und teure Markenklamotten tragen. Ich plaudere munter drauflos. Doch schon bald merke ich, dass Schlumpf mir nicht zuhört, stattdessen lieber die Auslage eines Schuhgeschäfts betrachtet.

»Seit wann interessiert sich Schlumpf denn für Designermode?«, frage ich einen der beiden Typen. Er sieht mich irritiert an. »Du meinst Rebecca?« Und meine alte Freundin erklärt mir: »Natürlich konnte ich nicht auf Dauer Schlumpf bleiben, die Punkerin aus Halle.« Ich erzähle, dass auch ich meine Ansichten von damals geändert habe: »Es geht mir jetzt weniger um ein provokatives Auftreten, als vielmehr darum, Alternativen zu entwickeln und sie auch zu leben, mit Clownereien und Musik, mit Stadtteilgarten und dem Aufbau von sozialen Zentren.« Bolle zieht die Stirn in Falten, er kann mit solchen Aussagen wenig anfangen. Also wechsele ich das Thema und berichte in allen Einzelheiten von meinem nervenaufreibenden Job im Zirkus und dass ich in den Ferien eigentlich nach Barcelona fliegen wollte, es aber wegen der Umwelt gelassen hätte.

Wir halten vor dem Burger King an, an dem ich erst kurz zuvor vorbeigegangen bin, und gehen sogar hinein. Das wird immer verrückter, denke ich, mit Schlumpf-Rebecca und ihrem »Schatzi« in Trendklamotten ins Fast-Food-Restaurant. Mir schaudert. Ich sehe mich um. Seitdem ich damals in Nürnberg Pommes frites von den Tabletts geklaut habe, bin ich in keinem solchen Schuppen mehr gewesen. Mir bricht der kalte Schweiß aus, als ich am grell ausgeleuchteten Tresen stehe und eine Bestellung aufgeben soll.

»Was ist denn los?«, fragt Bolle, der Schlumpf-Rebecca am Rücken herumfummelt und mit der anderen Hand ein Tablett hält, auf dem sich ein Fleischklops im Brötchen und eine Cola befindet. Er will sich tatsächlich mit seinen Freunden in dieser Tristesse niederlassen und den Dreck in sich hineinschaufeln.

»Ich … ich kann nicht«, flüstere ich.

»Du kannst nicht?«, entgegnet Schlumpf belustigt. »Ah, du bist ja Vegetarierin. Aber das ist kein Problem, hol' dir doch Pommes und einen Salat.« Augenzwinkernd fügt sie noch hinzu: »Ich kann auch für dich zahlen, wenn das ein Problem sein sollte.«

Ich will aber immer noch keine Bestellung aufgeben und folge den anderen einfach so an einen Tisch.

»Hast du keinen Hunger?«, fragt mich Bolle.

»Ich esse hier nichts, das ist doch pervers«, antworte ich.

Die anderen sind irritiert. »Mir schmeckt's«, sagt einer der beiden Designerboys. »Auf jeden Fall besser als bei McDonald's.«

Ich versuche, Schlumpf einen verschwörerischen Blick zuzuwerfen, das alles hier kann doch nur ein Missverständnis sein. Aber sie beißt genüsslich von ihrem Pappbrötchen ab.

»Was meinst du denn mit ›pervers‹?« Der zweite fade Typ hakt nach. Schlumpf verdreht die Augen. Bevor ich ansetzen kann, über die Macht der Großkonzerne zu sprechen, über das Müllproblem und dass die Plastiktiere beim Menü für die Kleinen von Kindern in Asien gefertigt werden, kommt sie mir zuvor: »Ich bin mir sicher, dass Silvia uns ganz viel erzählen könnte, warum man gegen das alles hier sein kann.« Mit einer ausladenden Geste umfasst sie den Raum. »Viele Jahre habe ich ähnlich gedacht, bis ich anfing, meinen Kopf zu benutzen, und schließlich zu dem Ergebnis kam: Ob ich zu Burger King gehe oder nicht, macht keinen Unterschied. Nur Idioten glauben ernsthaft daran, mit ihrem Konsumverhalten etwas ändern zu können.«

Fassungslos starre ich Schlumpf, ach nein, Rebecca an.

»Das meinst du doch jetzt nicht im Ernst?«

»Schau dir bloß an, was außerhalb deiner pseudoautonomen Welt los ist. Alle wollen so leben wie meine Freunde und ich. Deshalb wird immer mehr Energie verbraucht, deshalb gibt es einen erhöhten CO_2-Ausstoß. Und was machen Leute wie du, die sich dem versagen? Sie stehen sich selbst im Weg, sonst nichts. Sie verbieten sich alles, wofür andere sie beneiden würden, und verzweifeln dabei noch an der eigenen Konsequenz. Was wäre denn so schlimm daran gewesen, wenn du in einen Billigflieger nach Barcelona gestiegen wärst? Du hättest wenigstens ein bisschen

Spaß gehabt. Stattdessen hockst du hier mit verkniffenem Gesicht herum. Das Leben passiert anderen, aber dir schon lange nicht mehr. Wenn ich denke, wie viel Kraft du immer ausgestrahlt hast …« Sie schüttelt den Kopf.

»Was haben sie denn mit dir gemacht? Dich einer Gehirnwäsche unterzogen?« Endlich finde ich meine Worte wieder.

»Nee, ich hab' einfach keinen Bock mehr auf Armut. Ich war nämlich arm. Und ich habe auch keine Mami und keinen Papi, über die ich schlecht reden kann und die mir dann doch alles zahlen, wenn's mir dreckig geht. Ich weiß verdammt nochmal, dass wir die Erde ruinieren mit dem, was wir tun. Aber wenn schon, dann will ich auf diesem letzten Trip dabei sein, ihn genießen und ihn mir nicht von so kleinen spießigen Miesmachern wie dir verderben lassen. Und erst recht nicht an Silvester!« Geräuschvoll springt sie von ihrem Stuhl auf und greift zu ihrem Handtäschchen. »Los geht's!«, ruft sie ihren Anhängern zu, die sich beeilen, ihr zu folgen.

Mich packt die kalte Wut, so lasse ich mich nicht abfertigen. »Ich komme mit«, sage ich bestimmt. Vielleicht können Schlumpf und ich später wieder ein bisschen Ordnung in die Sache bringen, bei einem Bier. So stapfe ich in meinen Stahlkappenstiefeln, in meinen zerlöcherten Jeans mit Leopardenfellstrumpfhose darunter und dem Pullover, auf den ich in Txus' Werkstatt »Anti-Capitalista« gedruckt habe, neben Schlumpf, die in Stöckelschuhen und modischem Mantel unterwegs ist, die vereisten Straßen entlang. Sie schweigt, und ich wünsche mir, dass sie ausrutscht und sich den hübschen Mund blutig schlägt.

Nach einer Weile nähern wir uns einem prunkvollen Bau, die Leute strömen in Outfits, die als Kopiervorlage für Schlumpfs Aufzug herhalten könnten, aus allen Richtungen auf ihn zu. Abrupt bleibt meine alte Freundin stehen: »Hör mal, Silvia, sei mir nicht böse wegen vorhin. Aber ich habe mich verändert, und in den Kreisen, in denen ich jetzt verkehre, da kann ich dich, so wie du aussiehst, nicht mitnehmen.«

»Kannst du mal aufhören, mich wie einen Hund zu behandeln?«

»Das will ich wirklich nicht, ich will nur, dass du verstehst.« Das letzte Wort dehnt sie. »Ich hab' da einen radikalen Schnitt gemacht. Deine E-Mails, die du mir geschrieben hast, sie haben mich gelangweilt, immer nur Anklagen, Kritik und Halbwissen, genauso wie unsere tolle Zeitung damals. Es bringt nichts mehr, dagegen zu sein. Denn allein unsere Existenz ist ein ökologisches Desaster, und ein konsequenter Umweltschützer bringt sich um.«

»Du weißt doch ganz genau, dass das nicht stimmt.« Ich werde lauter, die eleganten Damen drehen sich pikiert zu uns um.

»Pscht!« Schlumpf legt den Finger an die Lippen.

»Du warst es doch, die mich in meinen Punkeridealen bestärkte, die mich dazu gebracht hat, mich politisch zu engagieren.« Ich rede nun extra laut, damit auch Schlumpfs neuer Bekanntenkreis etwas davon mitbekommt. »Du warst immer mein Vorbild, du warst für mich der Inbegriff des Punkrock.« Meine Stimme überschlägt sich.

Schlumpf grinst. »Wenn es so war, dann ist mein Wandel doch nur konsequent, ein weiteres Zeichen dafür, dass Punk wirklich tot ist. Dein wertkonservatives Weltbild verkraftet das offenbar nicht. Willst du nicht lieber eine Sekte gründen? Mit deinem pseudointellektuellen Geschwafel beweist du nur, dass du es bis heute nicht verstanden hast, was Punk eigentlich bedeutet.« Sie entschwindet in den Prunkbau, am Eingang dreht sie sich noch einmal um und zeigt mir den Stinkefinger. »Destroy!«, ruft sie. »Vergiss das niemals.«

In Tausenden von Farben und mit lautem Getöse explodieren die Feuerwerkskörper. Plastik fällt zur Erde, wird aber nicht mehr zur Erde, buntbedrucktes Papier zermahle ich unter den Füßen zu einem klebrigen Matsch. Ich fühle mich wie ein Stein, hart, kantig und geschlechtslos. Es gibt keine Scheiben mehr, die mit mir zusammen eingeworfen werden müssten. Die Sache ist gelaufen.

Epilog

Schlumpfs geistige Wende konnte ich nur schwer verdauen und verbrachte viel Zeit grübelnd zu Hause. Vielleicht hat sie Recht, hämmerte es in meinem Kopf tagelang. Vielleicht stimmt es ja, was sie gesagt hat, und nur du bist falsch gepolt. Du kannst das dich umgebende Glück einfach nicht sehen und schätzen. Ich wünschte mir sogar, man könnte mir mein ewiges Nicht-Einverstanden-Sein aus dem Gehirn schneiden wie einen bösartigen Tumor. Ich hatte schreckliche Alpträume. In denen sah ich mich als ergraute Mitdreißigerin mit zwei Kindern, natürlich von zwei verschiedenen Männern. Kindergeld und andere Zuschüsse sind längst abgeschafft, dafür ist der Nachwuchs schon seit der Geburt mit einem unter der Haut angebrachten Mikrochip ausgerüstet, auf dem von der Krankheitsakte bis zum elektronischen Haustürschlüssel jedes Detail gespeichert ist. Meine drei nichtsozialabgabepflichtigen Jobs haben dunkle Ringe unter meinen Augen hinterlassen, die vielen Enttäuschungen des Lebens tiefe Furchen ins Gesicht gegraben. Natürlich kritisiere ich die Gesellschaft noch immer, doch nur heimlich. Ich will keinen Ärger mehr riskieren, schließe Kompromisse »der Kinder wegen«. Abends weine ich im zugigen Klo der Abrisswohnung in die Waschlappen meiner Kindheit, die mir meine Mutter in einem ihrer Care-Pakete geschickt hat. Meine Kinder fragen mich, warum die Welt, in der sie leben, so schrecklich ist. »Ich bin daran schuld«, stammele ich in diesem Traum, »ich und meine gesamte Generation. Wir wussten, dass wir zu den Letzten gehörten, die die Weichen für eine bessere Welt hätten stellen können. Aber wir sind Spießer geworden, aus Faulheit, aus Feigheit, aus Bequemlichkeit.« Jedes Mal wachte ich schweißgebadet auf, unfähig, mich zu bewegen.

Ging ich dann doch mal raus, kam ich an vielen Orten vorbei, an denen ich mich in den letzten Jahren aufgehalten hatte, und sah, was inzwischen aus ihnen geworden war. Die meisten Häuser, Wagenplätze, Stadtgärten und Kulturzentren waren rücksichtslos geräumt worden im Zuge sogenannter Quartiersaufwertungskampagnen und Stadtsanierungen. Ersetzt wurden sie von oftmals gesichtslosen Shoppingcentern und Parkhäusern oder aber, wenn der Investor absprang, von verwahrlosten Brachflächen. Auch viele Menschen blieben auf der Strecke. Ein besetztes Haus ist aber mehr als ein Treffpunkt für alkoholisierte Krawallmacher, wie die bürgerliche Presse es so gerne darstellt. Oft dienen diese Häuser als letzte Zuflucht in einem ansonsten schon völlig maroden sozialen Netz in den Großstädten und als Auffangbecken für all die Menschen, die ansonsten nicht in unsere normierte Gesellschaft passen (wollen).

Was geschieht, wenn diese Rückzugsräume Stück für Stück Maklerträumen geopfert werden, das kann man in Berlin gut beobachten. Seit ich meinen Bus das erste Mal im Volkspark Friedrichshain abgestellt habe, sind mehr als ein Dutzend wichtige Szenetreffpunkte vom Stadtplan wegradiert worden. Derweil zerfallen Nachbarschafts- und Kiezstrukturen, die Kriminalität steigt, der Umgangston wird aggressiver, die Rechten erleben einen alarmierenden Zuwachs. Nicht wenige meiner einstigen Bekannten pendeln mittlerweile wahlweise zwischen Knast, Psychiatrie und staatlich verordneten Maßnahmen zur »Resozialisierung«. Unkommerzielle Räumlichkeiten, in denen wahrhaftige Sozial-Demokratie von unten gelebt werden kann und Menschen ihr Schicksal selbst in die Hand nehmen können, sind immer seltener geworden. Mit ihnen verschwindet unwiederbringlich ein Stück lebendige Kultur, die eine freie Gesellschaft dringend braucht.

Irgendwann hatte ich genug vom Heulen. Wenn sogar Menschen wie Schlumpf resignierten, dann muss man doch erst recht handeln. Ich will nicht warten, bis dem hemmungslos expandierenden Kaptalismus durch das Fehlen von Ressourcen ein natürliches Ende gesetzt wird und das System von selbst kollabiert. Ich will im Jetzt und Hier mein Leben sinnvoll gestalten und einen Beitrag dazu leisten, dass der Rest der Menschheit es mir gleichtun könnte. Aber ich will meinen Kampf gegen alle Ungerechtigkeit auf Erden nicht mehr ganz so verbissen sehen und auch einmal den einen oder anderen Kompromiss eingehen, ohne gleich an all meinen Idealen zu zweifeln.

Also habe ich mein ausgeharztes Arbeitsverhältnis gekündigt – meine Abwesenheit fiel sowieso keinem auf – und bin in eine Wohngemeinschaft in Kreuzberg gezogen. In diesem Stadtteil lärmen nur türkische Kinder, nicht mehr die Pressluftbohrer für die Yuppies. Mit einer Mitbewohnerin habe ich ein Siebdruckkollektiv gegründet, und ich habe mich bereit erklärt, bei der *Art and Aktivism Caravan,* einer interkulturellen Projektreise durch den Balkan, mitzumachen, initiiert von der niederländischen Umweltorganisation EYFA *(European Youth For Action)*. In einem Lkw sollen verschiedene Protestkünstler durch Griechenland, Mazedonien, Montenegro, Albanien, Serbien, Ungarn und die Slowakei reisen. Ihre Aufgabe ist es, Umweltgruppen, Jugendinitiativen, feministische Verbände und Studentenvereinigungen mit ihrem kreativen Wissen zu unterstützen.

Vielleicht kann ich sogar Timo wiederfinden, wenn er denn noch in Serbien ist. Ich freue mich auf die Reise und alle Erfahrungen, die ich sammeln werde. Denn ich bin nicht allein. Wir sind mehr, als sie denken.